das neue buch
Herausgegeben von Jürgen Manthey

Elmar Buck Leo Kreutzer
Jürgen Peters

Die schöne Leiche aus der Rue Bellechasse

Einiges über Schreiben Spielen Filmen

das neue buch
rowohlt

Erstausgabe
Veröffentlicht im Rowohlt Taschenbuch Verlag GmbH,
Reinbek bei Hamburg, Mai 1977

Umschlagentwurf Christian Chruxin und Antje Petersen
Foto S. 221 mit freundlicher Genehmigung von Camera Press, London;
S. 15 upi; Zeichnung von Robt. Day S. 41

Satz Otto Gutfreund & Sohn, Darmstadt
Gesamtherstellung Clausen & Bosse, Leck/Schleswig
Printed in Germany
1200 ISBN 3 499 25088 8

Hans Mayer
zum 19. März 1977

Inhalt

I

Jürgen Peters

Die schöne Leiche aus der Rue Bellechasse

Realität–Kunst / Kunst–Realität

Nein – das ist nicht
Das ende der welt
gestrandet an leben und kunst
Und das spiel geht weiter
Wie man weiß
Noch viele schönste wiedersehn
(Brian Ferry)

François Eugène Vidocq, der kriminelle Kriminaler, tut, noch ist er nicht Chef, Dienst auf einer Pariser Präfektur. Es war, erzählt er, eine eisige Winternacht. Zwei Damen betreten das Haus, seltsam verwirrt, außer sich. Die eine der beiden trägt an einem Fuß einen schwarzen Halbstiefel, an dem anderen ein weißes Seidenschühchen. Man muß den Präfekten sprechen, sofort. Der Herr Präfekt ist nicht sprechbar, er schläft, niemand wagt es, ihn zu wecken. Zu dieser Stunde. Der Diener fürchtet den Rausschmiß, zu Recht. Trotzdem, schließlich, versucht es der Diener, die Dame ist überzeugend und energisch. Sie sagt, sie sei eine gesellschaftlich wichtige Person. Und, der Chef würde, wüßte er, *wer* sie sei, sofort kommen. Sie sagt nicht, wer sie ist. Der Diener wird jetzt hartnäckig, die Dame hat ihn bestochen, es gelingt ihm, den Chef für den Fall zu interessieren. Der will wissen wie die Dame denn heiße. *Wie heißt die denn, die muß doch einen Namen haben!* Ihren Namen will sie nur dem Chef persönlich nennen, unter vier Augen. Das macht den Chef ärgerlich, das überzeugt ihn. Wenn eine Frau mitten in der Nacht und verzweifelt zu ihm kommt und dennoch den Namen nicht einem Domestiken preisgeben will, dann muß da was dran sein. Da kann was dran sein. Man kann einen Fehler machen, man muß einen möglichen Fehler vermeiden. Sie hat sich auf den König berufen. Dann schreibt die Dame ihren Namen auf ein Stück Papier, tut das in einen Briefumschlag, den sie verschlossen dem Diener gibt. Der Präfekt liest den Namen und steht zur Verfügung, sehr zur Verfügung. Nur er kann sie retten. Nämlich, ihr Gatte sei vor acht Tagen nach Bordeaux abgereist. Sie habe einen schönen jungen Mann kennengelernt, von der Österreichischen Botschaft, es *war*, sagt sie, ein ungarischer Offizier. Der habe sie besucht, auch am späten Abend. Und, plötzlich und mit Leidenschaft: «Dieser junge Mann war mein Liebhaber, jawohl, mein Liebhaber. Ich war seine Geliebte, und zwar schon seit sechs Monaten.» – Der Präfekt, bis jetzt eher ratlos, sieht endlich Licht, jetzt sieht er sich imstande, die Informationen, die er bekommen hat zu organisieren. Er zieht Schlüsse, er macht sich eine Geschichte.

Es ist dies eine bekannte Geschichte, bekannt aus Literatur und Wirklichkeit:
Der Gatte ist vorzeitig zurückgekommen, der Herr Liebhaber hat fliehen müssen, die Ungetreue ist ihm nach. Und jetzt braucht sie Schutz, seinen, des Präfekten Schutz. Aber, so ist es nicht, so nicht. Es ist anders. Man war im Theater, danach noch bei ihr. In ihrem Haus. Ach so:
Der überraschend weil Stunden zu früh heimgekehrte Gatte hat die beiden erwischt. Und er, der Präfekt, soll jetzt das Duell verhindern. Aber auch das wars nicht. Es ist alles ganz anders. Der Präfekt ist ratlos, nun kann er sich überhaupt nicht mehr vorstellen, was denn geschehen ist. Warum die Dame seine Hilfe braucht. Er kriegt die Geschichte einfach nicht zusammen: «Ja dann, was für ein außergewöhnliches, heilloses Unglück haben Sie mir anzuvertrauen? Sicherlich sehen Sie viel zu schwarz; bisher ist noch niemand verletzt oder gar tot ...» – Niemand tot?, die Dame widerspricht entschieden. Eigentlich sind es sogar zwei Tote. Zuerst einmal sie selbst. Sie wird diesen grausamen Schicksalsschlag nicht überstehen. Und, außerdem, unten im Wagen ist ihr Liebhaber. Tot. Der sei bei ihr gestorben, heute, in ihrem Haus. Bei ihr. Das kann der Präfekt sofort verstehen, das kann er sich vorstellen:
«Ermordet?» – Nein, es war ein Herzschlag, sie kann jetzt aber nur noch an ihre Ehre denken. An die entsetzliche Ehre in den Augen der Welt obwohl, am liebsten würde sie nur noch dem Andenken des toten Geliebten leben, «leider aber geht das nicht». Nur er, der Herr Präfekt, kann ihr noch helfen. Der Gatte ist ja ante portas, zurück aus Bordeaux. Vidocq wird zugezogen, so was kann er.
«Vidocq, eine namhafte Persönlichkeit ist heute nacht, vor wenigen Stunden, ganz plötzlich verstorben, und zwar bei Madame.»
«Ich verstehe, Herr Präfekt, ganz plötzlich verstorben.»
«Der Gatte von Madame ist abwesend, kehrt aber heute nacht zurück.»
«Um welche Zeit?»
«In diesem Augenblick.»
«Also ist er bereits da?»
«Ja sozusagen. Die Leiche des jungen Herrn ist unten in einem Wagen. In Madames Wagen. Sie müssen uns von diesem Mann befreien.»
«Von dem Ehemann oder von dem Liebhaber?»
«Von dem Toten.»
«Das ist schwieriger. Ein Lebender, das ist rasch abgetan. Aber ein Toter!» – Aber, Vidocq hat bereits seine Vorstellungen. Literarische Vorstellungen, und die kollidieren mit denen der Gräfin. Sie will nicht, daß er, von Dolchstößen durchbohrt, gefunden wird, irgendwie irgendwo, sie will auch nicht, daß der Leichnam spurlos verschwindet, sie will eine schöne Leiche. Das muß auf dem Friedhof enden, hochoffiziell,

man hat sich schließlich sehr geliebt. Vidocq ist einverstanden, er kann das verstehen, irgendwie, aber nun muß er wissen, was sich denn eigentlich abgespielt hat. Er muß die Vorgeschichte kennen, um seine Maßnahmen treffen zu können. Und weil er gewiß ahnt, daß das nicht ein ordinärer Herzschlag war, sondern einer der Fälle, wo eigentlich nur noch die Frage interessant ist, ob der letzte Wille des Verblichenen noch erfüllt wurde. Vidocq also will die ganze Geschichte wissen, er, der Vertraute, will, daß sie ihm die Geschichte anvertraut.
Also, man ist im Theater gewesen, im Anschluß daran sei er noch kurz mit raufgekommen, man habe geplaudert, das Zimmer sei – o über euch Domestiken! – überheizt gewesen. Man habe geplaudert, von diesem und jenem.

„Pardon, verehrte Gräfin, wieviel Uhr war es etwa, als Sie gestern Abend Ihr Palais in der Rue Bellechasse betraten?" – „Sie werden sehen", sagt Vidocq zu Balzac, „wie diese simple Frage den Bericht der Gräfin beinahe über den Haufen warf."
„Ach was!" ruft Balzac aus. „So etwas ist nicht weiter merkwürdig! Die Aufregung rechtfertigt in solchen Fällen irrtümliche Zeitangaben."
„Ganz recht, gerade solch einen Irrtum meine ich. – Nach auffälligem Zögern antwortete mir die Gräfin geradezu heftig: ‚Ich habe ja schon gesagt, Monsieur, daß wir aus dem Theater kamen, also war es wahrscheinlich viertel nach elf oder halb zwölf.' – ‚Sie sind', fragte ich, ‚dieser Uhrzeit ganz sicher, Madame?' – ‚Vollkommen', erwiderte die Gräfin in einem Ton, der mehr Widerspruch als Überzeugung verriet. – ‚Nun', fuhr ich fort, ‚dann erlauben Sie mir, Madame, Sie darauf aufmerksam zu machen, daß es gerade erst halb ein Uhr war, als Sie mit Ihrer Kammerzofe hier auf der Polizeipräfektur erschienen. Demnach hätten Sie in der Zeit von halb zwölf bis halb eins, also innerhalb einer Stunde, sich umgezogen, Tee getrunken, eine Stunde mit M. de Karls ... verplaudert, aufs neue anspannen lassen – da im Verlauf einer Stunde der Kutscher ja genügend Zeit hatte, abzuschirren – und obendrein die Fahrt von der Rue Bellechasse bis hierher geschafft: und das alles binnen einer Stunde!"
„Tatsächlich", ruft Balzac, „das ist recht verdächtig! Und wie zog sich die Gräfin aus der Affäre?"
„Nun, sie räumte ein, sie erinnere sich nicht mehr genau, ob sie und M. de Karls ... das Theater erst nach Schluß des Schauspiels oder schon früher verlassen hätten. In die Enge gedrängt, gestand sie, sie seien ziemlich früh vor Ende der Vorstellung aufgebrochen. Ich faßte nach: ‚Wenn Sie also lange vor Schluß der Vorstellung aufbrachen, so konnte es ja, als Sie bei Ihrem Palais anlangten statt halb zwölf auch zehn Uhr oder gar erst neun Uhr gewesen sein.'"
„Teufel noch mal!" unterbricht ihn Balzac. „Sind die beiden vielleicht

überhaupt nicht im Theater gewesen?"
„Das vermute ich nun doch nicht."
„Es ist aber immerhin anzunehmen ..."
„Jetzt nehmen Sie zuviel an! – Nachdem ich die Gräfin so weit gebracht hatte, den Zeitpunkt ihres Aufbruchs vom Theater im Interesse der Wahrscheinlichkeit zurückzuschrauben ..."
„Wissen Sie was, Vidocq, streichen wir das Theater ganz aus dem Programm! Damit wird auch der sogenannte Abend hinfällig! Es war doch ganz eindeutig eine Nacht und nicht bloß ein Abend!"
„Oh mein lieber Monsieur de Balzac, so weit gehe ich nicht! Damit schießen Sie übers Ziel hinaus. Ein bißchen Theater war immerhin dabei."
„Aber wenig, sehr, sehr wenig!"
„Meinetwegen! Aber auch noch ein bißchen Abend nach dem Theater."
„Noch viel, viel weniger."
„Und der Tee?"
„Ach, glauben Sie, die beiden haben wirklich Tee getrunken?"
„Monsieur de Balzac, Sie sind schrecklich!"
„Aber so ist doch das Leben!"

Ein elsässischer Korporal sprach auf deutsch zu seinem Kameraden: „Was ist doch die Malerei für eine große Künstlichkeit! Wie treu ist das alles abgebildet! Wie natürlich gemalt ist der Tote, der dort auf der Erde liegt. Man sollte darauf schwören, er lebt!" [1]

Hang down your head McCurdy!: Er hing am Galgen, in einer Geisterbahn, Long Beach/Kalifornien. Angestrichen mit roter Leuchtfarbe, von ultraviolettem Licht bestrahlt. Eine Wachsfigur, die den obligaten unerwartet-erwarteten Schauer produziert haben dürfte, für den man bezahlt hat. Da war also eine Wachsfigur, die sollte vortäuschen, daß da eine echte, eine wirkliche Leiche baumelte am Strick. Eine künstliche Leiche. Es war in Wirklichkeit, im ultravioletten Licht, eine Figur, die das nur vorzutäuschen schien, was sie in Wirklichkeit war, es stellte sich per Zufall heraus: Hier hing Mr. McCurdy, ehemals Bahnräuber. Seinerzeit hatte er geschworen, lebend werde man ihn nicht kriegen. Und damit hatte er recht behalten. Ein Hilfssheriff hat ihn dann erwischt, mittels einer heute als altmodisch zu bezeichnenden Kugel, sie war mit einem Kupfermantel umkleidet, 1911 in Pawhuska/Oklahoma. Die Leiche wurde, das war, erfährt man, offenbar nicht unüblich, seinerzeit, einbalsamiert und an einen Schausteller verkauft. McCurdy hat dann irgendwann, bronziert, den «5000 Jahre alten Mann» gegeben, wurde an ein Wachsmuseum verkauft, um dann bei der Geisterbahn als Leichendarsteller zu enden. Bis es dann rauskam, per Zufall, die künstliche Leiche war gar keine. Mr. McCurdy wurde abgehängt am 9. 12. 1976. [2]

McCurdy mußte abgehängt werden. Seine Existenz verstieß in dieser Funktion gegen ein Tabu. Gegen das Tabu nämlich, daß Künstlichkeit und Realität nicht zu verwechseln sind. Es ist dies ein Tabu, das zu den Essentials der neuzeitlichen Kunst gehört. Dabei soll/kann das Künstliche sich durchaus bemühen, realistisch zu sein, bis hin zur Täuschung, aber der Betrachter muß immer gewiß sein: Dies ist die Sphäre des *als ob*. Kunst soll *wie ein natürlicher Gegenstand erscheinen*, soll sein wie *die Natur selbst*[3], aber eben das eine nicht: Natur.

„Winnetou ist tot?“ fragte Winnetou leise. „Das ist nicht möglich. Wie soll denn das passiert sein?“

April 1971 war ich mit Dagmar live in Berlin dabei. Dagmar ist jung und Hitparaden-Fan. Sie kann nicht unterscheiden zwischen der Realität des Fernsehstudios und ihrer eigenen Wirklichkeit, für sie ist das eine Einheit, wenn sie sagt, dieser Interpret kommt das nächste Mal auf Platz eins, da kann man sich verlassen drauf. Er kommt auf Platz eins. Dagmar war zum erstenmal dabei, live, sie, die sonst eher zur Unruhe neigt, war an diesem Spätnachmittag sehr still. Still und konzentriert. Ernst. Sie sah, sie hörte. Die Anfangsmoderation von Dieter «Thomas» Heck, die neuesten Sportergebnisse betreffend (das zum Aufwärmen im Saal, das geht natürlich noch nicht über den Sender), dann die ersten fünf, die Sieger, dann die Neuvorstellungen. Die Schlußmoderation, da wars zu Ende. DAS WAR WIE IMMER EINE SENDUNG DES Z–D–F! ! Aus. – Die Kameras waren abgeschaltet, *die Stars in der Garderobe, nichts lief mehr. Dagmar war, irgendwie, verwirrt. Dagmar war unglücklich. «Im Fernsehen ist das schöner!»* Da war was passiert, da hatte es einen Riß gegeben, das ahnte sie, irgendwie. Ihre Augen hatten so etwas wie Entsetzen. Ich sah in diesen Augen etwas, was ich selber erlebt habe aber ich kann mich nicht erinnern was. Seit diesem Tag will ich diesen Essay schreiben.*

Die Wirklichkeit ist eine Konstruktion

«Im Messerestaurant des Düsseldorfer Kunstmarktes planten der Bildhauer Heinz Mack und Sternredakteur Axel Hecht die bisher aufwendigste Produktion des Kultur-Ressorts – eine Kunstsafari in Wüste und Eis. In den letzten unberührten Regionen dieser Erde sollten Natur und Kunst eine einmalige Verbindung eingehen, sollten Fotos entstehen, die keine Dokumente, sondern Kunstwerke sind. Die Wirklichkeit gewordenen Träume von Mack und Höpker, die der STERN auf den Seiten 37 bis 53 zeigt, verraten nichts von ihrer schwierigen Entstehungsgeschichte.»[4]
Ein Tip für Oberammergauer:
Das im Messerestaurant eines Kunstmarktes formulierte Problem wird zur selben Zeit, 1976, auch andernorts diskutiert, nur ist man da ästhetisch etwas progressiver. Auch hier geht es um die Frage, ob in einer aufwendigen Aktion, deren Entstehungsgeschichte natürlich nicht in das Produkt eingehen soll, die Einheit von Natur und Kunst hergestellt werden soll. Aber, man zweifelt bereits. In Oberammergau wird die Frage diskutiert, ob bei den nächsten Passionsspielen, 1980, noch die Forderung gelten soll, nach der die Darstellerin der Maria ledig, unter 35 Jahren und unberührt[5] *sein soll. Was unberührte Regionen angeht, da sind die vom STERN Fachleute.*

Unsere bürgerliche, geschichtlich produzierte Erfahrung: Kunst und Natur, Kunst und Realität: sind getrennte Sphären. Das ist darin begründet, daß in der Neuzeit Kunst, als Erkenntnisform, im Zusammenhang der reflektierten Subjekt-Objekt-Beziehung steht. Das bestimmt das Verhältnis des Künstlers zu seinem Produkt, das des Konsumenten zum produzierten Werk. Realität kann nicht für sich sprechen; daß etwas *wirklich* geschehen ist (und nicht anders) ist kein ästhetisches Argument. Realität muß *interpretiert werden,* Authentizität ist in der Sphäre des Ästhetischen erst *herzustellen.* Oder sie ist nicht.
Die Geschichte des Revolvermannes McCurdy inklusive Karriereknick ist eine alte, mittlerweile violett ausgeleuchtete Geschichte. Es ist dies

* Recht hat sie.

die Geschichte von der künstlichen Nachtigall, dieser seltsame Vogel war ja die ästhetische Probiermamsell der Aufklärer. Da hat man sich am Gesang eines Vogels erfreut, hat räsonierend Erhabenes empfunden und dann stellt es sich heraus: der Vogel war gar keiner. Er ist ja künstlich. Man fühlt sich geprellt. Es ist ein Schock.

Immanuel Kant hat das in seiner Kritik der Urteilskraft festgehalten, Friedrich Schiller hat das Exempel am Eingang seiner Schrift übers Naive und das Sentimentalische aufgenommen. Was macht aber in Wahrheit – unabhängig von den immanenten Begründungszwängen beider Schriften – den Schock? Welche Erfahrung mußte hier übersetzt werden?

Zuerst, daß hier nicht Natur geboten wurde, also die sich selbst nach unabänderlichen Gesetzen organisierende, vom Eingriff des Menschen unabhängige Größe, sondern, daß *gemachte* Dinge den *Schein der Natur mit vollkommenster Täuschung gegeben.*[6] Die Tatsache aber, daß Kunst der Neuzeit gemacht wird und nicht unmittelbar geschaffen, vermag Kant, der ein großer Kunstkenner nicht war, nicht zu akzeptieren. So läßt er dann ja auch die richtige, die wahre Kunst nicht schlicht *machen,* sondern die wird von der Natur höchstpersönlich – durch die Genies – bewirkt. Und, Schiller, der diesen Sachverhalt auch nicht mit der von ihm in der Fragestellung seiner Schrift übers Sentimentalische geforderten Konsequenz abhandelt, verwickelt sich in Widersprüche; eine Unmenge germanistischer Einheitsstifter belegt das mehr als deutlich.

Dann, daß hier eine *Täuschung* ins Werk gesetzt wurde. Man hatte die falschen Gefühle für die falsche Sache benützt, die Täuschung nämlich war als solche nicht kenntlich gemacht worden.

Das ist es. Denn Täuschung ist erlaubt, unerlaubt ist allein die Täuschung, die den Betrachter hereinlegen will. Die Grenze von Künstlichem und Realem darf in der Neuzeit nicht überschritten werden. Wohl aber darf mit der Täuschung gespielt werden. Das belegt bereits die Malerei des Manierismus, die trompe-l'oeil-Technik bis hin zu Mel Ramos' *The Pause that refreshes* von 1967: Ursula Andress' schöner Hintern scheint da aus dem Bild herauszuhängen. Täuschung ist durchaus erwünscht, ist genußvoll rezipierbar. Aber, man muß eingeweiht sein in das Spiel, das die Künste hier mit der Realität spielen.

Man muß wissen woran man ist.

Zuschauer: Nur dem Ungebildeten, sagen Sie, könne ein Kunstwerk als Naturwerk erscheinen.

Anwalt: Gewiß, erinnern Sie sich der Vögel, die nach des großen Meisters Kirschen flogen.

Zuschauer: Nun beweist das nicht, daß diese Früchte vortrefflich gemalt waren?

Anwalt: Keineswegs. Vielmehr beweist mir's, daß diese Liebhaber echte Sperlinge waren.

Aber bei solchen und anderen Beispielen muß uns wenigstens sogleich beifallen, daß, statt Kunstwerke zu loben, weil sie sogar Tauben und Affen getäuscht, gerade nur die zu tadeln sind, welche das Kunstwerk zu erheben gedenken, wenn sie nur eine so niedrige Wirkung von demselben als das Letzte und Höchste zu prädizieren wissen. Im ganzen ist aber überhaupt zu sagen, daß bei bloßer Nachahmung die Kunst im Wettstreit mit der Natur nicht wird bestehen können und das Ansehen eines Wurms erhält, der es unternimmt, einem Elefanten nachzukriechen.
Der Erfolg der Täuschung als Siegel der ästhetischen Vollkommenheit: Das ist ja dieser alte Topos, die Griechen schon haben da ihre Stories gehabt, zum Beispiel die von den Vögeln des Apelles. Der hatte Trauben derartig täuschend gemalt, daß die Vögel herabgeflogen kamen vom Himmelsgezelt und sich an den Früchten gütlich tun wollten. Wollten. Diese Geschichte wurde tradiert, bis heute hin, aber sie taugt nicht zum Probierstein. Das waren Propagandageschichten, mit denen Konkurrenten sich die Schau stehlen wollten: DAS IST DER BEWEIS! Vögel sind schlechte Kunstkenner, weil sie keine sind. Wer von der Kunst allein die schlichte Verdoppelung der Realität verlangt und das zum Kriterium seines Urteils macht, wird tatsächlich getäuscht. Weil er Unvergleichbares vergleicht.
Swann hatte tatsächlich die Stirn, uns zum Kauf des ‚Spargelbunds' zu raten. Wir haben das Bild daraufhin sogar ein paar Tage im Hause gehabt. Es war nichts weiter als das darauf, ein Bund Spargel, genau wie der, den wir gerade schlucken, die Spargel von Herrn Elstir aber habe ich nicht geschluckt. Er verlangte dreihundert Francs dafür. Dreihundert Francs für ein Bund Spargel! Ein Louisd'or höchstens sind die wert, und auch das nur, solange es die ersten sind. Das fand ich denn doch etwas stark.

Sobald ich unten angelangt war, begann ich mich sofort als Roger's Leiche zu verkleiden. Das Hemd, das wir dem Körper abgenommen hatten, kam uns dabei insofern sehr zur Hilfe, als es von ganz eigenartiger Form & Machart und ziemlich unverwechselbar war – eine Art gefältelter Staubkittel nämlich, den der Verstorbene über seiner sonstigen Kleidung getragen hatte; er war aus blauem Stockinett, mit breiten weißen Querstreifen drüberhin. Nachdem ich diesen angelegt hatte, ging ich daran, mich mit einem falschen Bauch auszustaffieren, um die abscheuliche Unförmigkeit des aufgetriebenen Leichnams nachzubilden; was sich unschwer dadurch bewirken ließ, daß ich ein paar Bettlaken darunterstopfte. Anschließend verlieh ich meinen Händen das gleiche Aussehen,

indem ich mir ein Paar weiße, wollene Fausthandschuhe anzog, die ich mit den ersten besten Lumpen füllte, die zur Hand waren. Dann machte Peters mir ein neues Gesicht: erst puderte er es ausgiebig mit weißer Kreide ein; und bemalte es mir darauf mit Blut, das er einem Schnitt in seinem Finger entnahm. Des Streifens, schräg übers Auge hin, wurde mit nichten vergessen, und er bot ein wahrhaft empörendes Bild.
Als ich mich, beim unsicheren Schein einer Art Gefechts-Laterne, im Fragment eines Spiegels besah, das in der Kabine hing, wurde selbst ich vom Gefühl eines undefinierbaren Entsetzens ob meiner Erscheinung – gekoppelt mit der Erinnerung der grauenhaften Wirklichkeit, die ich hier nachäffte – in einem solchen Maße befallen, daß mich heftiges Zittern überkam, und ich kaum hinreichend Entschlossenheit aufzubringen vermochte, meine Rolle weiterzuspielen. Dennoch war es unerläßlich, mit Entschiedenheit zu handeln; und so begab ich mich, zusammen mit Peters, wieder an Deck.
Ich nahm nunmehr eine möglichst feste Stellung ein, um einen guten Überblick über alles zu haben, was drinnen vor sich ging; und versuchte dann, meinen Mut auf die Aufgabe zu konzentrieren, zwischen die Meuterer hinabzusteigen, sobald Peters mir das vereinbarte Zeichen gäbe. Nicht lange, und er hatte es zuwege gebracht, das Gespräch auf die Bluttaten während der Meuterei zu lenken; bewirkte auch, Schritt vor Schritt, daß die Männer von all dem tausendfältigen Aberglauben zu schwatzen anfingen, wie er unter Matrosen in der ganzen Welt im Schwange ist. Ich konnte zwar nicht alles, was gesagt wurde, verstehen; wohl aber deutlich auf den Gesichtern der Anwesenden die Auswirkungen des Themas erkennen. Der Maat war einwandfrei völlig außer Fassung; und als nun noch einer in diesem Zusammenhang das gruselige Aussehen von Rogers' Leiche erwähnte, dachte ich, er sei nahe daran, in Ohnmacht zu fallen. Peters fragte ihn gleich, ob er nicht meine, daß es besser wäre, den Leib sofort über Bord werfen zu lassen?; sei es doch ein gar zu schrecklicher Anblick, ihn derart in den Speigatten herumrutschen zu sehen. Woraufhin der Schurke buchstäblich nach Luft schnappte, und langsam den Kopf in die Runde verdrehte, wie wenn er 1 x-beliebigen seiner Kumpane stumm bettelte, doch nach oben zu gehen & die Sache zu erledigen:?. Aber nicht Einer rührte sich; und es war klar ersichtlich, daß die Nerven der ganzen Gesellschaft bis zum Zerreißen gespannt waren. Da gab Peters mir das Zeichen. Ich warf sofort die Kajüttreppentür auf; stieg ohne 1 Sylbe zu äußern, zu der Bande hinunter; und stellte mich hochaufgerichtet in ihre Mitte. –
Die durchschlagende Wirkung, die diese plötzliche Erscheinung hervorbrachte, ist nicht im geringsten zu verwundern, wenn man ihre diversen Begleitumstände gehörig in Anschlag bringt. Gewöhnlich wird, bei ähnlich gelagerten Fällen, im Gemüt des Beschauers, doch stets noch ein Rest von Zweifel verbleiben, was die Realität des Gebildes vor seinen Augen-

dort anlangt; ein Schimmer von Hoffnung, und sei er noch so schwach, daß man nur das Opfer eines Tricks & die Erscheinung nicht im Ernst ein Besucher aus dem Reich der Schatten sei. Es heißt nicht zuviel behauptet, daß dergleichen Überreste von Zweifel bei nahezu jeder solchen Heimsuchung doch im Grunde vorhanden sind; und daß das überwältigende Entsetzen, das zuweilen ausgelöst worden ist, selbst in den hier einschlägigsten Fällen & wo größte Seelenqualen durchlebt worden sind, mehr einer Art von vorgreifendem Grauen: die Erscheinung **könne möglicherweise doch** echt sein!, zuzuschreiben ist, als dem sofortigen rückhaltlosen Glauben an ihre Echtheit. Bei dem gegenwärtigen Beispiel jedoch wird man sogleich einsehen, daß in den Gemütern der Meuterer schlechterdings nicht der Schatten einer Basis vorhanden sein **konnte**, auf die sich ein Zweifel daran hätte gründen lassen, daß es sich bei Rogers' Erscheinung **nicht** tatsächlich um eine Widerbelebung seines ekelhaften Kadavers, oder doch zumindest um dessen gespenstisches Ebenbild handele.

Es gibt den Täuschenden und den Adressaten: Denjenigen also, der getäuscht werden will. Im Bereich der neuzeitlichen Kunst aber lief Täuschung nie darauf hinaus, den Rezipienten *wirklich* zu täuschen[7], darin unterscheidet sich die Kunst vom Kunststück. Dabei kann Kunst durchaus so tun, als ob sie die Realität einbeziehe. Das hilft aber nur, den künstlichen Charakter des Artefaktes herauszustellen: Das Spiel mit der Realität potenziert so die Erfahrung der Künstlichkeit. Die Fiktionsironie, seit Beaumont/Fletchers *Knight of the burning pestle* bis hin zu Duchamps Pissoir zeigt das. Hier wird eine Grenze sichtbar gemacht, indem sie scheinbar umspielt wird, hier wird eine Differenz herausgespielt: ausgestellt, die auch die Berliner Dadaisten, in dieser Richtung die avanciertesten weil konsequentesten Grenzgänger, als unauflösbar erfahren haben.
Dada ist das Cabaret, der Welt so gut, wie die Welt das Cabaret ist. Die Berliner Dadaisten, in die Ereignisse einer Revolution auch mit proletarischen Bewegungen gestellt, reflektierten dabei ästhetisch den zweiten ästhetischen Schock, den bürgerliche Intellektuelle erfahren haben. So wie die Durchsetzung der bürgerlichen Gesellschaft sie ihrer gesellschaftlichen Avantgardeposition beraubt hatte, so mußten sie jetzt erfahren, daß sie nur noch Revolutionäre im Bereich der bürgerlichen Kunst waren. Die wirkliche Revolution fand auf der Straße statt, nicht im Cabaret.

Es gibt die Affinität von Klassen zu bestimmten Medien, genauer: zu den technisch-ästhetischen Möglichkeiten der Medien. Die bürgerliche Kultur hat Medien herausgebildet, die die Grenze zwischen Kunst und Realität brauchten, also voraussetzen und herstellen. Es gibt auch die

Affinität zu den technisch-ästhetischen *Grenzen* der Medien. Auch Anti-Kunst bleibt Kunst und gehört mit der Zeit ins Museum.[8]

Das Zimmer war also überheizt, sagt die Dame auf der Polizeipräfektur, draußen ist es bitterkalt: Also habe man die Tür zum benachbarten Schlafzimmer öffnen müssen, logisch!, der Offizier habe folglich bitten müssen, seine Jacke erst öffnen dann ablegen zu dürfen. Das sei ihm gestattet worden. Dann also dieser unbegreifliche Herzschlag. Honorine, die Zofe, ihre Begleiterin, regelte dann die Angelegenheit. Denn, es ist ja nicht einfach, den Toten nach unten zu schaffen, in den Wagen, nachdem man ihm Rock und Schuhe hat anziehen müssen.
Vidocq schafft dann mit Hilfe zweier Kollegen den Toten aus dem Wagen, man ist offensichtlich betrunken, bugsiert den dritten Besoffenen in eine Droschke, gibt dem Kutscher die Adresse des Offiziers, die Adresse eines Hotels. Die Geschichte nimmt ihren geplanten Verlauf. Vor dem Hotel findet der Kutscher den Toten. Er weckt das Personal, man erkennt den Ungarn, Tage später findet das offizielle Begräbnis statt. Wenige Tage später stirbt die Gräfin, an Herzschwäche, sagen die Ärzte, an ihrer Liebe, weiß Vidocq. Übrigbleibt der Gatte. Der zieht sich auf seine Güter zurück, auf Besitzungen in der Nähe von Triest. Er verschließt sich vor der Welt, nur ein- bis zweimal im Jahr besucht er die Oper in Triest. Dort muß er dann mitanhören, wie in der Nachbarloge seine Geschichte verhandelt wird; es gibt ja Mitmenschen, die brauchen den Klatsch wie das Embryo die Nabelschnur. Es ist die Rede davon, daß sie, die Gattin, ihn, den Grafen, betrogen habe. Darauf habe er, der Gatte, die Gräfin vergiftet. Von wegen Herzschwäche. In der Pause, so lange wartet er also, übergibt der Graf, korrekt korrekt, seine Karte, die Bedingungen des Duells sind präzise angegeben. Dann kehrt in in seine Loge zurück. Um die Oper gelassen bis zum Schluß anzuhören. Am nächsten Morgen das Duell. Der Graf beweist seine Überlegenheit als Fechter, um sich dann in des Gegners Degen zu stürzen. «Auf solche Weise», sagt Vidocq, «beging der Graf sozusagen Selbstmord mit Hilfe einer fremden Hand», er sagt das zu Balzac; Léon Gozlan, der dabei war, hat dieses Gespräch aus dem Jahre 1844 aufgezeichnet und in seinem Buch *Balzac en Pantoufles* mitgeteilt.[9]

Dagegen wurde manche Zeit und Mühe auf den Vorſatz, das Leben Herzog Bernhards zu ſchreiben, vergebens aufgewendet. Nach vielfachem Sammeln und mehrmaligem Schematiſieren ward zuletzt nur allzu klar, daß die Ereigniſſe des Helden kein Bild machen. In der jammervollen Iliade des Dreißigjährigen Krieges ſpielt er eine würdige Rolle, läßt ſich aber von jener Geſellſchaft nicht abſondern. Einen Ausweg glaubte ich jedoch gefunden zu haben: ich wollte das Leben ſchreiben wie einen ersten Band, der einen zweiten notwendig macht, auf den auch schon vorbereitend gedeutet wird; überall sollten Verzahnungen stehen bleiben, damit jedermann bedaure, daß ein vorzeitiger Tod des Baumeisters verhindert habe, sein Werk zu vollenden.

«Dieser Schluß befriedigt mich nicht.» Dieser Schluß kann Balzac nicht befriedigen. Man ist ja nicht zusammengekommen, um sich Geschichten anzuhören, Geschichten die das Leben schrieb, nein: Hier geht es um eine grundsätzliche ästhetische Untersuchung. Es geht zwischen Balzac und Vidocq um die Frage, wie sich denn Realität und Kunst zueinander verhalten. Die These Vidocqs: «Ich sagte, Sie ließen sich es allzu viele Mühe kosten, Monsieur de Balzac, um Geschichten über eine erfundene Welt zu schreiben, wo doch die Wirklichkeit unmittelbar vor Ihren Augen liegt, ganz nah an ihrem Ohr und greifbar Ihren Händen!» – Worauf Balzac repliziert: «Ach, Sie glauben an die Wirklichkeit! Das rührt mich; für so naiv hätte ich Sie gar nicht gehalten! Die Wirklichkeit! Erzählen Sie mir doch davon. Sie kommen ja aus diesem schönen Land. Wir Dichter sind es jedoch, die diese Wirklichkeit schaffen.»

«O nein, Monsieur de Balzac.»

«O doch, Monsieur Vidocq!»

Vidocq, der die Geschichte von der schönen jungen Leiche aus der Rue Bellechasse erzählt, vertritt dabei, scheinbar naiv, die These, die eigentliche Realität sei die Realität. Balzac ist da entschieden anderer Meinung. Er trägt, noch einmal, den – mit den Worten des Fiesco aus Genua – *verjährten Prozeß der Natur mit den Künsten*[10] auf die Bretter, die das Gericht bedeuten. Er sieht da eine Konkurrenz und er läßt keinen Zweifel daran, wer da mittlerweile sicher gewonnen hat. Vidocq dagegen sieht zwar keine Konkurrenz, aber er unterstellt doch, daß der Unterschied zwischen Kunst und Realität so radikal nicht zu sehen ist. Weil auch das Leben Geschichten schreiben kann.

Geschichten schreibt das Leben bekanntlich am besten, nur daß es nicht schreiben kann.

Balzac entscheidet sich für die Priorität der Künste. Er tut das im folgenden mit einer aus dem Bereich der Ästhetik genommenen Begründung. Er verhält sich dabei ästhetisch progressiv, obwohl er mit reaktionären Argumenten arbeitet. Lösen kann er das anvisierte Problem nicht. Weil er aus der Trennung der Sphären eine Konkurrenz macht, weil er in Unterschieden Gegensätze sieht, weil er den Bezug von Kunst und Realität undialektisch faßt, darin aber zugleich mit notwendiger Entschiedenheit einen Aspekt der Dialektik von Kunst und Realität zuspitzt.

Die Zeit des Schönen ist vorbei. Die Menschheit, falls sie überhaupt zu ihm zurückkehren sollte, weiß im Augenblick nichts damit anzufangen. Je weiter die Kunst geht, desto wissenschaftlicher wird sie sein, so wie die Wissenschaft künstlerisch wird. Beide werden sich, nachdem sie sich an der Basis getrennt haben, auf dem Gipfel wieder zusammenfinden. Kein menschliches Denken kann heute voraussehen, welche leuchtenden psychischen Sonnen die Werke der Zukunft aufblühen lassen werden. Einstweilen befinden wir uns in einem Stollen voller Dunkelheiten, wir tasten in der Finsternis. Der Hebel fehlt uns, die Erde entgleitet uns unter den Füßen. Der Ansatzpunkt fehlt uns allen, Literaten und Schreiberlinge, die wir sind. Wozu ist das nütze? Auf welches Bedürfnis antwortet dieses Geschwätz? Zwischen der Menge und uns gibt es kein Band. Um so schlimmer für die Menge, aber insbesondere um so schlimmer für uns. Doch da jedes Ding seine Ursache hat und mir die Phantasie eines Einzelwesens ebenso legitim erscheint wie der Appetit einer Million von Menschen und sie ebensoviel Platz in der Welt einnehmen kann, muß man, unabhängig von den Dingen und der Menschheit, die uns verleugnet, seiner Berufung leben, seinen Elfenbeinturm besteigen und dort wie eine Bajadere in ihren Parfums allein mit seinen Träumen bleiben.

In den Worten Balzacs liegt ein Unbehagen, er versucht, das Unbehagen, das nicht nur ihn befallen hat, zu übersetzen. Es ist dies das Unbehagen an der sich wandelnden *Funktion* der Kunst.

Kunst und Realität: Das ist ja auch die Frage danach, was kann Kunst in der Realität bewirken? Die bürgerliche Kunst hatte in Praxis und Theorie, Theorie und Praxis auf diese Frage eine deutliche Antwort herausgebildet: Kunst wirkt kritisch und unmittelbar didaktisch in der gesellschaftlichen Realität, Kunst mischt sich ein, weil sie sich einmischen muß, Kunst trägt bei zur Veränderung. Es war dies die Kunst, die in der Tat die Gesellschaft mitverändert hat. Weil diese Gesellschaft, die bürgerliche also, sich erst noch zu verwirklichen hatte. Aber, jetzt war bereits abzusehen, daß diese Gesellschaft nicht letztlich die Befreiung des ganzen Menschengeschlechtes bringen konnte, sondern allein die Entfesselung des Marktes. Das zu befördern konnte die Aufgabe der kritischen Kunst nicht mehr sein. Kunst und unmittelbarer Realitätsbezug fielen so auseinander: Kunst und bürgerliche gesellschaftliche Realität. Die Künstler, die Vorreiter gewesen waren, wurden nun Außenseiter dieser Klasse, für deren geschichtliche Durchsetzung sie gekämpft hatten. Oder sie wurden affirmativ, indem sie dort Sinn stifteten, wo real kein Sinn mehr ist.

Dieser von der gesellschaftlichen Entwicklung produzierte: erzwungene Bruch wollte bewältigt sein. Insofern hat Balzac recht, wenn er die Kunst über die Realität stellt: Kunst ist jetzt erkennbar das *Andere* geworden. Aber, er muß nicht die eigentliche Realität, also die mit Niveau gegen die unvermögende ausspielen. Es ist dies ein Ausweg, der von Balzac deshalb gewählt wird, weil die ästhetischen Prämissen, mit denen er argumentiert, nicht fassen. Balzacs Begründung einer nicht ganz falschen These mißlingt deshalb, weil er im Namen der Nachahmungs-Ästhetik spricht.

Die Produktion liefert dem Bedürfnis nicht nur ein Material, sondern sie liefert dem Material auch ein Bedürfnis. Der Kunstgegenstand – ebenso jedes andre Produkt – schafft ein kunstsinniges und schönheitsgenußfähiges Publikum. Die Produktion produziert daher nicht nur einen Gegenstand für das Subjekt, sondern auch ein Subjekt für den Gegenstand.

Nikolai Gawrilowitsch Tschernyschewskij hat in seiner Dissertation von 1853 die These aufgestellt, die Kunst sei *niedriger* als die Wirklichkeit, sie sei eine *Reproduktion* der Wirklichkeit. *Reproduktion* meint für ihn dasselbe wie Mimesis also Nachahmung. Indem Tschernyschewskij Kunst mit Mimesis gleichsetzt, muß er, auch darin ein Schüler Hegels, zur These vom Ende der Kunst kommen. «Wir beginnen auf jeden Fall zu begreifen, daß die Erde kein Ort des Gerichts, sondern ein Ort des Lebens ist.»[11] Tschernyschewskij insistiert, unter Beibehaltung des Konkurrenzschemas Kunst–Realität, deshalb auf der Abwertung der Kunst, weil der SINN, den die Nachahmungskunst mit Hilfe der klassischen Formen stifte, nicht übereinstimme mit dem, der in der Realität liegt. «Man sagt uns: ‹Ein rein zufälliger Untergang ist ein Widersinn in der Tragödie› – ja, vielleicht in den von Schriftstellern verfaßten Tragödien; aber im wirklichen Leben nicht.» – Oscar Wilde hat 1889 in seinem Dialog *Der Verfall der Lüge* einen seiner Protagonisten die Gegenthese aussprechen lassen: «Obwohl es paradox erscheinen mag – und Paradoxien sind immer gefährliche Dinge –, es ist darum nicht weniger wahr, daß das Leben die Kunst weit mehr nachahmt als die Kunst das Leben.»

Gestern abend wollte Mrs. Arundel durchaus von mir, daß ich ans Fenster trete, um den grandiosen Himmel, wie sie sich ausdrückte, zu betrachten. Natürlich mußte ich es tun. Und was sah ich? Nichts weiter als einen zweitklassigen Turner, einen Turner aus seiner schlechtesten Zeit, die größten Fehler des Malers auf die Spitze getrieben.

Oscar Wilde hat recht: Kunstwerke produzieren ihr Publikum, sie produzieren Erfahrungsstrukturen, die uns imstande setzen, unsere Realität neu zu sehen; Marcel Proust, der den Essay Wildes 1906 gelesen hat, belegt diesen Sachverhalt wiederholt und überzeugend in der *Recherche*. Aber, dies ist nur das eine Argument. Denn darin, daß Wilde weiterhin, wenn auch in der Negation, am Begriff der Nachahmung festhält, muß auch er im Bannkreis der alten Ästhetik bleiben, die er bekämpft.

Am Kamin stand ein großer Phallus aus Stein, ein Geschenk von Félicien Rops. Jarry hatte dieses weit überlebensgroße Glied mit einer violetten Mütze bedeckt, seit dieser erotische Monolith eine bestimmte literarisch interessierte Dame erschreckt hatte, als sie, vom Treppensteigen echauffiert, nicht wußte, wie sie sich in dieser unmöblierten Zelle verhalten sollte.
„Ist das ein Abguß?" fragte die Dame.
„Nein", sagte Jarry, „eine Verkleinerung."

Daguerreotype – Zeugnis gegen die irrige Ansicht, daß die Kunst eine Nachahmung der Natur – die Natur hat selbst den Beweis geliefert, wie wenig sie von der Kunst versteht, wie kläglich, wenn sie sich mit Kunst abgibt.
Vidocq hat ja nun nicht behauptet, die Geschichten, die das Leben schreibt, seien denen des Herrn de Balzac überlegen. Das nicht. Aber doch dies, daß im Leben durchaus Geschichten vorkommen, richtige Geschichten. Deshalb die Story vom außerehelichen Exitus, deshalb der Konflikt mit den drei Toten im Gefolge. Diese Geschichte ist, zugegeben, für Balzac nicht uninteressant, aber ästhetisch ist sie nicht auf dem gehörigen Niveau. Das ist es, was gegen sie spricht. Es ist vor allem der Schluß, der Balzac mißfällt. Weil das kein richtiger Schluß ist, ästhetisch gesehen. Die Geschichte hat folglich auch nicht die notwendige *Einheit*. «Ich finde, daß dieses Duell, dieser stellvertretende Selbstmord, ungenügend motiviert ist. Wollte ich jetzt diese Familientragödie auf meine Art und Weise erzählerisch verwenden, so müßte ich mir einen folgerichtigeren, kompletteren Schluß ausdenken: Nicht weil mir der durch den Grafen gewählte Schluß unglaubwürdig erschiene, sondern – ich betone es nochmals! – weil der Graf, gemessen an seiner derartig tiefen Verzweiflung, zu wenig wußte von dem, was wirklich unter seinem Dach geschah!» – Eine Geschichte nach dem Herzen und den Standards des Herrn de Balzac hatte Vidocq aber zu Beginn des Kunstgesprächs versprochen:
«Ich bringe Ihnen aber ein Faktum, das so wirklich ist wie *Ihre* Wirklichkeit!»
«Eine lückenlose Handlung?»
«Jawohl, lückenlos! Eine fertige Geschichte.»
«Mit Kopf, Herz und zwei Beinen?»
«Jawohl, mit Kopf, Herz und allem übrigen.»
«Alles übrige ist auch dabei?»
«Jawohl: Leidenschaften und ihre schlimmen Folgen.»
Vidocq, der die Diskussion provoziert hat, hat sie auch inszeniert. Von Anfang an. Aber, vorerst gibt er Balzac recht. Denn es ist ja augenfällig: Bei aller Leidenschaft, die ja auch gefordert und versprochen war,

die Geschichte ist, da sie nun mal passiert ist, *möglich*, aber, da der Schluß, mangels Motivation, *unglaubwürdig erscheint*, ist sie nicht *lückenlos*. Vidocq ist, sagt er, nicht so anmaßend, Herrn de Balzac in Fragen der Dichtkunst Lektionen erteilen zu wollen. Das nicht. Eigentlich sei er heute nur zufällig auf diese alte Geschichte gekommen.

Um so schlimmer für die Tatsachen. –
Josef von Sternberg berichtet in seinen Lebenserinnerungen, er habe einem Russen einen seiner Filme – wahrscheinlich den *Letzten Befehl* – vorgeführt und ihn gefragt, ob das da im Film denn wirklich waschechte Russen seien, ob sich denn Russen so benähmen; Sternberg war nie in Rußland gewesen, deshalb die Frage. «Nein», so die Antwort des Experten, aber: «Sie sollten es tun.»
Das ist, auf den ersten Blick, ein großes Kompliment. So hat es auch Josef von Sternberg verstanden, Komplimente hat er gut behalten und auch aufgeschrieben und mitgeteilt. Er hat dabei aber nicht bemerkt, was jener ungenannte Russe wirklich gesagt hat: Dies sind, in Ihrem Film, keine wirklichen Russen, das sind, Herr von Sternberg, ausgedachte, das sind vorgestellte: literarische Russen. Sie haben da, Verehrter, in Ihrem Medium, dem Film, nach Art der altgewordenen bürgerlichen Ästhetik gearbeitet, sie haben *Vorbilder* produziert: Klischees.
Als Vertot seine Darstellung der Belagerung von Malta niedergeschrieben hatte und man ihn auf Urkunden hinwies, antwortete er, es sei zu spät, seine Belagerung sei fertig.[12]
Aufklärung: das war der großangelegte gesellschaftliche Versuch, die Realität zu literarisieren. Aufklärung, das war der erfolgreiche Versuch, realitätsbezogen und mit Phantasie vorauszudenken, in die Zukunft als herstellbare hineinzudenken in der bestimmten Zuversicht, die Realität werde dem vernünftig Gedachten schon folgen. Weil in der Realität selber die Vernunft, der *Sinn* angelegt war, das mußte im Geschichtsprozeß nur herausgearbeitet werden. Durch die Aufklärung der belehrbaren einzelnen: O *saeculum, o litterae, juvat vivere!* – Es sei, rief Ulrich von Hutten aus, eine Lust zu leben. Allgemein: Wegen des neuen Jahrhunderts, speziell aber und entscheidend: Wegen der Literatur.
«Es ist vielmehr», merkt Johan Huizinga im *Herbst des Mittelalters* dazu an: «der begeisterte Literat, der hier frohlockt als der ganze Mensch.»
Die ästhetische Komponente dieses auf Utopie gegründeten Geschichtsbewußtseins war, bis weit ins 18. Jahrhundert hinein, daß die Ideologie der bestehenden Realität *voraus* zu sein hatte. Dies ist gesellschaftlich produzierte Voraussetzung und Ergebnis für dieses Essential bürgerlicher Kunst: Nicht unmittelbar Realität zu sein, sondern erst aus

der Distanz heraus möglich zu werden. Kunst wird aus der *Distanz* heraus *gemacht.*

Solange die Utopie, deren ästhetische Konsequenz die Kunstproduktion bestimmte, realgesellschaftlich funktionieren konnte, solange Kunst also unmittelbar gesellschaftsbezogen wirken konnte, erschien die Distanz von Kunst und Realität als partiell aufgehoben. Kunst und Gesellschaft: Beide waren ja unmittelbar aufeinander bezogen, außerhalb war ästhetische Praxis (noch) undenkbar; der Bezug auf die Nachwelt, die Erfahrung des Nicht-Erfolgs also wurde erst konstitutiv für diejenige Kunst, die, nach dem Scheitern der Aufklärung, vorerst nur als Alternative zur traditionellen Nachahmungskunst entstand, dann aber immer deutlicher zur einzigen noch möglichen bürgerlichen Kunst-Form wurde.

Es war der gleiche – erst herzustellende – utopisch fundierte SINN, der in der Realität vermutet wurde und der die Möglichkeit dieser Kunst konstituierte. In der Literatur geschah das mit Hilfe von Handlungsmodellen, mit Hilfe von Personen, die als Persönlichkeiten verstanden wurden und exemplarisch in Konflikte: Kollisionen gebracht wurden. Hier konnten Modelle vorgeführt werden, die den alltäglichen Erfahrungen entsprechen sollten und mögliche Lösungen vorführten. Hier konnte gegenwärtige Realität interpretiert werden, bürgerliche Wertvorstellungen konnten wirkungsvoll publiziert: öffentlich propagiert werden. Es ist dies eine Ästhetik, wie sie noch vom Balzac im Gozlanschen Gespräch vertreten wird, es ist eine Ästhetik, die dem Sinn der Realität zu entsprechen versucht, indem sie eine sinnvolle, in sich geschlossene: vernünftige Handlungskonstruktion für verbindlich erklärt.

Diese Ästhetik verstand sich als Kunst der Mimesis als Form der Abbildung. In Wahrheit wurde aber nicht das *Abbild* gegeben, sondern *Wunschbild: Vorbild,* nachgeahmt wurde nicht Gegenwart, sondern es wurde Zukünftiges antizipiert und als *typisch* verstanden.

An dem andern Ende des Himmels stieg der liebliche Mond herauf, und warf so freundliche Strahlen in Robinson's Höhle, daß er vor Vergnügen darüber erst gar nicht einschlafen konnte.

Lotte. Oh, sieh, sieh, lieber Vater! Dort kömmt unser Mond auch eben hervor!

Johannes. Ach ja! – O wie das so prächtig aussieht!

Wo ein Aas ist, versammeln sich die Adler.

Indem Hartknopf und der Emeritus noch im tiefen Gespräch begriffen waren, hörten sie Fußtritte den Berg herauf, und wunderten sich, daß sie schon so früh Gesellschaft bekamen – als sie von der westlichen Seite die

beiden Weltreformatoren Küster und Hagebuck hinaufklimmen sahen, welche mit einem Trupp der Gellenhausischen Jugend die Sonne wollten aufgehen sehen – sie waren aber ein wenig zu spät gekommen.
Sie kamen mit viel Geräusch und Lerm, und Hartknopf und der Emeritus zogen sich in eine kleine Bucht am Abhange des Hügels zurück – und überließen ihren Platz den Weltreformatoren – diese nahmen ihn denn auch feierlich in Besitz; Hagebuck ließ seine Zöglinge sich im Kreise umherstellen, und zeigte ihnen von dieser Höhe alle Herrlichkeit der Welt – darauf stellte er sich hin, und hielt eine Rede an den ganzen Erdkreis, den er aufforderte, das Licht, welches ihm nun so wohlthätig aufgesteckt würde, willig anzunehmen, und die Nacht der Vorurtheile fahren zu lassen – hierauf redete er von dem Berge die Stadt Gellenhausen an, daß sie doch ihr wahres Wohl nicht verkennen, und sich dem wohlthätigen Einfluß der allgemein sich verbreitenden Aufklärung nicht widersetzen möchte – dann redete er die Gellenhausische Jugend an, daß sie dies erhabne Schauspiel des Aufgangs der Sonne doch recht empfinden sollten – Und nun fing er an, ein Gedicht in Hexametern auf den Sonnenaufgang vorzulesen, welches sich anhub:

O seht, wie die blitzende Sonn' im Strahlengewande emporsteigt,
In majestätischer Pracht, ihr Völker grüßt ihr entgegen,
Jud', und Türke, und Christ, und selbst der schwärzeste Neger,
Sey von Danke belebt, daß ihm der Sonn' Antlitz zulächelt –

Indem nun Hagebuck noch weiter fortlesen wollte, zog sich auf einmal ein trüber Nebelschleier vor die Sonne, der schon lange im Aufsteigen begriffen war, und sie nun ereilte; dadurch war Hagebucken sein ganzes Koncept verdorben – denn das Gedicht war ganz lokal, und es sollte nun eins nach dem andern daran kommen; Hügel, Bäche und Thäler, wie sie allmählich vom Strahl der Sonne vergoldet wurden, und wie nun der Thau auf den Blumen blitzte – Das war nun alles vergeblich – der Thau blitzte nicht mehr auf den Blumen – die Spitzen der Hügel wurden nicht mehr vergoldet – Hagebuck machte eine lange Pause und wartete, daß der Nebel sich wieder wegziehen sollte – aber der Nebel zog sich nicht wieder weg – Darüber wurde Hagebuck verdrießlich, und als ihm der alte lahme Pudel des Gastwirths Knapp, der Hartknopfen begleitet hatte, zu nahe kam, so gab er ihm mit dem Fuß einen Stoß, daß das arme schwache Thier nach einem lauten Schrei verschied – Das war also an diesem Morgen des Pudels letzter Gang gewesen –

All dies ließ mich erkennen, daß der Unglückliche ein Dichter war. Ich erzeigte ihm meine üblichen Liebkosungen, um ihn meiner Sanftmut zu versichern, dann legte ich mich ihm zu Füßen; er aber, meiner Ungefährlichkeit vergewissert, vertiefte sich von neuem in seine Gedanken, kratzte sich wieder am Kopf, geriet wieder in Verzückung und schrieb nieder, was ihm eingefallen war. Indes trat ein anderer Jüngling in den Garten, hübsch und wohlgekleidet, der einige Papiere in der Hand hielt, in denen er dann und wann las. Er trat an den andern Jüngling heran und sagte: „Habt Ihr den ersten Aufzug fertig?" – „Jetzt bin ich damit fertig geworden", erwiderte der Dichter, „und zwar auf die prächtigste Art, die man sich nur erträumen könnte." – „Auf welche Art?" fragte der andere. „Solcherart", erwiderte der erste, „daß Seine Heiligkeit der Papst in großem Ornat auftritt mit zwölf Kardinälen, die alle violett gekleidet sind, denn als der Fall sich zutrug, war gerade die Zeit der mutatio capparum, da die Kardinäle sich nicht mehr in Purpur, sondern violett kleiden. So müssen auch meine Kardinäle, um sich an die Sitte zu halten, violett gekleidet auftreten. Dieser Punkt ist für das Schauspiel sehr wichtig; gewiß hätten viele gar nicht daran gedacht, weshalb auch auf Schritt und Tritt tausend Ungereimtheiten und Dummheiten geschehen. Ich kann mich darin nicht irren, habe ich doch das ganze römische Zeremoniell durchgelesen, nur um in den Kostümen sicherzugehen." – „Und woher soll", fragte der andere „mein Theaterdirektor violette Gewänder für zwölf Kardinäle hernehmen?" – „Wehe, wenn er mir nur ein einziges streicht!" versetzte der Dichter. „Ich werde ihm mein Schauspiel nie und nimmer geben. Zum Teufel noch einmal! Soll dieser großartige Aufzug denn verlorengehen? Stellt Euch doch einmal vor, wie wirksam auf einer Bühne ein Papst mit zwölf würdigen Kardinälen und anderen kirchlichen Würdenträgern als Begleitung – sie müssen notwendigerweise mit den Kardinälen auftreten – sich ausnimmt. Beim Himmel, das wird einer der größten und erhabensten Auftritte werden, die jemals in einem Stück gesehen worden sind, die ‚Blumenlese der Daraja' nicht ausgenommen." Nun endlich verstand ich, daß der eine Bühnendichter und der andere Schauspieler war.

Die von der Ästhetik der Aufklärung in Theorie und Praxis geforderte Pflicht zur Mimesis, zur abbildenden Nachahmung der Realität also, wurde in dem Maße immer mehr und immer deutlicher herausgebildet wie das Bürgertum Interesse bekam an seiner eigenen gegenwärtigen (und zukünftigen) Realität. Dabei mußte sich nach und nach der Eindruck verfestigen, die Forderung der Nachahmung der Realität gehöre zu den Essentials der Kunst überhaupt. Dieser Eindruck ist und war falsch. Die Anfänge der neuzeitlichen Kunst, sozusagen eine Alternative zu der sich dann herausbildenden Ästhetik, wollten nicht *Ausdruck* der Realität sein, sondern *Kommentar* [13], sie wollten nicht abbilden, sondern kritisieren. Die Kunst der Avantgarde hat deshalb nicht zufällig bei Künstlern wie Cervantes oder Shakespeare angeknüpft. Dabei ist der Bruch der Avantgarde mit den Maximen der Aufklärungsästhetik nicht derartig radikal wie es auf den ersten Blick scheint. Denn es werden weiterhin gesellschaftlich produzierte Erfahrungsstrukturen kritisch aufgenommen – Erfahrungen also, die jeder Bürger machen kann (nicht muß) – und von einzelnen für einzelne ästhetisch organisiert: Aber nicht primär mit Hilfe der Mimesis.

Die ambivalente Haltung der entwickelten bürgerlichen Kunst – wie sie dann in der Ästhetik der Aufklärung ausformuliert wurde – wird faßbar am Problem der Wahrscheinlichkeit; wahrscheinlich war das, was zugleich *möglich* und *typisch* war.

Nicht alles was möglich ist, ist auch wahrscheinlich. Authentizität –: so war es (und nicht anders) – zählt allein nicht. Nicht alles was möglich ist, ist auch ästhetisch möglich. Zur Sprache gebracht werden kann nur das, was vom Rezipienten her als möglich angesehen werden kann, also als wahrscheinlich. Das Authentische kann als möglich, mit den Worten Balzacs als *glaubwürdig* angesehen werden, wenn das Ganze des Kunstwerkes den Sinn stiftet. Indem die Taten der einzelnen in einen als sinnvoll erachteten Handlungszusammenhang gebracht werden. In der Sphäre des *als ob*.

Die Entwicklung der bürgerlichen Ästhetik, so zwingend sie auch historisch gewesen sein mag, hat aber den entscheidenden Sachverhalt verdeckt, den Sachverhalt nämlich, daß die These von der aufs Vorbild fixierten Abbildung der Realität sich nicht in der Nachahmungsästhetik erschöpft. Denn nicht die – von Balzac in jenem Gozlanschen Gespräch noch – benützten ästhetischen Schemata sind ja das Entscheidende, sondern das mit Hilfe dieser Schemata Realitätserfahrung *organisiert* und vorgestellt werden konnte. Dabei waren diese Schemata nicht entscheidend, sondern deren Funktion. Diese Schemata mußten aber zu dem Zeitpunkt unbrauchbar werden, da Realitätserfahrung nicht mehr mit Hilfe einzelner und deren Konflikten, also: in Handlungsabläufen erfaßt werden konnten; wer früher, lesend, dem Happy-End entgegengierte, der verschlingt heute die HANDLUNG.

Nicht die Realität hat sich also in besagtem Kunstgespräch zwischen Vidocq und Balzac blamiert, sondern die von Balzac vertretene Ästhetik. Deshalb kann Balzac auch das angeschnittene Problem nicht lösen. Weil er den Widerspruch zwischen den alten Formen und der neuen Realitätserfahrung sozusagen außerhalb der Zeit und Gesellschaft diskutiert. Und nicht als Literaturproduzent.

Aber auch Vidocq irrt, denn auch er hängt der alten Ästhetik an. Aber er hat doch immerhin das Richtige getan, indem er eine fast moderne Geschichte erzählt hat. Eine Story, die unvollständig ist, fragmentarisch. Der Leser muß, wie Balzac, anfangen mit dem Weiterschreiben, er muß die Leerstellen ausfüllen. Gerade deshalb weil diese Geschichte ohne konsequente Lösung ist.

Das Meer war ein richtiges Arschloch[14]. – Aber selbstverständlich hat Vidocq dem Herrn de Balzac eine Lektion in Fragen der Literatur verpassen wollen. Die Geschichte ist ihm ja nur zufällig eingefallen, aber/nämlich: der Kutscher, der von damals, vor beiläufig einem Jahr-

zehnt, sei derselbe Kutscher gewesen, der ihn heute hierhergefahren habe. Deshalb. Das sei aber, meint Balzac, hochmerkwürdig, irgendwie beginnt er den Braten zu riechen. Nein, sagt Vidocq, bewußt mißverstehend, so merkwürdig sei das nun wieder nicht: «Droschkenkutscher avancieren selten zu Generälen, sie bleiben meist Droschkenkutscher.» Nein, Vidocq hat sich die Nummer der Kutsche nicht notiert. Balzac ist enttäuscht, so gering scheint sein Interesse an dieser niveaulosen Geschichte nun doch nicht gewesen zu sein. Die Geschichte kann nicht weitergehen. Vidocq hat sich auch den Namen des Kutschers nicht geben lassen. Weil, der wartet ja noch unten, wegen der Rückfahrt. Also wird der Kutscher hereingebeten, er berichtet nach einigem Hin und Her von der leidigen Angelegenheit, damals. Und er erzählte die Lösung des Falles. Gozlans Balzac hätte sie nicht schlechter erfinden mögen:
Er, der Kutscher, hat nämlich damals im Wagen einen Brief gefunden, einen Brief adressiert an eine Gräfin. Da ist er dann hingefahren, hat sich gemeldet, den Brief abgegeben. Trinkgeld: Zwei Franc. – So also ist dem Grafen der Brief des unglücklichen Liebhabers seiner Gattin in die Hände gefallen, jetzt ist die havarierende Geschichte wieder flott. Balzac: «Durch diesen Brief erfuhr der Graf von der Liebschaft seiner Frau mit M. de Karls ... Und jenes Gespräch in der Opernloge von Triest bestätigte ihm, daß alle Welt über sein Unglück Bescheid wußte; das bestimmte ihn, sich im Duell töten zu lassen. Damit ist die Geschichte wirklich fertig.»
«Nein, nein, sie ist noch nicht fertig!» ruft der Kutscher. «Ich bin noch dreimal in der Rue Bellechasse gewesen, weil ich mich beschweren mußte. Aber nie traf ich jemanden an!»
«Über was wolltest du dich denn noch beschweren?»
«Das Zwei-Franc-Stück war gefälscht!» – «Wie konzentriert war das Ineinandergreifen, wie rasch die Entwicklung der Handlung bei unserer Liebe gewesen, und wie eilig trotz aller Verzögerungen, Unterbrechungen und Hemmungen des Anfangs – darin ganz und gar gewissen Romanen Balzacs [...] vergleichbar – die Lösung des Konflikts herbeigeführt!»[15]: Die Lösung des Konflikts: Albertine, die *entflohene Gefangene*, ist tot. Was Marcel Proust hier seinen Erzähler «Marcel» schreiben läßt, ist der erste Versuch von dessen Trauerarbeit. Albertine also ist endgültig zum Inventar der verlorenen Zeit geworden, die der Erzähler, bis zum Ende des Buches hin, vergeblich sucht. Albertine ist tot, der schreibende Erzähler versucht dies schmerzlich-gewünschte Lebensfaktum zu bewältigen. War diese Lösung wirklich *die* Lösung? Er versucht, das Faktum des Todes einzuordnen. Und das gelingt ihm auch, zeitweise. «Jedenfalls war ich glücklich, daß sie mir vor ihrem Tode noch jenen Brief geschrieben und vor allem jene letzte Depesche geschickt hatte, die mir bewies, daß sie zurückgekommen wäre, hätte

sie länger gelebt. Es schien mir das nicht nur wohltuender, sondern auch schöner zu sein, so als ob die ganze Begebenheit unvollständig gewesen wäre ohne dieses Telegramm, weniger kunstvoll, weniger schicksalshaft.»[16]

Unter den Menschen ist es der Fall, daß, wenn auch nicht jeder Ehemann seine Frau, doch wenigstens jeder Bräutigam seine Braut – und zwar etwa sogar ausschließlich – schön findet, und daß der subjektive Geschmack für diese Schönheit keine feste Regel hat, kann man ein Glück für beide Teile nennen.

So hat also, auch bei Proust, die ganze und konfliktreiche Angelegenheit einen richtig schönen, stimmigen ergo schicksalshaften Schluß. Monsieur de Balzac kann auch hier zufrieden sein. Monsieur de Balzac kann überhaupt nicht zufrieden sein. Denn das, was in der Kontroverse Vidocq–Balzac fraglose Voraussetzung war, nämlich, daß der Schriftsteller mit der Erzählerperspektive, in der Handlung den SINN zu stiften habe, der in der Realität angelegt, aber herauszuarbeiten ist, gerade das wird bei Proust nicht gegeben. So wird auch die Reaktion des Erzählers auf Albertines Tod nicht als Sinnfindung beschrieben sondern als Selbsttäuschung. Als Selbsttäuschung, die mit Hilfe ästhetischer Mittel inszeniert wird: Ästhetisierung als Flucht aus der eignen Erfahrung. Der Deus ex carruca tritt hier nicht auf, der Leser hat gefälligst sein eigner Kutscher zu sein.

Proust hat mit seiner *Recherche* in vielfacher Weise exemplarisch gemacht, wie die Frage nach dem Verhältnis von Literatur und Realität für die Moderne zu formulieren ist. Es ist dies nicht allein eine Kunstdiskussion sondern die Frage nach dieser Gesellschaft und ihrer *Erzählbarkeit.*

Bei Proust ist der durch die Konstruktion der Handlung gestiftete SINN nicht die Voraussetzung für Kunstproduktion. Das, was die Funktion der Handlung war, wird in diesem Buch die *wiedergefundene Zeit.* Dabei liegt die Hypothese zugrunde, diese – verlorene – Zeit sei wieder auffindbar. Was meint: Das Vergangene könne, schreibend, Gegenwart werden.

Diese These war so falsch wie nützlich. Sie war nützlich für Proust und seinen Erzähler «Marcel», weil erst im Vertrauen auf sie die gewaltige Arbeit der *Recherche* möglich wurde. Indem hier die Annahme vorausgesetzt wird, es gäbe – eigentlich – den unverstellten, den ungekünstelten Blick auf die Dinge. Wenn man die Manipulationen des Bewußtseins durch Gesellschaft, Erziehung, Kultur durchbricht. Die wiedergefundene Zeit: Das ist die volle Gegenwart, der gelebte Augenblick, ein Augenblick voller Vergangenheit und ohne Zukunft: Nicht im Leben aber im geschriebenen Werk.

Soweit die Grundthese des Buches. Es ist dies eine These, der sich der

Erzählende immer wieder annähert: In der Reflexion. Er braucht den Glauben an diese These, um erzählen zu können. Um darstellen zu können, daß diese Grundannahme grundfalsch ist.
Dieser Widerspruch, übrigens, hat den im Werk selbst sich niederschlagenden Produktionsprozeß bestimmt. Das Buch endet mit dem Entschluß des Erzählers, *sein*, also das vorliegende Buch zu verfassen. Zugleich aber ist deutlich, daß der Entwicklungsprozeß dessen, der erzählt, bis zum Ende hin *auch* Produkt des literarischen Produktionsprozesses ist.

If you take away all that tinsel you come to the real tinsel.[17]
Die bürgerliche Klasse, dann die bürgerliche Gesellschaft hat bekanntlich ihre Mitglieder als Individuen produziert; Norbert Elias hat diesen historisch-gesellschaftlichen Vorgang in seinem *Prozeß der Zivilisation* herausgearbeitet. Die bürgerliche Klasse produziert ein Affekt-Schicksal, in dem die einzelnen sich als *eigentlich,* die Gesellschaft als das Fremde verstehen. Das war und ist auch bestimmend für die Produktion und Rezeption von Kunst. In der progressiven Phase der bürgerlichen Kunst wurde das inhaltlich aufgenommen und ausgetragen, insbesondere im Roman: Als die Lebensgeschichte des sich bildenden einzelnen, der in Konflikt gerät mit der Gesellschaft, die er nicht ist, um dann zu scheitern. Es war und ist dies, in der Literatur, im Alltag, ein Vorgang, in dem sich der einzelne als unteilbar, als mit sich selbst identisch, als unverwechselbar sieht. Man hat *sein* Gesicht und man trägt – als von der Gesellschaft diktierte Notwendigkeit – eine Maske; Carl Sternheim, der schon in seinem ersten Drama aus dem bürgerlichen Heldenleben gezeigt hat, daß Theobald Maske nicht eine Maske trägt, sondern Maske *ist,* hat die Dialektik der Individual-Ideologie präzise dargestellt. Seine Akteure spielen zwar Rollen in der Gesellschaft, wegen der Gesellschaft, sie können aber nicht aus der Rolle raus, weil niemand aus der Gesellschaft raus kann.
Marcel Proust hat in der *Recherche* diesen Sachverhalt, diese bürgerliche Erfahrung genau geschildert. Er hat dabei nicht nur das traditionelle Schema der Roman-Handlung destruiert, sondern auch die Vorstellung der Persönlichkeit. Indem er sie als destruiert zeigt. Seine Gestalten, auch sein Erzähler, spielen Rollen, sie ästhetisieren sich und die Realität. –
Und diese Sirenen, ist das nicht wirklich wie Wagner. –
Und Proust hat keine seiner Gestalten aus ihrer Rolle befreit.

Sokrates: Es ist nicht völlig ausgeschlossen, daß ein ganz unförmiges Stück Marmor oder Stein, wenn es der ständigen Erregtheit der Wasser anvertraut wird, durch einen Zufall anderer Ordnung eines Tages wieder hervorgezogen wird und nun an ein Bildnis Apollos erinnert. Was aber das Ding selber angeht, so wäre für es das geheiligte Gesicht nichts als eine vorübergehende Form in der Familie der Formen, die die Tätigkeit des Meeres ihm auferlegen muß. Die Jahrhunderte kosten nichts; wer über sie verfügt, verwandelt, was er will, in was immer.

Es ist so, als ob die Handlungen, die durch einen Gedanken erleuchtet werden, den Lauf der Natur abkürzen würden; und man kann ruhig behaupten, daß ein Künstler tausend Jahre wert ist, oder hunderttausend oder auch noch mehr! Da hast du einen seltsamen Maßstab für die Werke!

Marcel Proust, der diese Passage in seinem Baudelaire-Essay beiläufig erwähnt, nimmt nicht den hier anvisierten Gegensatz von natürlichem Schaffen und menschlicher Produktion auf, darauf fliegt er nicht. Er interessiert sich auch nicht für die Konkurrenz zwischen dem natürlichen und einem hergestellten Apollo. Er leugnet diese Konkurrenz, vor allem deshalb, weil er die ästhetische Position, die hier zugrunde gelegt wird, ablehnt. Es ist dies eine aufs *Harmonische* zielende Nachahmungsästhetik für psychisch stabile, für die Gesellschaft repräsentative Künstler.

Der Kern des Proustschen Einwandes: Was wirklich zählt, ist nicht der von Sokrates definierte Zeitfaktor. Für die Moderne sind die Außenseiter die wahren Repräsentanten und deren Uhren gehen ganz anders.

«Die harmonischen oder reflektierenden Künstler – die Voltaires zum Beispiel – bilden, wenn sie im Vergleich zur blinden Arbeit der Natur tausend Jahrhunderte darstellen, selbst keine unbegrenzte Zeit im Vergleich zu irgendeinem Kranken, einem Baudelaire etwa, oder besser noch einem Dostojewskij, die in dreißig Jahren zwischen epileptischen oder sonstigen Anfällen alles schaffen, wovon eine Nachkommenschaft von tausend nur gesunden Künstlern keinen einzigen Absatz hätte schaffen können.» [18]

Die Existenz des homosexuellen Außenseiters in der bürgerlichen Gesellschaft des 19. Jahrhunderts ist nur denkbar als ästhetische Existenz. Der Satz ist nicht umkehrbar, dergestalt, daß jeder Versuch einer totalen Ästhetisierung des Lebens als Sublimierung einer homoerotischen Triebkomponente zu interpretieren wäre. –

Der Satz ist auch insbesondere fürs 20. Jahrhundert nicht umkehrbar, weil, wie hier Proust, der existentielle Außenseiter in seiner Weise, Erfahrungen ästhetisch aufzuarbeiten, einem gesellschaftlich allgemeineren, als allgemeiner erfahrbar werdenden Affektschicksal voraus war. Prousts exemplarische Qualität ist auch darin begründet, daß er den Prozeß der Ästhetisierung der alltäglichen Realität an Hand jener

Gruppe, die er anvisierte, genau beschrieben hat. Beschrieben und schreibend kritisiert.

Er nahm keinen Anstand, meinem Vater zu der „wohlabgewogenen, überlegenen Sicherheit“ mit der er sein Portefeuille „komponiert“ habe zu gratulieren. Es war, als schriebe er den Beziehungen der Börsenpapiere zueinander und auch den einzelnen Papieren eine Art ästhetischen Rang zu. –

Der Erzähler der *Recherche* geht der Durchdringung von Realität und Ästhetik immer wieder und sorgfältig nach. Dabei macht er deutlich, daß hier ein Zusammenhang zwischen Besitz und Ästhetisierung besteht; Odette soll Swanns Besitz werden, er kann sie aber nur besitzen wollen, wenn er in ihr ein Bild von Boticelli sieht. Wenn er aber Odette besitzt, ohne Eifersucht ist, dann wird sie ihm gleichgültig. Erst wenn dieser Zustand gefährdet ist, dann muß die Boticelli-Dame reaktiviert werden. Dann soll sie wieder beherrscht: besessen werden. Und die Beherrschte rächt sich (ohne es zu wissen, ohne es zu wollen), indem sie real dem Bilde Swanns nicht entspricht. So, und das gilt nicht nur für Swann, es gilt insbesondere für den Erzähler der *Recherche,* entzieht sich die Realität in der Aneignung: durch die Aneignung in der Ästhetik.

So ist nicht die Realität, auch nicht die eigne Person Thema, sondern die Annäherung an die erfahrene Realität, die Annäherung an die eignen Erfahrungen.

Dabei konstituiert sich dieses Individuum, das hier erzählt, nicht als Persönlichkeit, sondern als Produkt der gesellschaftlichen Situation, in der es sich vorfindet, in der es sich befindet; welche gesellschaftliche Rolle Prousts «Marcel» in der jeweiligen Situation spielt, ist – bei nur wenigen Ausnahmen – allein indirekt zu erschließen. Dieser Erzähler gibt nicht seine Person sondern seine Sichtweise, seine Interpretation der jeweiligen gesellschaftlichen Konstellation. Und die ändert sich, sie hält sich nicht durch sondern wechselt.

Realität ist hier keine objektive Größe sondern erscheint in der gesprochenen Sprache. Das was die Gestalten des Buches sprechen/denken/schreiben wird zum Sprachmaterial, zu einem gesellschaftlich geprägten Material also. Es ist dies eine Methode der Erkenntnis, die nicht – wie bei Proust – daran gebunden ist, die Gesellschaft aus der Perspektive eines erzählenden einzelnen zu erschließen. Und es ist dies eine Methode, die nicht notwendig nur nach Vergangenem fragen muß.

Hier wird nicht Realität abgebildet, abgebildet allein wird der Vorgang, in dem sich der Schreibende die Realität ästhetisch – also: sinnlich *und* rational – aneignet.

Die eigentliche Lehrmeisterin der Kunst ist nicht das Leben, sondern die Kunst.

«Man schreibt daher leichter Romane aus Romanen, Schauspiele aus Schauspielen und Gedichte aus Gedichten, ohne im Stand zu sein oder auch nur den Willen zu haben, die Zeichnung endlich einmal wieder mit der Natur zusammenzuhalten [. . .] Man malt den Menschen nicht mehr, wie er ist, sondern setzt statt seiner ein verabredetes Zeichen»; so kritisiert Georg Christoph Lichtenberg in seinem *Orbis pictus* von 1780. Lichtenberg hatte recht, er formuliert hier das Interesse des lesenden Bürgers an einer realistischen, also unmittelbar realitätsbezogenen Kunst. Dies war damals ein berechtigtes weil progressives Interesse; wenn auch der Anspruch Lichtenbergs die damals auch schon angelegte Alternative nicht widerlegt: Der Manierist Winckelmann hatte ja die Nachahmung von Kunstwerken zum ästhetischen Postulat erhoben. Die Sätze Lichtenbergs werden falsch in einer Zeit, in einer Gesellschaft, in der die Ästhetisierung des Alltags so weit fortgeschritten ist, daß sie bereits als Natur empfunden wird, als natürlich.

Die Affinität der Moderne zum Zitat entspringt dem Interesse für die Realität.

Dem Interesse nämlich, dem nachzugehen, wie Realität funktioniert. Die Erfahrung des einzelnen ist ästhetisch geformt, die ästhetisch produzierte Erkenntnis ist realistisch. Denn hier wird in der Sphäre des Ästhetischen selbst die Distanz möglich, die Entfremdung verfremden kann und so erkennbar macht. Diese Form der Kunstproduktion war seit dem Manierismus in unserer Kultur angelegt. Heute ist das allerdings keine Alternative mehr zur «realistischen» Kunst, sondern zur bewußtlosen Realitätserfahrung.

Die Einstellung eines Mannes der Welt gegenüber sollte eine möglichst literarische sein. Jeder Mensch eines weniger verweichlichten Geschlechts lacht gewiß über eine Rasse, die so verkommen ist, daß das Literarische bei ihr als Charakterfehler gilt. Alle großen Männer waren Literaten.

So ging es ihm auch noch im Augenblick der Ermordung Rasputins – eines Vorgangs, dessen unerhört russische Färbung man übrigens mit Staunen konstatierte – bei einem Souper à la Dostojewski (ein Eindruck, der noch sehr viel stärker gewesen wäre, hätte nicht das Publikum ahnungslos allem gegenübergestanden, worüber Monsieur de Charlus so vorzügliche Kenntnisse besaß); mit Staunen weil das Leben uns so sehr täuscht, daß wir schließlich meinen, die Literatur habe gar keine Beziehung zu ihm, und wir mit Verblüffung sehen, daß die wundervollen Ideen, mit denen die Bücher uns bekanntgemacht haben, von sich aus und

in voller Selbstverständlichkeit das Alltagsleben durchziehen, und daß zum Beispiel ein Souper, ein Mord, insofern sie sich in Rußland abspielen, naturgemäß etwas Russisches an sich haben. –
Es ist also nicht die Frage, ob die Kunst die Realität abbildet, oder die Realität die Kunst: Die Trennung von Kunst und Realität erscheint mittlerweile als tendenziell aufgehoben. Im Alltag.

"*Don't you understand? This is* life. *this is what is happening. We* can't *switch to another channel.*"

DRAWING BY ROBT. DAY; © 1970 THE NEW YORKER MAGAZINE, INC.

In the future everybody will be worldfamous for fifteen minutes. – *Die Fernsehmoderatorin Chris Chubbuk aus Sarasota/Florida hat einen Traum verwirklicht, sie hat sie hergestellt, die Einheit von Kunst und Leben, Mrs. Chubbuk aus Sarasota hat einen kollektiven Traum wahrgemacht. Vor Millionen Zuschauern. Ihr Live-Text: «Gemäß der Devise dieses Senders, immer als erster eine Nachricht zu bringen, werden Sie jetzt wieder einmal etwas aus erster Hand erleben: einen Selbstmordversuch.»* [19] *– Sie hatte Erfolg* und starb einen Tag später, am 16. Juli 1974.*

* Es ist dies endgültig meine letzte Leiche. In diesem Essay.

Wir ziehen unsere Köpfe in Treibhäusern. –

In seinen philosophisch-ökonomischen Manuskripten hat Karl Marx auf diesen Sachverhalt hingewiesen: Der Mensch eignet – im Gegensatz zum Tier – sich seine Realität, seine Geschichte an in der Arbeit. Arbeitend produziert der Mensch seine Geschichte als Gattungswesen. In diesem Zusammenhang heißt es dann: «Das Tier formiert nur nach dem Maß und dem Bedürfnis der species, der es angehört, während der Mensch nach dem Maße jeder species zu produzieren weiß; der Mensch formiert daher auch nach den Gesetzen der Schönheit.»[20]

Aneignung der Realität, der alltäglichen Realität und darin auch der Geschichte ist eine Angelegenheit, die, arbeitend, mit Phantasie zu leisten ist. Die Phantasie gehört an die Front. Nur, das geschieht nicht unmittelbar-unbewußt, sozusagen naturwüchsig, es ist auch nicht so, daß dieses Moment im Rahmen des unabhängig von uns ablaufenden Geschichtsprozesses die Funktion des Boten hat, der einen versiegelten Briefumschlag transportiert, einen Brief trägt, dessen Inhalt er nicht kennt. Geschichtsprozeß und Phantasie sind aufeinander angewiesen.

Dabei ist die Erfahrung, daß Alltag und Ästhetik zusammenhängen, nicht neu, sie erscheint heute allerdings als neue gesellschaftliche Qualität. Denn, immer schon haben Menschen arbeitend, planend: also mit ihrer Phantasie ihren Alltag bewältigt. Wer immer überleben wollte, der mußte seine Phantasie hinsetzen. Das band sich, es mußte sich binden an die alltägliche Not; das band sich an den – noch zu personalisierenden – Klassengegner. Aber es gab die Notwendigkeit: Möglichkeit der Fiktion.

Auch das Bürgertum hat seine Phantasie mobilisiert, um sich durchsetzen zu können, es hat seine Fähigkeit zur Fiktion benützt, um einen auf die Gesellschaft zielenden Kommunikationszusammenhang herzustellen. Dabei waren die Kunstwerke von der unmittelbaren Alltäglichkeit abgehoben, sie wurden *allgemein,* weil allgemein zu rezipieren. Als die bürgerliche Klasse sich durchgesetzt hatte, wurden die schreibenden Avantgardisten, die nicht mehr Sprecher der bürgerlichen Klasse waren sondern zu deren Kritikern wurden, an die Peripherie der Gesellschaft verbannt. Nicht das Allgemeine, sondern das Besondere wurde zum Thema. Gleichwohl blieb eine Kunst in Produktion und Rezeption am Modell der bürgerlichen Öffentlichkeit orientiert. Nur: Diese Kunst wurde zum elitären Phänomen.

Waren nicht alle Reiche der Phantasie evakuiert, als jenes Manifest der bewohnten Erde den Krieg erklärte?

Proust hat die Produktion der Alltagserfahrung auch deshalb so präzise, auch und gerade für unsere Gegenwart beschrieben, beschreiben können, weil er sich als Objekt seiner Interessen eine Gruppe ausgesucht hat, die darin ihrer Zeit voraus war, daß sie die Stilisierung des Lebens auf eine Weise leben konnte, die uns heute vertrauter ist als dem zeitgenössischen Leser. Walter Benjamin hat das in seinem Proust-Essay aus dem Jahre 1929 gefaßt, wenn er vom Personal der *Recherche* als der *Kamorra der Konsumenten* spricht. Konsumenten sind heute keine Geheimgesellschaft mehr.

Für den Alltagsglauben der großen Menge machte die Gegenwart eines sichtbaren Bildes den intellektuellen Beweis der Wahrheit des Abgebildeten vollkommen überflüssig.
McCurdy mußte abgehängt werden. Von einem Vertreter der Ordnung. Wirklichkeit muß Wirklichkeit bleiben, Künstlichkeit Künstlichkeit. Da darf es keine unreinliche Verwischung geben. Aber, da kann es die Überwindung der Trennung geben, die Überwindung dieser Ordnung. Es sprechen viele Anzeichen dafür – nicht zuletzt die Affinität der Massen zu den als authentisch empfundenen nicht-literarischen Medien Film und Fernsehen –, daß die bürgerliche Trennung von Kunst und Realität sich gesamtgesellschaftlich nicht ganz hat durchsetzen lassen. Weil die sich nicht durchsetzen läßt. Vielleicht ist McCurdys Karriere doch nicht zu Ende. Vielleicht werden eines Tages die Wachsfiguren abgehängt.

Nicht die Werbung manipuliert, sie ergreift lediglich ihre Chance.

Unsere, die spätkapitalistische Gesellschaft produziert gleichermaßen das permanente ästhetische Training der Individuen, sie verlockt immer wieder, alltäglich, Wunsch-Phantasien zu entwickeln, und sie bindet diese potentiell auf Veränderung drängenden Kräfte an den Konsum von Waren und Medienangeboten. Politisch entscheidend dabei ist, daß hier ein potentieller Kommunikationszusammenhang hergestellt wird, der sich – noch – auf die Passivität der Rezipienten stützt. Die einzelnen produzieren aber als einzelne einen gesellschaftlichen Reichtum, der, würde er wirklich von ihnen sinnvoll *angeeignet* werden können, angeeignet nicht nur von *einzelnen,* die Frage nach dem Verhältnis von Ästhetik und Alltag neu, sozialistisch bestimmen könnte.
Gegenwärtige Erfahrung ist – noch – in dem Bereich, den man allgemein als *gestaltbar* empfindet, also nicht in der Sphäre der Arbeit, primär von der Erfahrung des *Konsums* entscheidend geprägt. Das ist die Barriere. Politisch entscheidend ist bei diesem Vorgang, daß – *laß diese Ware deinen Freund sein, wenn du aus Geschick oder eigner Schuld keinen nähern finden kannst* – hier und heute, noch einmal,

eine spezifisch bürgerliche Erfahrungsweise durchgesetzt wurde. Der Käufer verhält sich zur Ware, zum Fernsehprogramm so wie der Leser zum Buch: und das gilt offenbar nicht nur für diejenigen Gesellschaften, die das Privateigentum an Produktionsmitteln garantieren. Noch produziert die Durchästhetisierung der Realität eine Wirklichkeit ohne die reale Möglichkeit zur produktiven Fiktion.

Udo Lindenberg hat auf seiner letzten LP – SISTER KING KONG – ein Lied drauf, das hat mir sehr gut gefallen. Es trägt den Titel Satellit City Fighter *und handelt von einem Jungen namens Freddy.*

Freddy sitzt jeden Tag am Hafen,
und die Schiffe fahrn vorbei
nach Rio de Janeiro und nach Hawai.
Diese Abflugsatmosphäre, wie gern er doch Seemann wäre ...

Der Song handelt von Freddy, seiner Arbeitslosigkeit, vom Schulstress und von Jugendkriminalität. Und anderem. Aber so, daß man das hören mag, also ohne daß das eine Problemschnulze würde. – Dann stellte sich raus, diesen Freddy gibt es wirklich. *Udo Lindenberg hatte ihn in einer dieser Vorstädte kennengelernt, in Mümmelmannsberg. Dahin waren tv-Leute für ein Vierteljahr hingezogen, hatten die Nachbarn beobachtet, interviewt. Und sie hatten die Popidole ihrer Nachbarn rangeholt. Um die Fans mit den Stars zu konfrontieren. Freddy ist Udo-Fan. Freddy hat vor der Kamera von seinem Leben berichtet, von seinen Plänen. Es stellte sich dabei heraus: Die Fakten, die Udo Lindenberg in seinem Freddy-Song bringt, stimmen. Aber: Befragt, was er, Freddy, denn werden wolle, sagt er: Seemann. Morgen werde er zum Heuerbüro gehen und sich erkundigen. Dann der Satz des Freundes, kaum verständlich: «Das sagst du doch schon seit vierzehn Tagen.» Was bedeutet, daß Freddy eine Unzufriedenheit hat und einen Traum, einen undeutlichen Traum und die rauhe rauhe See ist sein Name dafür. Die tv-Leute fragen ihn und er will eine Antwort geben. Also macht er seine bislang undeutliche Träumerei wortwörtlich. Diese Übersetzung hat Udo Lindenberg dann seinerseits noch einmal übersetzt. Der reale Freddy sitzt eben nicht jeden Tag am Hafen, er will, erst auf Befragung, gleich morgen hin. Das Problem, das Freddy hat, ist keine Geschichte, die man so erzählen kann.*

Das gabs nur einmal das kommt nicht wieder. –

Die Affinität der bürgerlichen Klasse zu ihren Medien war die Affinität zu deren Möglichkeiten. Und zu deren Grenzen. Kunst war die Kunst der einzelnen für einzelne, Kunst und Realität waren zu trennen. In dem historischen Moment, da diese Trennung im Alltag partiell überwunden wird, ist es nicht die Sache des Bürgertums, das utopischgesellschaftlich auszutragen. Man kann nicht in jedem Medium alles machen, man kann nicht alles in jedem Medium machen.

Lu Märten, 1924:
Es gilt dabei ein Problem klarzustellen, wie es heute aktuell zur Diskussion steht – die Frage der Kunst der Zukunft – einer revolutionären oder sozietären Kunst – oder wie man es nennen mag. Das Kunstproblem ist ein Problem der Form, nicht des Inhalts. Die Form ist das verlorene Vermögen, nicht die Inhalte, die nicht verlorengehen können.

François Eugène Vidocq, der kriminelle Kriminaler, tut, noch ist er

Elmar Buck

Spielen statt Vorspielen

Nicht-bürgerliche Theaterversuche zu Anfang des 20. Jahrhunderts

Der Kontext: Das bürgerliche Theater ist das Theater *der* bürgerlichen Gesellschaft – nicht: *in* der bürgerlichen Gesellschaft –, das sich mit dieser seit dem 15. Jahrhundert auf Grund bestimmter bürgerlicher Kommunikations-/Öffentlichkeitsformen herausgebildet hat; und das gemäß seiner Struktur (absolute Trennung von Spielern und Zuschauern) und seiner Funktion (Öffentlichkeitsmedium, später zumeist Öffentlichkeitsersatz) bestimmte ästhetische, personelle und organisatorische Erscheinungen ausgeprägt hat: wie das *Drama* als literarisch fixierte Spielvorlage folgend einer «aristotelischen» Dramaturgie, die von Konflikt, Diskussion, Kompromiß bestimmt wird; wie die *Guckkastenbühne* mit ihrer in sich geschlossenen Bühnenfiktion; wie den *Schauspieler*, der nicht nur *mit* anderen, sondern wesentlich *für* andere spielt, der als Berufsschauspieler letztlich zwischen Künstlertum und Gewerbeausübung in bürgerlichem Stande etabliert ist; ein Theater, das seine Organisation schließlich im ortsgebundenen Stadt- bzw. Staatstheater institutionalisiert hat.

Dieses bürgerliche Theater war in der bürgerlichen Gesellschaft des 18. Jahrhunderts und auch noch des 19. Jahrhunderts, indem es bürgerliche Ideologie vermittelte und bürgerliche Emanzipation betrieb, zu glanzvollen Leistungen in der Lage. Als dann aber gegen Ende des 19. Jahrhunderts die bürgerliche Gesellschaft immer deutlicher von Krisen gekennzeichnet wurde, traf das auch das Medium, das sie als Klasse trug. Das Theater diente fortan insgesamt mehr der Affirmation als der Emanzipation, statt auf Diskussion war es auf Repräsentation aus. Es hatte zudem die Schwierigkeit, gemäß seiner Prämisse, die bürgerliche Welt auf der Bühne abzubilden; eine bürgerliche Welt, zu der nun auch das Proletariat gehörte, und an dem man damit auch auf dem Theater nicht mehr vorbeikam. Zwar konnte der Naturalismus und der Expressionismus auf dem Theater durch inhaltliche und formale Impulse – gleich welcher Intention – noch etliche interessante Kunstprodukte hervorbringen, jedoch konnten diese Reformbemühungen die Krise auf Dauer nicht überwinden – im Gegenteil: Sie machten sie erst recht offenbar.

Auch die derzeitigen Hoffnungen auf ein proletarisches Theater – eines, das nicht nur von der Partizipation des Proletariats am bürgerlichen Theater träumt – als Alternative zum bürgerlichen Theater erfüllten sich nicht, da bei den entsprechenden Unternehmungen immer noch die Strukturen des bürgerlichen Mediums Theater übernommen wurden, die ja gerade in der Krise waren. Das Unangemessene im Naturalismus und Expressionismus auf dem Theater, sofern man sich proletarischer Belange annahm, war nicht allein ein Problem der Ideologie, mit der diese Dinge angegangen wurden; denn es kommt nicht allein darauf an, mit welchen Augen man die Wirklichkeit sieht, vielmehr vor allem auch darauf, mit welchen Mitteln (Medien) man sie sieht und in welchen Medien man sie darstellt.

Proletariat und Theater wollten nicht zusammengehen; wenigstens nicht, ohne daß dabei das spezifisch Proletarische verlorenging. Proletarische Belange im Drama auf der Bühne und erst recht im Theater erwiesen sich in jedem Fall als machtlos gegenüber der zutiefst bürgerlichen Kommunikations- und Öffentlichkeitsform dieses Mediums und wurden somit voll von dieser und in diese vereinnahmt.

So scheiterten in diesem Sinne auch alle Versuche, das bürgerliche Theater zu einem proletarischen umfunktionieren zu wollen, indem man nur proletarische Sujets, Figuren mit entsprechender Ideologie einbrachte, und an proletarische Rezipienten und Produzenten dachte. Solches Theater scheiterte als speziell *proletarisches* Theater, wegen der der Klasse unangemessenen Kommunikations- und Öffentlichkeitsstruktur, und es scheiterte als Theater, wegen der diesem Medium unangemessenen Sujets und Ideologie. Damit partizipierte dieses Theater an der allgemeinen Krise des bürgerlichen Theaters.

Das Theater, also das bürgerliche, befand sich zu Anfang des 20. Jahrhunderts nun in dem Dilemma, daß es, um seinen Anspruch einzulösen (Abbildung der gesellschaftlichen Totalität und Emanzipation der gesamten Menschheit), im Drama und auf der Bühne darstellen müßte, was es nicht mehr kann, vor Zuschauern, die nicht kommen. Das macht, daß seine Krise zur *Dauerkrise* programmiert ist.

Ein «Ausweg» aus diesem Dilemma schien auf der einen Seite nur durch eine radikale Beschränkung – in jeder Hinsicht – auf das ausschließlich Bürgerliche möglich; also das, was dem Drama, der Bühne, dem Theater entspricht. Allerdings geschähe das mit der Aussicht, zu völliger Bedeutungslosigkeit zu verkümmern.

Die Alternative dazu war: Revolutionierung des Theaters statt Reformierung oder Umfunktionierung. Das heißt, daß das Theater von allen Fesseln befreit werden müßte, die die bürgerliche Struktur ihm anlegt: Drama, Bühne, Institution. Hier wurden die realen Chancen für das Theater allgemein gesehen und insonderheit auch die für ein spezifisch proletarisches Theater.

Entfesseltes Theater ist der Titel, unter dem Alexander Tairows Buch *Aufzeichnungen eines Regisseurs* 1923 in Deutschland erscheint. *Entfesseltes Theater* ist Parole und Programm derjenigen, die das Theater aus allen traditionellen Zwängen befreien wollen.

Entfesseltes Theater heißt, ein Theater, das von der Literatur und seiner theatralischen Ausprägung, dem Drama, befreit ist. Und das ist in der Tat «revolutionär», da es seit Zeiten der Commedia dell'arte in Europa – zumindest was das herrschende Theater anbelangt – kein Schauspieltheater gegeben hat, das ohne literarisch-dramatische Vorlage auskam.

«Wir wissen, daß die Blütezeiten des Theaters dann eintraten, wenn das Theater auf geschriebene Stücke verzichtete und sich seine eigenen Szenarien schuf. Zweifellos wird das von uns ersehnte Theater, an dessen Verwirklichung wir arbeiten, früher oder später ebenfalls dazu gelangen.»[1]

Von bürgerlicher Struktur entfesseltes Theater muß auch heißen: Befreiung von der Guckkastenbühne; also nicht nur der Illusionsbühne, Stilbühne usw., sondern von der, deren theatralische Interaktion durch die absolute Trennung von Spieler und Zuschauern definiert wird. An die Stelle der Bühne müssen treten *Spielräume,* die nicht auf dieser Struktur beruhen. Von daher erklärt sich auch die Zusammenarbeit derer, die solch ein nicht-bürgerliches Theater machen wollen, mit Architekten, die ihnen diese Spielräume entwerfen: Jakob Levi Moreno plant mit dem Architekten Rudolf Hönigsfeld ein «Theater ohne Zuschauer», Erwin Piscator projektiert mit Walter Gropius ein «Totaltheater». Dabei geht es allerdings schon um Spielformen, die an gar kein Theatergebäude gebunden sein müßten.

Entfesseltes Theater muß schließlich auch heißen: theatralisches Spiel jenseits der Institution, die vor allem als Garant der bürgerlichen Struktur des Theaters fungiert. Nicht-bürgerliches theatralisches Spiel wird folglich zu neuen Organisationsformen finden, wie Theaterkollektiven, in denen Profis und Laien arbeiten, zu sporadischen, ja einmaligen Veranstaltungen von Leuten, die sich nur für ein bestimmtes Projekt zusammenfinden.

In diesem Sinne gehören diejenigen, die im ersten Drittel des 20. Jahrhunderts als die großen «Theaterrevolutionäre» gelten: Stanislawski, Jarry, Appia, Craig, Meyerhold, Tairow, Wachtangow, Piscator letztlich noch in die Tradition des bürgerlichen Theaters. Zwar stellen sie es in Frage, indem sie mit Mitteln operieren, die nicht dem Repertoire dieses Theaters entstammen. Sie arbeiten mit vergangenen und fremden Theaterformen, und zugleich erproben sie bis dato noch nicht dagewesene theatralische Ausdrucksmöglichkeiten. Sie setzen an die Stelle der Tradition oder ihrer modernistischen Erscheinung das Experiment.

Aber: Sie alle haben zwar Dramenstile und Bühnenstile verändert, haben völlig neue Techniken und Methoden theatralischer Arbeit entwickelt, aber sie haben alle noch in und für die *Institution* gearbeitet und dort ihre Erfolge gehabt, indem sie ungewöhnlich interessante und adäquate Interpretationen von *Dramen* auf die *Bühne* brachten. Sie verzichteten also nicht auf Institution, Drama und Bühne. Und von daher gehören diese «Revolutionäre» des Theaters in die Geschichte des bürgerlichen Theaters; um so mehr als sie mit ihrer Arbeit erfolgreich waren.

Andererseits findet sich in ihrem Schaffen eine Fülle von Momenten, die sie zugleich an die Seite eines nicht-bürgerlichen «Theaters» bringen.

Hier wird aber mehr von denen die Rede sein, die, zum Teil bei gleichem Ansatz, sich der Institution «Theater» verweigerten; seiner Struktur damit nicht anheimfielen, und dadurch in der Lage waren, alternative, nicht-bürgerliche theatralische Kommunikationsformen zu finden. Allerdings kann es dabei nur um wenige Namen (die auch nicht immer die großen Namen der Theatergeschichte sind), Titel, Konzepte, Richtungen und Widersprüche gehen.

> «Die Revolutionierung des Theaters geschieht nicht vermittels dieser oder jener technischen Methoden, sondern vermittels einer organischen Umgestaltung seiner Grundlagen. Wenn sie einmal geschaffen sein werden, wird sich die neue Technik von selbst ergeben.»[2]

Totaltheater und autonomes Theater

Alle Unternehmungen dieser Art sind nach der Jahrhundertwende noch im Anfangsstadium. Es gibt Ideen und Pläne, von denen aber das wenigste ausgeführt wird. Und was ausgeführt ist, erreicht selten das ästhetische Niveau des derzeitigen bürgerlichen Theaters, ja bleibt auch größtenteils hinter dem zurück, was die Produzenten dieser nichtbürgerlichen Theaterversuche in anderen – etablierten – Medien gleichzeitig geleistet haben. Allein, das disqualifiziert ihre Experimente keineswegs.

Bei all diesen Unternehmungen werden jeweils nur *Teil*bereiche anvisiert; wobei sich zwei Richtungen unterscheiden lassen, die, da sie sich teilweise überschneiden, oft gleichgesetzt werden, die im Grunde aber – wie Paul Pörtner herausstellt – auf Antithesen beruhen: Totaltheater und autonomes Theater.

> «Während Totaltheater von einer Synthese aller künstlerischen Gestaltungsmittel ausgeht, scheidet das autonome Theater alle theaterfremden Bestandteile aus. Das Totaltheater will die Totalität der Künste oder des Menschen ausspielen; das autonome Theater reduziert das Theater auf die elementaren ursprünglichen Mittel. Das Totaltheater verwendet Wirkungen von Objekten, Licht, Ton, Raum, plastischen und räumlichen Figurationen; das autonome Theater geht vom rein spielerischen Mittel aus: es genügt ein Schauspieler auf der leeren Bühne. Das Totaltheater setzt Distanz: die des

Betrachters, Hörers, des Rezipienten. Das autonome Theater sucht den Kontakt von Bühnenspieler und Zuschauer herzustellen.
Das Totaltheater ist ein aufwendiges reiches Theater, das autonome Theater ein armes Theater.»[3]

Das Totaltheater geht letztlich vom derzeitigen Gedanken des «Gesamtkunstwerks» aus, die permanente Gleichwertigkeit aller verwandten Materialien voraussetzt, allerdings aber das kreative Moment *in* die theatralische Realisation und nicht *vor* diese stellt.

Die extremsten Vorstellungen konzipiert dazu Kurt Schwitters (zusammen mit Franz Rolan) für seine *Merzbühne* (1919). Mit diesem Projekt wird eine Synthesis aller nur denkbaren Materialien intendiert, die das geplante Produkt kaum noch als ein theatralisches werden erkennen lassen können.

«Materialien für das Bühnenbild sind sämtliche feste, flüssige und luftförmige Körper, die weiße Wand, Mensch, Drahtverhau, Wasserstrahl, blaue Ferne, Lichtkegel. Man verwendet Flächen, die sich verdichten oder in Gewebe auflösen können. Man lasse Dinge sich drehen, bewegen und lasse Linien sich zu Flächen erweitern. Man schiebe Teile in das Bühnenbild hinein und nehme Teile heraus.
Materialien für die Partitur sind sämtliche Töne und Geräusche, die durch Violine, Trommel, Posaune, Nähmaschine, Ticktackuhr, Wasserstrahl usw. gebildet werden können.
Materialien für die Dichtung sind sämtliche den Verstand und das Gefühl erregenden Erlebnisse.»[4]

Grenzen der Materialkomposition sind Schwitters einzig dadurch gegeben, daß er das Publikum und seine Reaktionen nicht von Anfang an in die Konzeptionierung einbeziehen kann. Aus diesem Grunde muß an die Stelle eines vorausschaffenden Autors der «Merzer» treten, der ohne festgeschriebenen Plan zum spontanen Schöpfer des Merzbühnenwerks wird. – Eine Realisierung seiner Ideen schien allerdings Kurt Schwitters selbst utopisch.[5]

Ausführbar ist hingegen Wassily Kandinskys Bühnenkomposition *Der gelbe Klang* (1912), die ebenfalls von der Vorstellung eines synthetischen Theaterkunstwerkes ausgeht. Wohlgemerkt, es handelt sich hier noch um eine literarische Antizipation eines theatralischen Prozesses: der Text gibt dessen Beschreibung. Ohne Motivierung und Kausalität treten Farb/Klang/Bewegungs-Kompositionen an die Stelle einer Handlung. Der Schöpfungsvorgang, die Kreativität selbst, ist das Thema. Allein, daß diese zumindest Implikator des Bühnenwerks würde (davon, daß die Kreativität auch die Zuschauer erreichte, ganz zu schweigen), setzte eine Theaterrealisation voraus, die allerdings zur Entstehungszeit der Konzeption nicht einmal versucht wurde: Die Uraufführung fand 1956 in Paris statt.

Auch für Oskar Schlemmer beruht der theatralische Prozeß auf dem Zusammenspiel von Raum, Farbe, Form, Ton, Bewegung, Licht usw. – und dem Menschen. Er versucht, zu einer Neudefinition des Bühnenraums und des sich in ihm bewegenden Menschen zu kommen.

> «Der Organismus Mensch steht in einem kubischen, abstrakten Raum der Bühne. Mensch und Raum sind gesetzerfüllt.
> [...]
> Die Gesetze des kubischen Raums sind das unsichtbare Liniennetz der planimetrischen und stereometrischen Beziehungen. Dieser Mathematik entspricht die dem menschlichen Körper innewohnende Mathematik und schafft den Ausgleich durch Bewegungen, die ihrem Wesen nach *mechanisch und vom Verstand* bestimmt sind. Es ist die Geometrie der Leibesübungen, Rhythmik und Gymnastik.
> [...]
> In alle diese Gesetze unsichtbar verwoben ist der Tänzermensch. Er folgt sowohl dem Gesetz des Körpers als dem Gesetz des Raums; er folgt sowohl dem Gefühl seiner selbst wie dem Gefühl vom Raum.»[6]

Im Tänzer sieht Schlemmer also die Synthese von Raum und Mensch. Und da er nun schon den Menschen (Potential des Tänzers) als mathematisch-geometrisch bestimmtes Objekt setzt, deformieren sich seine Tänzer zu kubischen Figuren, zu «Gliederpuppen», «Marionetten», «Maschinenmenschen», «Automaten», die er als völlig synthetische Objekte in reflektorische Lichtspiele und kinetische Ballette einbringt.

> «Das Bestreben, den Menschen aus seiner Gebundenheit zu lösen und seine Bewegungsfreiheit über das natürliche Maß zu steigern, setzte an die Stelle des Organismus die mechanische Kunstfigur: *Automat und Marionette.*»[7]

Theatralisches Ergebnis dieser Vorstellungen: *Das Triadische Ballett* (1922), *Das mechanische Ballett* (1923), *Meta oder die Pantomime der Örter* (1924).
Vor allem kann Schlemmer seine Projekte einer theatralischen Überprüfung unterziehen, ja sie damit eigentlich erst manifest machen. Ihm steht (zusammen mit Lothar Schreyer und László Moholy-Nagy) in den zwanziger Jahren am Bauhaus eine Versuchsbühne zur Verfügung: die «Bauhausbühne».

Der Begriff «Bühne» – statt «Theater» – bei Schlemmer dokumentiert die Nähe zur bildenden Kunst. Überhaupt ist es augenfällig, wenn dann auch nicht überraschend, daß die Pioniere der Totaltheaterbewegung ohne Ausnahme von der bildenden Kunst kommen. Was dort als Erweiterung der ästhetischen Ausdrucksmöglichkeiten gesehen wird, erscheint den konventionellen Theaterleuten als theaterfremd, als bedrohend; es ist eine Angst vor Veränderungen, die Essentials ihrer Theatervorstellungen berühren könnten. Sogar mit gewissem Recht, denn die intendierte Erweiterung der theatralischen Ausdrucksformen betrifft in erster Linie den elementaren Punkt ihres Theaters: den Schauspieler, den die Totaltheaterbewegung erklärtermaßen als «Material» vereinnahmen möchte. Daß das im literarischen Theater bzw. im Regietheater durchweg ebenso geschieht, spielt dabei keine Rolle, denn hier kann das mit Erfolg verschleiert werden – zumindest ist es nicht Programm. Den Schauspieler dann aber als Gliederpuppe, Marionette oder Maschinenmenschen, wie es bei Kandinsky und Schlemmer heißt, einsetzen zu wollen, trifft in der Tat die Substanz einer bestimmten Theatervorstellung.

Zweifellos kommen darin aktuelle Tendenzen der Zeit zum Ausdruck, wie etwa der Maschinenkult; auch steht wohl dahinter der Versuch, die *Technik* in das vortechnische Medium zu bringen; aber die Wendung zur Marionette ist weit mehr die Folge eines anderen Problems.

Das Totaltheater will sämtliche Bestandteile des theatralischen Prozesses als Material zu diesem verwenden: Text, Licht, Ton usw. und so auch den Menschen: den Schauspieler. Nur ist da die Frage, inwieweit das möglich ist, wieweit sich der Schauspieler «materialisieren» läßt; ein Problem, das zu der Zeit auch außerhalb der Totaltheater-Bewegung Relevanz besitzt und seinen Ursprung im längst bekannten «Paradoxon» des Schauspielers hat, daß nämlich dieser zugleich Person und Rolle ist, Produzent, sein Material und Produkt in einem ist.

Voraussetzung, um als Material eingesetzt werden zu können, wäre eine vollständige Beherrschung seines «Materials», Körper und Stimme, durch den Schauspieler. Trotz aller diffizilen Methoden, dieses zu erreichen – etwa der «Psychotechnik» (Stanislawski) oder der «Biomechanik» (Meyerhold) – ist dieser Grad der Perfektion nicht zu erreichen; daß nämlich Körper und Stimme dem Geist völlig verfügbar sind und begrenzt als Material eingebracht werden können.

Edward Gordon Craig schreibt 1907 in seinem programmatischen Aufsatz *Der Schauspieler und die Übermarionette*:

> «Die menschliche natur ist ganz auf freiheit gerichtet; so erbringt der mensch mit seiner eigenen person den beweis, dass er als *material* für das theater untauglich ist.
> [...]
> Aber für alle zeit, solange die welt bestehen wird, wird die menschliche natur um freiheit ringen und sich dagegen auflehnen, zum sklaven oder werkzeug fremder gedanken zu werden. [...] Ja selbst wenn der schauspieler nur eigene ideen darbieten sollte, die er selbst geformt hat, so würde doch nur seine natur immer noch unterjocht sein; sein körper müsste zum sklaven des geistes werden; und dagegen wird sich, wie ich gezeigt habe,

der gesunde körper entschieden wehren. Der menschliche körper ist also, aus dem angeführten grunde, *von natur aus* als material für eine kunst untauglich.»[8]

Auf Grund dieser Prämisse kommt auch ein Craig – und er ist ein erklärter Gegner aller Synthetisierung von Kunstformen – zur Konstruktion und zum Postulat der «Übermarionette».

«Das lebendige leben, das wir alle so lieben, ist für mich nicht dazu da, untersucht oder der welt noch einmal vorgeführt zu werden, erst recht nicht in schablonisierter form.
[...]
Schafft den schauspieler ab, und ihr schafft die mittel ab, durch die ein unechter bühnen-realismus entstehen und in blüte gekommen ist.
[...]
Sollen wir nicht hoffnungsvoll dem tag entgegenschauen, der uns die kunstfigur, das symbolische geschöpf durch die geschicklichkeit des künstlers wiederbringt, auf dass wir erneut die ‹edle künstlichkeit› erreichen. [...] Und wir müssen – nicht zufrieden mit den marionettenpuppen – die übermarionette schaffen. Die über-marionette wird nicht mit dem leben wetteifern, sie wird über das leben hinausgehen.»[9]

Daß derartige Vorstellungen in der Tradition von Heinrich von Kleists berühmtem Aufsatz *Über das Marionettentheater* stehen, ist unübersehbar. Jedoch, die Präferenz für die Marionette ist hier eine bestimmtere als bei Kleist: Sie, die Gliederpuppe, scheint das Paradoxon des Schauspielers aufzuheben; aber wie gesagt: scheint – solange in der «Marionette» ein agierender *Mensch* steckt. (Sergei Obraszow – von ähnlichen Überlegungen ausgehend – ist dann auch so konsequent, ganz auf den menschlichen Körper zu verzichten und nur noch mit Puppen zu arbeiten. Allerdings ist solches Theater in großer Gefahr, da ihm durch den Verlust der *menschlichen* Substanz Entscheidendes genommen ist.) Den Apologeten der Marionette scheint sie nicht nur ein antiillusionistisches – synthetisches – Theater zu garantieren, sondern vor allem auch ein Theater, das nicht mehr auf dem Axiom beruht, durch Nachahmung ein Abbild der vorhandenen Welt zu geben; vielmehr ein Theater, das auf Grund eines schöpferischen Prozesses ein *Gegen*-Bild oder *Vor*-Bild erzeugt. Von hierher ergibt sich dann auch eine Verbindung zu dem, was zuvor als «autonomes Theater» bezeichnet wurde.

Der russische Theaterhistoriker, Theatertheoretiker, Dramatiker und Regisseur Nicolas Ewreinow fordert 1908 erstmalig die «Autonomie» des Theaters in einem Manifest *Die Apologie des Theatralischen.*[10] Über Ewreinows Schaffen steht das Motto: von der «(Re)-Theatralisierung des Theaters», was soviel heißt wie: Besinnung auf alle *theatralischen* Möglichkeiten und deren Ausschöpfung für das Theater: Erstens der Einsatz vergangener und fremder Theaterformen; zweitens die Einbeziehung des Publikums in den theatralischen Prozeß, der auf Grund dessen nur in Gang kommt; und drittens die Reaktivierung des menschlichen Spieltriebs. Auch Ewreinow sieht im Spieltrieb das eigentlich kreative Potential des Menschen; er ermöglicht die Selbstverwirklichung des einzelnen und drängt auf Veränderung des Bestehenden.

Da die gesellschaftliche Realität diesen Spieltrieb hat verkümmern lassen bzw. ihn unterdrückt, ist es die gesellschaftliche Aufgabe des Theaters (als Interaktion von Spieler und Zuschauern), in einem Freiraum diese elementare menschliche Möglichkeit zu reaktivieren. Theater soll «Purgatorium» und «Therapie» sein.[11]

Kerschenzew kritisiert dann auch die Ewreinowschen Vorstellungen dahingehend, daß sie auf ein «Theater für sich selbst» hinauslaufen, das weniger Ergebnis einer kollektiven Kreativität als eines individualistischen Selbstgenusses sei.[12]

Wie auch immer: Die Hauptgefahr der Theorie und Praxis Ewreinows kommt von dort, daß es ihm offensichtlich nicht so sehr um eine Theatralisierung des Theaters, als um eine *Theatralisierung der Wirklichkeit* geht, was etwa in dem von ihm inszenierten Massen-Mitspiel *Die Erstürmung des Winterpalais* (1920) evident wird.

Purgatorium und Therapie. Von dorther ist eine starke Affinität zu den theatralischen Unternehmungen eines Jakob Levy Moreno (und später eines Antonin Artaud) gegeben.

Auch Moreno geht von der Negation des bestehenden Theaters aus, dessen Zerstörung er vor jedem Neuansatz fordert – hier durchaus allgemeinen Tendenzen seiner Zeit folgend.[13] In seinem Manifest *Die Gottheit als Komödiant* (1919) spricht das «ich»:

> «Vor der Herstellung des wesentlichen Theaters müssen alle seine bisherigen Elemente, Stück für Stück, restlos bis auf den ursprünglichen Grund vernichtet worden sein. Verdammnis der gesamten Maschinerie. Wiederherstellung des Chaos. Wenn es am Ende des Gesprächs nur mehr Vernichtete, also keine Schauspieler, Dichter und Zuschauer mehr gibt, so kann aus dem Urzustand die Geburt des Theaters neu entspringen.»[14]

Dieses neue Theater ist für Moreno das «Stegreiftheater», dessen Prinzipien, Methoden und Techniken er 1924 in einem so betitelten Buch vorstellt.

> «Der Unterschied zwischen altem Theater und Stegreifspiel liegt in der verschiedenen Behandlung des Augenblicks. Jenes will mit einem bestimmten Inhalt im Augenblick erscheinen, dieses aber den Augenblick produzieren, ihn der Form wie dem Inhalt nach erschaffen. Das alte Theater gehört

der Erscheinungswelt, ihm entspricht eine Metaphysik außer der Bühne, während das Stegreifspiel nichts hervorbringt, als was es scheint.
Diese verschiedene Auffassung des Augenblicks bedingt eine verschiedene Methode der Darstellung.
Während das alte Theater den Stegreifprozeß vor die Darstellung und hinter die Kulissen verlegt: Entstehung der Dichtung, Entstehung und Studium der Rolle, Entstehung der Kulisse, Entstehung der Kostüme, Entstehung des Zusammenspiels und der Proben, bringt das neue Theater den ursprünglichen Stegreifprozeß selbst ungekürzt, alle Teile der Produktion betreffend, vor das Publikum. Was hinter den Kulissen gelegen ist: das Ding an sich tritt auf, das Meta-Theater. Das gesamte Kunstwerk entsteht vor allen Augen, status nascendi, in umgekehrter Reihenfolge wie ehedem: Entstehung der Idee, Entstehung der Kulissen, Verteilung der Rollen und Entstehung (Maske) der Spieler.»[15]

Übung der Spontaneität und Förderung der Kreativität sind auch Ewreinows Essentials der Theaterarbeit. Aber während dieser noch, nach Art der bürgerlichen Aufklärung, ganz allgemein auf *den* Menschen absetzt, will Moreno «Zielgruppentheater» machen, um einen heutigen Begriff zu verwenden.
Morenos Manifest *Die Gottheit als Komödiant* ist untertitelt *Kinderbühne 1911.* Und in der Tat entwickelte er seine Vorstellungen aus theatralischen Spielen mit Kindern[16]; und seine Idee des «Steigreiftheaters» zielt dann auch auf diese – als kreative Sozialisationsübung.
Wenn Moreno später dann diese Art von Kreativitätstraining auch therapeutisch nutzen kann zur Heilung psychischer Defekte, engt er damit seine Zielgruppe zwar weiter ein, erweitert aber gleichzeitig den Anwendungsbereich spielerischer Prozesse, die dieser Art jedoch grundsätzlich außerhalb theatralischer Möglichkeiten liegen werden: *Das* sind für Theater zu ernste Spiele.
Riskant wird es dann, wenn diese Methode bedingungslos auf «Theater» zurück übertragen wird; also auch auf ein *Publikum,* bei dem aber nicht ohne weiteres damit gerechnet werden kann, daß es die Voraussetzungen und die Bereitschaft zu solchem Spiel mitbringt. Fatal endete dann auch jenes Wiener Stegreif-Experiment Morenos am 1. April 1921: *Narrentheater des Königsnarren.* Es mißlang aus eben jenen Gründen, die das Stegreif-Spiel gar nicht erst in Gang kommen lassen. Wird es dann trotzdem durchgezogen, bleibt schließlich nur noch das «ich»: Statt eines kollektiven Spielprozesses erfolgt ein individualistischer Exhibitionsakt, der, sofern er seinen Adressaten/Kommunikator sucht, ihn nur bloßstellen will. Moreno berichtet selbst über jenen Abend:

«Ich wollte mich zu Schau stellen [...] just aber entführte mich der Gedanke: nicht mich, sondern das Publikum zur Schau zu stellen, bloßzustellen.»[17]

Voraussetzung jedes Spiels ist die Bereitschaft aller Beteiligten, *mit*einander zu spielen, nicht den anderen *aus*zuspielen. «Ich» oder eine Publikumsbeschimpfung stellt sich dann als Alternative eines solchen «Mitspiels», das nicht in Gang kommt, weil seine Prämissen nicht stimmen. Das Ergebnis muß immer Happening-Charakter haben, wie es etwa Filippo Tommaso Marinetti explizit in seinen futuristischen Theater-Programmen gefordert hat. Und es muß in einer Publikumsbeschimpfung enden, wie hier bei Moreno, oder wie sie eigens schon der Berliner Dada-Club am 14. April 1919 veranstaltet hatte.
Schocktherapie wird bei psychisch und physisch Kranken zweifellos eine heilende Wirkung haben. Im *Theater* bewirken Provokationen dieser Art jedoch nichts, da sie in der Regel die Kreativität der Betroffenen weniger anregen, wie intendiert, als blockieren.
All diese, als nicht-bürgerlich apostrophierten Konzepte und Experimente lassen durchweg erkennen, daß in der Tat Schluß gemacht wird mit jenen Essentials, auf denen das bürgerliche Theater beruht. Mit dem Verzicht auf Drama und Bühne kommt das etwa zum Ausdruck; die Betonung liegt dabei auf: zum Ausdruck, da ja Drama und Bühne selbst nur wieder Ausdruck bestimmter gesellschaftlicher Interaktionsweisen und ästhetischer Axiome sind.

In der Konzeption des Mitspiels wird über theatralische Interaktionsformen eine gesellschaftliche Kommunikationsweise anvisiert, die den Antagonismus/Dualismus von Agierenden und Rezipierenden aufhebt, wie er im theatralischen Bereich im Schauspieler und Zuschauer seinen Ausdruck gefunden hat. Die Konzeption von Spiel als kreativem Prozeß enthält eine Absage an die Spiegeltheorie, auf der das bürgerliche Theater *wesentlich* beruht. Das Theater als nachgeahmtes Abbild der vorhandenen Welt – im Drama literarisch antizipiert – soll hier abgelöst werden durch kreative Spielprozesse, in denen *Alternativen* zum Vorhandenen durchgespiegelt werden; womit, um das deutlich herauszustellen, das Axiom des bürgerlichen Theaters nicht einfach umgekehrt wird; daß etwa nun die Welt zum Nach-Bild des Theaters erklärt würde. Das wäre nur eine idealistische Verkehrung des alten Sachverhalts, ohne seine Strukturen aufzuheben.
Damit ist dann letztlich auch die traditionelle Vorstellung von einer Schaubühne als moralischer Anstalt aufgegeben. Eine moralische Anstalt, die auch in ihrer höchsten Setzung, bei Lessing, von der Spiegeltheorie und dem Antagonismus von Spielern und Zuschauern ausgeht, und über den auch Schiller in seinem Aufsatz über die «Moralische Anstalt» nicht hinausdenken konnte. An ihre Stelle tritt nun das dialektische Modell eines kreativen (theatralischen) Spiels, das *Moral zum Gehalt,* nicht nur zum Inhalt hat.
Die Frage, ob diese Spiele noch *Theater* sind, muß im Grunde verneint

werden. Trotzdem ist es eine müßige Frage: Es sind theatralische Spielprozesse, die im Sinne ihrer Konzeption verfehlt werden, je mehr sie *Theater* werden: und die um so mehr im Sinne ihrer Konzeption sind, je weiter sie sich vom *Theater* entfernen. Dazu Paul Pörtner:

> «Das autonome Theater führt zur Abschaffung des Theaters wie der Theaterschriftstellerei. Zu einer Abschaffung der Privilegien der Kunstproduzenten, die Produkte herstellen und anbieten. Was bleibt, ist: das Leben. Und was zu erreichen ist: eine Veränderung der Lebensbedingungen durch Handeln, das auf ein freieres bewußteres Verhältnis zu den Dingen und den Menschen zielt. Die Dynamik der spielerischen Kräfte soll unmittelbar in die Lebens- und Lernprozesse eingebracht werden. Wer lebt, spielt. Wer spielt, lebt. Damit das Leben nicht verspielt wird, gilt es zuerst Spielmöglichkeiten bewußt zu machen, Spielregeln zu erkennen und zu überprüfen. Wenn das Theater wirklich Spontaneität hervorbringt, hört es auf, Theater zu sein.»[18]

Die Gefahr dieser spielerischen Annäherung an die Wirklichkeit ist, daß das Spiel schon für die Wirklichkeit selbst genommen bzw. beides verwechselt wird: Sei es, daß der Mitspieler bei Ewreinow, am gespielten Sturm auf das Winterpalais beteiligt, sich dadurch bereits für einen wirklichen Revolutionär hält; sei es, daß der Spieler bei Moreno der Aufforderung, Gott oder ein König zu sein, erliegt und sich wirklich dafür hält. Spiel mit der Wirklichkeit zu identifizieren, das führt in den meisten Fällen zu Frustrationen oder Schlimmerem; nämlich dann, wenn die Wirklichkeit nicht mitspielt. Da können Illusionen entstehen, die, weil sie weiter in die Realität hineinreichen, dann verhängnisvoller sind, als die des bürgerlichen Theaters.

Proletarisch-revolutionäres Theater

Was hier im Vorangegangenen vorgestellt wurde, sind mehr oder weniger *Modelle* nicht-bürgerlicher theatralischer Kommunikation. Zum größten Teil sind sie nicht über das Stadium der Konzeption hinausgekommen; und wenn, dann sind sie Fragment geblieben. Weiterhin zeigt die Praxis selten das Modell in seiner «Reinheit», vielmehr gibt es da immer wieder Überschneidungen.
Der Verzicht auf die Dominanz der Literatur (der Sprache) in diesem Theater bringt scheinbar einen Verlust des Inhaltlichen mit sich, so daß die betreffenden Experimente allzuleicht als «formalistische Spielereien» erscheinen; und in diesem Sinne – vor allem von «links» – abgelehnt werden, weil anscheinend nicht inhaltlich/gesellschaftlich bezogen.
In der Tat bekommen die Pioniere dieses «Theaters» den Impuls für ihre Unternehmungen primär von einer Veränderungsabsicht des Thea-

ters, weniger der Gesellschaft; zumindest wollen sie die Gesellschaft nicht mit Hilfe des *Theaters* verändern. (Oskar Schlemmer: «Kunst ist zwecklos.»[19]) Aber es hieße jede Inhalt/Form-Dialektik mißachten, wollte man leugnen, daß sich in anderen Formen nicht zugleich auch andere Inhalte vermitteln. Also: Eine grundsätzliche Absage an die Struktur des bürgerlichen Theaters impliziert gleichzeitig auch eine Lösung von anderen bürgerlichen Ingredienzien, deren Ideologie in dieser Struktur ja ihren Ausdruck gefunden hat.
Allerdings werden Unternehmungen der genannten Theaterleute weitgehend nur von der Negation der bürgerlichen Gesellschaft und ihrer Ästhetik bestimmt, ohne konkrete neue Gesellschaftsvorstellungen dagegenzusetzen. So macht die klassenmäßige/ideologische Unbestimmtheit ihrer Experimente diese anfällig für etwa mythizistische oder faschistische Tendenzen.
Sie sind also nicht per se progressiv, sondern können auch durchaus reaktionär in Erscheinung treten, wie in jenen sogenannten «Volks»-Schauspielen à la Oberammergau oder wie sogar in den «proletarischen» Massenschauspielen.

Die Klasse, die die bürgerliche Gesellschaft negiert und dabei zugleich ein positives Gegenmodell anbietet, ist zu der Zeit das *Proletariat.* Und bei dieser Klasse kommen alle entscheidenden Impulse zum Theaterspiel von daher, die *Welt* zu verändern – nicht primär das Theater. Béla Balázs, einer der Mitstreiter eines solchen Theaters, formuliert den Sachverhalt im Rückblick so:

> «Ein Kampftheater, das ungeheure Aufopferung forderte, das viele Helden und Märtyrer und eine heroische Geschichte hatte. [...] Denn es wollte nicht Bühnenstile ändern, sondern die Welt.»[20]

Die konkrete Erscheinung derzeitiger nicht-bürgerlicher Theaterversuche mit ihren offen formalistischen Tendenzen plus der Unerfahrenheit der Arbeiter in medialen und ästhetischen Fragen machte, daß das Proletariat zunächst, statt an *proletarischen* und damit an nicht-bürgerlichen theatralischen Kommunikationsformen zu arbeiten, auf eine Umfunktionierung des bürgerlichen Theaters setzt, was anders als die vorhandenen Totaltheater-Bestrebungen und autonomen Spielprozesse wenigstens proletarische Inhalte garantiert.
Bei aller proletarischen Intention und partiell auch proletarischen Tendenz erwiesen sich diese Bemühungen als ungeeignet, um aus der Umklammerung des bürgerlichen Theaters herauszukommen. Es blieb im Ergebnis ein proletarisch-*reformistisches,* bürgerliches Theater.

Schon plebejisches Theater im 18./19. Jahrhundert mußte potentiell revolutionäres Theater sein. Reformistische Tendenzen im Theater mün-

deten immer wieder in bürgerliches Theater ein, da sie sich damit ungewollt einer Struktur unterwarfen, die im bürgerlichen Theater ihren adäquaten Ausdruck gefunden hatte.
Dabei stand das Plebejertum nicht einmal in direktem Klassenkampf mit dem Bürgertum. Das Proletariat hat aber als Klasse der bürgerlichen Gesellschaft den Kampf angesagt. Und wenn sich auch dieser Kampf in der politischen/gesellschaftlichen Wirklichkeit zum Teil in reformistischen Bahnen vollzieht, so muß doch proletarisches *Theater* – zumindest solange das Proletariat noch nicht zur Macht gekommen ist – von seiner Intention und Tendenz her (von Inhalt/Form und Organisation) *revolutionäres* Theater sein.[21] Wobei das wiederum eine potentiell revolutionäre Situation voraussetzt.
Für ein solches Theater ist dann 1917 der historische Augenblick gekommen: In Rußland kommt es zur *Revolution,* und es ist überdies eine *proletarische* Revolution.
Im Zusammenhang mit jeder Revolution stellt das Verhältnis von Revolution und Kunst ein eigenes Problem dar. Hier, 1917 ff, geht es speziell um die Frage von Revolution und proletarischer Kunst; womit das Problem eine neue Dimension bekommt. Denn während etwa bei der Französischen Revolution sich die bürgerliche Revolution mit einer vorhandenen bürgerlichen Kunst, die gar nicht revolutionär war, arrangieren mußte, stellt sich hier das Problem, daß eine proletarische Revolution mit der Situation fertig werden muß, in der noch keine proletarische Kunst vorhanden ist und nicht vorhanden sein kann.
Auch Leo Trotzki setzt sich in seinem Buch *Literatur und Revolution* (1924) mit dieser Frage auseinander.

> «Jede herrschende klasse entwickelt ihre eigene kultur und folglich auch ihre eigene kunst. [...] Daraus folgt anscheinend selbstverständlich, dass das proletariat seine eigene kultur und kunst schaffen müsste.
> Das problem ist aber bei weitem nicht so einfach, wie es auf den ersten blick erscheint. [...]
> Die bildung einer neuen kultur um eine herrschende klasse erfordert, wie die geschichte zeigt, viel zeit und erreicht ihren höhepunkt in einer epoche, die dem politischen verfall der klasse vorausgeht.
> [...]
> Die entwicklung der bürgerlichen kultur setzte einige jahrhunderte früher ein, bevor die bourgeoisie mit hilfe einer reihe von revolutionen die staatsgewalt in ihre hände nahm. Schon als die bourgeoisie noch ein halb rechtloser dritter stand war, spielte sie auf allen gebieten des kulturellen aufbaues eine große, ständig wechselnde rolle.»[22]
> «Die bourgeoisie kam zur macht, voll ausgerüstet mit den kulturellen möglichkeiten ihrer zeit; das proletariat jedoch kommt an die macht, voll ausgerüstet mit dem dringenden bedürfnis, sich der kultur zu bemächtigen.»[23]

In der Tat wird aus diesem Bedürfnis heraus in den Jahren nach dem Umsturz neben dem politischen und ökonomischen Aufbau auch die

kulturelle «Aufklärung» des Proletariats forciert. Wobei hier von «Materialisten» die Kunst eine Überschätzung erfährt, wie sonst nur bei dem idealistischen Kunstfeind Platon.
Der Grund für diese Überschätzung liegt darin, daß zum einen die großartigen Produkte bürgerlicher Kunst existieren, von denen das Proletariat in der Regel ausgeschlossen ist; zum anderen darin, daß eine eigene proletarische «Kunst» noch nicht vorhanden ist, aber dennoch ein Bedürfnis nach ihr besteht; und drittens spielen bei der Überschätzung der Kunst zweifellos kunstfeindliche Tendenzen in der Partei- und Staatsführung mit: Wenn Kunst schon sein muß, so soll sie zumindest maximal im Sinne gesellschaftlicher Interessen nützlich sein.
Die Diskussion über eine klassengerechte Kunst und ihre Funktion erinnert – vor allem in späteren Jahren – in ihrem Ausmaß und ihrer Heftigkeit durchaus an entsprechende Debatten der bürgerlichen Aufklärung. Was im Grunde ja ganz konsequent ist, da der hier verwandte Kunstbegriff selbst ein bürgerlicher ist. Nicht daß es um ästhetische «*Formen* des Proletariats» ginge, wie Lu Märten in Antinomie zu «proletarischer *Kunst*» formuliert.[24]

Erstaunlich ist es, wie dann trotz dieses objektiven Handikaps in der Folge der Russischen Revolution auf theatralischem Sektor im Sinne des Proletariats weit mehr entsteht, als daß bei der – bürgerlichen – Französischen Revolution für das Bürgertum der Fall war. Seien es durchaus praktikable Konzepte – zum Teil aber auch utopische Entwürfe, die noch immer auf ihre Einlösung warten –, oder sei es eine theatralische Praxis, die auch über die Grenzen der Revolution hinaus bedeutend ist: «Theateroktober».[25]
Nicht erstaunlich ist es dann, daß dabei das Zukunftweisende nicht aus dem *Theater*, und damit aus dem *Bürgertum*, hervorgeht, sondern aus der *Revolution* und dem *Proletariat* selbst.
So gehört das Interesse im folgenden nicht jenem *Theater*, in das – sofern es überhaupt reagiert[26] – nun revolutionäre/proletarische Sujets einziehen – nach dem Motto: Färbt die blaue Blume rot («eben mal so auf ‹proletarische› Ideologie zurechtgestutzt» – Leo Trotzki[27]). Das Interesse gehört hier auch nicht jenen *Inszenierungen* der «Theaterrevolutionäre» wie Tairow, Wachtangow, Meyerhold, Eisenstein. (Wobei allerdings zu fragen wäre, inwieweit ihre vor der Revolution gefundenen Theaterformen mit den nun durch sie vermittelten proletarischen/revolutionären Inhalten zusammengehen.)

Wie die Französische Revolution in den Marsfeld-Festen ihren theatralischen Ausdruck gefunden hat, so findet ihn die Russische Revolution unter anderem in den von Platon M. Kerschenzew angeregten Massenfestspielen in Petrograd.

Kerschenzew selbst arrangiert zum 1. Mai 1920 mit einigen Tausend Rotarmisten ein *Mysterium der befreiten Arbeit.* – Im Juli desselben Jahres stellen zirka viertausend Akteure ein Spiel *Zur Weltkommune* dar. – Und schließlich – als Höhepunkt dieser Art von Unternehmungen – startet zum dritten Jahrestag der Oktoberrevolution am 7. November 1920 die *Erstürmung des Winterpalais.*
An die hunderttausend Zuschauer verfolgen, wie um die zehntausend Darsteller, unterstützt von der Roten Armee, der Marine, der Kavallerie mit allen ihnen zu Gebote stehenden Mitteln die Revolutionsereignisse von 1917 nachvollziehen. Aus einer Kommandozentrale manövriert ein Regiekollektiv, unter Nicolas Ewreinows Leitung, den Ablauf des Spiels. Gregor/Fülöp-Miller berichten:

> «Nach dem von Ewreinoff ausgearbeiteten Szenarium waren vor dem Schloß zwei große, miteinander durch eine Brücke verbundene Estraden errichtet worden, auf denen sich die theatralische Handlung abspielte. Die eine, die ‹Weiße Estrade›, versinnbildlichte die Welt der Reaktion, die andere, die ‹Rote Estrade›, hingegen die der Revolution. Je, nach dem Gang der Ereignisse wurde bald die eine, bald die andere beleuchtet oder verdunkelt, und auf ihnen spielten sich nun, teils in symbolistischer, teils in realistischer Darstellung die politischen Geschehnisse, vom Sturz des Zaren bis zum Sieg des Bolschewismus, ab.
> Das Fest begann um zehn Uhr nachts mit einem Kanonenschuß und mit Fanfaren; dann flammten die Scheinwerfer auf und zeigten die auf der ‹Weißen Bühne› versammelten reaktionären Machthaber: Die provisorische Regierung mit Kerenski an der Spitze, Beamte des alten Regimes, Vertreter des Adels, Junker, Bankiers und ähnliche Gestalten aus der vorrevolutionären Welt, alle in sehr karrikierter Darstellung. Zwischen diesen Leuten entwickelte sich nun ein ebenso geschäftiges wie sinnloses Treiben von gegenseitiger Liebedienerei, von Servilismus und Pathetik, bis dann auf der ‹Roten Bühne› das werktätige Proletariat sichtbar wurde, das sich bereits zum entscheidenden Kampf rüstete.
> Bald kam es zu einem Handgemenge auf der Verbindungsbrücke, das längere Zeit unentschieden hin- und herwogte, endlich aber mit dem Siege der Revolutionäre endete. Die ‹weiße› Regierung mußte flüchten und zog sich, entsprechend den wirklichen Vorgängen des Jahres 1917, in das Winterpalais zurück. Von jetzt an wurde die Handlung vollkommen realistisch: Militär drangen in Schwarmlinien vor, Automobile mit Bewaffneten rasten heran, Kanonen fuhren auf, und es kam zu einer allgemeinen wilden Schießerei, an welcher sich auch der auf der Newa liegende Panzerkreuzer ‹Aurora› eifrig beteiligte.
> Schließlich wurde auch das Winterpalais, der letzte Zufluchtsort der Reaktion, erstürmt. An der Front des Gebäudes flammte das mächtige Transparent eines roten Sowjetsterns auf, die Musik stimmte die Internationale an, und es entwickelte sich ein großer Parademarsch der siegreichen Roten Truppen mit allgemeinem Chorgesang.»[28]

Die theatralische Basis dieser Unternehmungen ist zum Teil plebejischer Tradition (Volksfeste, Karneval usw.) als aber auch feudaler (Mysterien-Spiel, höfische Feste, Jesuitentheater usw.). Hier wird dann der Versuch gemacht, die derzeitige Totaltheater-Bewegung mit der (Re)-Theatralisierungstendenz im Theater zur Synthese zu verbinden. Aktueller Impuls dieser Spiele ist die Revolution selbst: Es geht um einen *Nach*vollzug der revolutionären Aktion für die, die dabeigewesen sind, und für die, die nicht dabei waren. Wohlgemerkt ein Nachvollzug im *Spiel*; und da lauern die Gefahren.

Diese Art des Spiels läßt die Grenze zwischen Darstellern und Zuschauern, die zwischen Spiel und Wirklichkeit, verschwimmen. Alles vereinigt sich in einer politischen/ästhetischen Aktion, die geeignet ist, Spiel mit der Wirklichkeit zu identifizieren. Solches Theater ist dadurch wieder in Gefahr, zum *Ersatz* für politisches Handeln – nun für das Proletariat – zu werden.

Außerdem ist es noch sehr die Frage, ob diese Spiele, die zweifellos aus der *Revolution* hervorgehen, zugleich auch die klassenmäßige Komponente dieser Revolution inkarnieren; das heißt, ob sie *proletarisch* bestimmt sind. Denn jene Massenspiele, wie sie in Petrograd stattfanden, waren in der Tat Produkte einer Re-Theatralisierungstendenz. In der Präsentationsart ging man auf vor-bürgerliche Theaterformen zurück, seien es plebejische oder feudale; inhaltlich waren diese Spiele Rekurse auf Vergangenes: Spartakus-Aufstand, Bauernkrieg, Französische Revolution, Pariser Commune; und auch die russischen Revolutionen von 1905 und 1917 waren 1920 Vergangenheit.

Gewiß bleibt es trotzdem ein nicht-bürgerliches Spiel, hier aus der Revolution geboren, aber ebenso sicher kein spezifisch proletarisches.

Die Spiele dieser Art blieben dann auch weitgehend auf das Jahr 1920 und die Stadt Petrograd, das Zentrum der Revolutions-Ereignisse, beschränkt.

Klassenmäßig eindeutiger ist zweifellos eine andere Unternehmung, in der die Russische Revolution zum Ausdruck kommt: die Organisation für proletarische Kultur – abgekürzt: Proletkult.[29] Seit 1918 versucht diese Organisation, die bürgerliche Kultur mit der Schaffung einer spezifisch proletarischen Wissenschaft und Kunst zu überwinden. (Wobei darüber, inwieweit Momente der bürgerlichen Kultur zu übernehmen sind, keine Einigkeit besteht.) Prämisse des Proletkults ist, daß nur das Proletariat selbst Schöpfer und Träger dieser proletarischen Kultur sein könnte – unter Verzicht auf die Mitarbeit revolutionärer Intellektueller aus anderen Klassen. (Was sich zum Beispiel auch darin ausdrückt, daß der Proletkult auf Selbstorganisation und absoluter Autonomie gegenüber der Partei besteht.)

«Der Sozialismus und die sozialistische Organisation der Arbeit werden durch das Proletariat selbst geschaffen, oder sie werden überhaupt nicht geschaffen.»[30]

Zielgruppe der proletarischen Kulturbewegung ist folgerichtig auch nur das Proletariat (also nicht die Gesamtbevölkerung), und zwar das Industrieproletariat der Städte; erst später weitet der Proletkult seine Organisationen auch auf die ländlichen Bezirke aus.[31]
Noch einmal: Das Ziel des Proletkults ist die Aktivierung der wissenschaftlichen und künstlerischen Produktivität der Arbeiter. Wobei dieses durch schöpferische Produktion im *Kollektiv,* in Studios oder Laboratorien geschehen soll. Ausgangspunkt für diese ist die Arbeitssphäre.

«Fast in jeder Fabrik, in den Behörden und Arbeiterclubs entstanden Theater- und Chorzirkel, Studios für Malerei, Skulptur und Graphik.»[32]

Die Theaterarbeit ist im Proletkult nur eine unter anderen Aufgaben im Bereich der Wissenschaft, Pädagogik und Kunst. Eine Resolution der Ersten Konferenz der Moskauer Proletkult-Organisationen (Februar 1918) hält für den Theaterbereich fest:

«Die proletarischen Theater sind ein wesentliches Mittel für den Aufbau des Lebens nach dem Willen des Proletariats und die tiefgreifende sozialistische Erziehung der Massen.»[33]

Der Haupttheoretiker des Proletkult-*Theaters* ist Platon M. Kerschenzew, der in seinem Buch *Das schöpferische Theater* die Grundlagen eines solchen proletarischen Theaters beschreibt:

«Die Schaffung des neuen proletarischen Theaters muß an lokalen Stellen, in den Bezirken beginnen, denn nur unter dieser Voraussetzung wird man einen festen, engen Zusammenhang zwischen dem Theater und der Bevölkerung schaffen können, jene verwandtschaftlichen Bande, von denen das bürgerliche Theater nichts wußte.
[...]
Das Schauspielerkollektiv muß sich aus lokalen Liebhaberschauspielern zusammensetzen. [...]
Keinesfalls soll eine permanente Liebhabertruppe geschaffen werden. Das würde das Theater von vornherein allen anderen Arbeitskräften entfremden.
[...]
Doch gerade dann, wenn er im engen Kontakt mit seiner Klasse bleibt, wird der Arbeiter auch im Theater als Revolutionär wirken. Nur indem er der Werkstatt treu ein Arbeiter bleibt, wird er ein wahrer Schöpfer des neuen, proletarischen Theaters sein.
Einige Kritiker machten mir zum Vorwurf, daß ich, indem ich für das Liebhabertheater Propaganda mache, das ‹halbe Können›, das jedes Theater zugrunde richten muß, verteidigte. ‹Ein Schauspieler zu sein, sagen sie, ist eine Kunst, jede Kunst aber verlangt Ausbildung, Schule und Spezialisierung›. Ich will das keinen Augenblick bestreiten. Aber ich bin der Ansicht,

daß dem Bestreben der Arbeiterklasse, selbst auf der Bühne zu wirken, ein gesunder, schöpferischer Instinkt zugrunde liegt.

[...]

Man muß erreichen, daß die Grenze zwischen dem wahren Liebhaberschauspieler und dem ernsten Berufsschauspieler verschwindet.

Das ist aber nicht die Hauptsache. Man muß daran denken, daß die Aufgabe des proletarischen Theaters nicht darin besteht, gute Berufsschauspieler auszubilden, die mit Erfolg Stücke eines sozialistischen Repertoires spielen können, sondern darin, daß man dem schöpferischen, künstlerischen Instinkt der breiten Massen Bahn schafft.

[...]

Dazu ist es notwendig, nach dem Beispiel des Moskauer ‹Proletkults› in den Arbeitervierteln dramatische Werkstätten für Arbeiter zu schaffen, die alle proletarischen Elemente, die zum Theater neigen und zu einer schöpferischen Arbeit auf diesem Gebiete fähig sind, in sich aufnehmen. Das ganze Land muß mit solchen Zellen überdeckt werden, in denen die unmerkliche, aber äußerst wichtige Arbeit der Heranbildung von neuen Schauspielern geleistet wird.

[...]

Die Werkstätten haben keinesfalls nur vorbereitend pädagogische Aufgaben. Sie sind gleichzeitig auch Laboratorien für neue Versuche. In ihnen werden die ersten Versuche der Schaffung des proletarischen Theaters unternommen.

In organisatorischer Hinsicht sollen die Werkstätten eine Art Künstlerkommune sein, deren Mitglieder ein kameradschaftlich-gemeinschaftliches Leben führen.»34

Über «Bühne» und «Repertoire» der von Kerschenzew projektierten Proletkult-Theater heißt es dann:

«Von Anfang an aber muß die Umgestaltung des alten Theaterraums auf neuen Grundlagen geschehen, die die Anwendung der neuen Methoden und die Förderung aller neuen Möglichkeiten erlauben. Von der trägen Tradition des Theaterraums muß dabei gänzlich abgesehen werden.

Das Arbeitertheater wird sich jedoch nicht nur mit Aufführungen von dramatischen Werken begnügen. Es wird sich noch eine Reihe anderer Aufgaben stellen müssen.»35

Deutlich wird hier, daß neue Organisationsformen auch neue theatralische Kommunikationsformen bedingen. Hier ausgerichtet auf kollektive schöpferische Produktion.

Die Zeit, in der der Proletkult eine wesentliche Rolle spielte, beschränkt sich weitgehend auf die Jahre 1917 bis 1921. Danach entfernen sich zumindest die Proletkult-Theater, dadurch daß sie immer mehr die szenische Dokumentation, die Information eines zumeist analphabetischen Publikums als ihre Aufgabe begreifen, von ihrem eigentlichen Interesse, der Erziehung des Proletariats zu schöpferischer Produktivität *durch* schöpferische Produktion: Kreatives Spiel wird zu einem darstellenden – agitatorischen/propagandistischen – Spiel. Aus den Proletkult-Theatern gehen dann jene Agitations- und Propagandatruppen hervor, wie sie seit 1923 unter anderem in der Organisation der «Blauen Blusen» bestehen.

Diese entwickeln sich zu einer Einrichtung, die in der Sowjetunion zirka fünftausend Untergruppen hat, zu denen insgesamt an die hunderttausend Mitglieder gehören. Die Moskauer «Blauen Blusen» werden sogar zu einer professionellen Theatergruppe, die Gastspielreisen ins Ausland unternimmt.

Schließlich verschwinden auch diese Gruppen und auf theatralischem Gebiet behauptet sich allein wieder die Staatstheater-Institution gemäß den Prinzipien des «sozialistischen Realismus».

Die Gründe für die Kurzlebigkeit der Proletkult-Bewegung hängen zweifellos mit den Dissenzen zur Partei- und Staatsführung zusammen, die sich zunehmend aus der Tätigkeit des Proletkults und seinem Autonomieanspruch ergeben. Je nach Coleur der Historiographen sprechen sie dann von Unterdrückung durch die Partei [36] bzw. von «ahistorischer Konzeption» und «politisch falscher Praxis» [37].

Was den Theater-Sektor des Proletkults angeht, liegt das Scheitern in der Konzeption und Praxis selbst – zumindest der ihres Theoretikers Kerschenzew: Er vollzieht die Lösung vom bürgerlichen Theater immer noch nicht radikal genug. So ist auch die Entwicklung des Proletkult-Theaters über die Agitationsgruppen zur Theater-Institution im Grunde schon bei Kerschenzew vorgezeichnet.

Er spricht im Zusammenhang seiner Vorschläge immer nur von einer «Übergangszeit», für die die projektierten Maßnahmen gelten sollen.

> «Gewiß wird das sozialistische Theater in der vollkommenen Verwirklichung seiner Ziele erst in der sozialistischen Gesellschaft möglich werden, aber auch jetzt, schon in der Übergangszeit, muß das Theater möglichst entsprechend den neuen Grundlagen revolutioniert werden. Indem wir also alles Utopische den kommenden Zeiten überlassen, wollen wir nun die konkreten und praktischen Maßnahmen erwähnen, mit denen die Vernichtung und die Neuschaffung des Theaters beginnen soll.» [38]

Was nun diese konkreten und praktischen Maßnahmen der vorgeschlagenen dramatischen Werkstätten anbelangt, beschreibt Kerschenzew gewissermaßen schon die spätere theatralische Praxis der Agitationstruppen.

> «Das Bezirkstheater wird sich nicht in den vier Wänden der Theatergebäude abzuschließen brauchen. Es wird seine Arbeit auf die Straßen und Plätze hinaustragen. Es wird kleine Trupps aus drei bis fünf Menschen ausbilden, die feiertags oder abends durch die Stadt ziehen und in Parks oder an Straßenecken halbimprovisierte Vorstellungen zum besten geben, als

Vorleser auftreten oder irgendwo unter einem Baume eine Gruppe Zuhörer um sich versammeln werden, um ihnen Gedichte und Prosa vorzulesen. Vielleicht werden diese Wandertruppen oder einzelnen Schauspieler die Stadt mit einer fahrbaren Bühne durchqueren und unter freiem Himmel kleine Stücke aufführen.»[39]

Und da ist dann plötzlich wieder von professionellen Schauspielern und festen Theatergebäuden als Perspektive dieses Theaters die Rede.

«Erst in der Periode des ruhigen sozialistischen Schaffens wird man von einer Spezialisierung der Arbeiter auf dem Gebiete der Kunst von einem Theaterprofessionalismus sprechen können. Jeder wird dann den Beruf wählen, den er am meisten liebt, und er wird ihm seine ganze Zeit widmen, mit Ausnahme derjenigen Zeit, die zur Erfüllung seiner Pflichten gegenüber der Gesellschaft erforderlich sein wird. Dann aber wird überhaupt nicht mehr die Rede vom proletarischen Theater sein, an dem wir jetzt arbeiten, sondern nur noch vom sozialistischen Theater, das unter ganz anderen Bedingungen entstehen wird.»[40]
«Nachdem es mit Hilfe der dramatischen Werkstätten der Proletkulte gelungen sein wird, einige genügend ausgebildete Ensembles zu schaffen, wird man an die Frage herantreten können, wie die vorhandenen Theatergebäude den Bedürfnissen des Arbeitertheaters dienstbar zu machen sind. Die Sowjetregierung wird dann die besten Theatergebäude proletarischen Ensembles zur Verfügung stellen.»[41]

Wie sehr Kerschenzew die von ihm vorgeschlagenen Schritte als vorläufig erachtet, wird noch einmal aus dem Schlußsatz des Kapitels über die *Schaffung des proletarischen Theaters* ersichtlich.

«Über die dramatischen Werkstätten der Proletkulte werden wir zum wahren proletarischen Theater kommen, das die Bühne revolutionieren, eine neue Theaterkunst schaffen und dem Zeitalter des sozialistischen Umsturzes sowie dem Geiste einer sozialistischen Gesellschaft entsprechen wird.»[42]

Und dieses «wahre proletarische Theater» der sozialistischen Gesellschaft hat zwar wenig mit dem späteren Theater des «sozialistischen Realismus» zu tun, beiden gemeinsam ist, daß sie auf bürgerlichem Theater basieren: Abbildtheater, darstellendes Spiel, Trennung von Spielern und Zuschauern, professionelle Schauspieler, Institution, moralische/politische Anstalt; ja selbst der Nationaltheatergedanke wird bei Kerschenzew am Schluß als Zielvorstellung deutlich.[43]
Allerdings hat es im Proletkult auch andere Vorstellungen bezüglich eines zu schaffenden Theaters gegeben; Vorstellungen, die mit dem bürgerlichen Theater und damit auch überhaupt mit dem *Theater* radikal Schluß machen: So etwa bei Boris Arvatov.
Die Frage nun, warum die zunächst vorhandenen progressiven Ansätze in Theorie und Praxis des Proletkult-Theaters gegen Partei

und ebenso existente – immer noch bürgerliche – Konzepte mittels der Selbstorganisation der Arbeiter keine eigendynamische Entwicklung genommen haben, läßt sich mit dem Hinweis auf Parteieingriffe und einigen unzulänglichen Theorien im Proletkult nicht hinreichend beantworten. Die Gründe dafür, daß sich gegen eine proletarisch-revolutionäre, theatralische Kommunikation dann doch wieder das *Theater* durchsetzte, liegen vielmehr darin, daß im Anschluß an die proletarische Revolution keine funktionierende proletarische Öffentlichkeit entstanden war. Negt/Kluge schreiben:

> «Gibt es diese Form von Öffentlichkeit nicht, so besteht die Gefahr, daß unter dem Schein der Zerschlagung des alten Staatsapparats die traditionellen Funktionen wiederhergestellt werden. Aus Volkskommissaren werden Minister, aus Räten nachgeordnete Behörden.»[44]

So triumphiert am Schluß auch hier wieder die Theater-Institution. Und die theatralischen Bemühungen des Proletkults blieben beschränkt auf die Revolution und eine bestimmte Situation des proletarischen Klassenkampfes, aus der sie aktuell hervorgegangen waren.
Wie hatte Leo Trotzki im Zusammenhang von «proletarischer Kultur und proletarischer Kunst» bemerkt?

> «Die echten schwierigkeiten und die wahren prüfungen haben erst begonnen, als der rhythmus der revolution langsamer, als die objektiven perspektiven nebelhafter wurden.»[45]

Die Widersprüche einer solchen proletarisch-revolutionären Kommunikation, die zum *Theater* wird, sollen im folgenden an entsprechenden Unternehmungen in Deutschland behandelt werden[46], weil sie dort ungleich deutlicher in Erscheinung treten, dadurch, daß sie – ohne in der Revolution und in der Diktatur des Proletariats ihre Basis zu haben – von vornherein ihren *Theater*-Charakter nicht verleugnen können.
Die theatralischen Kommunikationsformen im Zusammenhang mit der Russischen Revolution sind aus dieser hervorgegangen und haben mehr oder weniger in spontanen Organisationsformen ihren Ausdruck gefunden. Allerdings waren auch dort von Anfang an Institutionalisierungstendenzen vorhanden, wie dann vor allem die «Blauen Blusen» – als professionelle Theatergruppe – zeigen.
In Deutschland ist im großen und ganzen die Revolution nur *rezipiert* worden, und das proletarisch-revolutionäre Theater entstand und entwickelte sich im Zusammenhang mit der (in bürgerlicher Vereinsform) *organisierten* Arbeiterbewegung. Ja, spontane Theatergründungen Anfang der zwanziger Jahre wurden von der Partei und ihren Organen mit Mißtrauen behandelt.[47]
Hauptträger des deutschen Arbeitertheaters dieser Jahre sind also die

Linksparteien, vor allem die KPD, und ihre Unterorganisationen; eines Arbeitertheaters, das sich selbst wiederum in verschiedenen Organisationen, auch auf internationaler Ebene, zusammenfindet: wie im Bund für proletarische Kunst, im Arbeiter-Laienspiel-Verband, im Deutschen Arbeiter-Theater-Bund, im Arbeiter-Theater-Bund Deutschlands, im Internationalen-Arbeiter-Theater-Bund, im Internationalen Revolutionären Theaterbund – oder kurz und verständlich im Geschmack der Zeit: ALV, AAThB, ATBD, IATB und IRTB. Ludwig Hoffmann kann in der Einleitung seiner Studie über das *Deutsche Arbeitertheater 1918–1933* für das Ende der zwanziger Jahre, als nach etlichen Spaltungen und Umgruppierungen die Kommunisten sich in der Organisation durchgesetzt haben, den Erfolg melden:

> «Die Organisierung des deutschen Arbeitertheaters war abgeschlossen. Jetzt mußte der ATBD dazu übergehen, die Mehrheit der Arbeiterspieler zu gewinnen.»[48]

Dazu kommt noch, daß anders als in Rußland, wo infolge der Revolution wenigstens zu Anfang das Proletariat darauf bedacht war, neue und eigene theatralische Kommunikationsformen zu entwickeln, in Deutschland dagegen immer wieder bürgerliche Intellektuelle versuchen, dieses in Rußland praktizierte in einem proletarisch-revolutionären *Theater* nachzuvollziehen. Das bringt zwar einen Vorteil für diese Art des Theaters mit sich, blockiert aber gleichzeitig das Entstehen einer wirklich proletarisch-revolutionären theatralischen Kommunikation. So ist insgesamt das proletarisch-revolutionäre Theater in Deutschland mehr proletarisch-revolutionär *intendiert* als *proletarisch-revolutionär* – mit einem Wort: *Theater.*

Drei Ereignisse geben in Deutschland vor allen anderen den Impuls zu einem proletarisch-revolutionären Theater: erstens die Russische Oktoberrevolution (1917), mit der Etablierung des Sowjetstaates; zweitens Streiks und Aufstände im eigenen Land und schließlich die Novemberrevolution (1918), die zwar das Ende des Kaiserreiches, aber kein Ende der bürgerlichen Klassenherrschaft bringen; und drittens die Gründung der Kommunistischen Partei Deutschlands (1918/19).

> «In den Jahren von 1919 bis 1923 wurden auch die ersten Versuche unternommen, die herkömmliche Art proletarischer Theateraufführungen zu überwinden. Die entscheidenden Anregungen kamen aus der jungen Sowjetunion.
>
> 1919 drangen die ersten Nachrichten über den kulturellen Aufbau in der Sowjetunion nach Deutschland. Zwei Schriften erschienen, die heftige Diskussionen auslösten: *Die Kunst und das Proletariat* von Bogdanow und *Die Kulturaufgaben der Arbeiterklasse* von Lunatscharski. [...] Den nachhaltigsten Einfluß auf das deutsche Arbeitertheater übte aber zweifellos Kerschenzews Buch *Das schöpferische Theater* aus, das 1922 in

deutscher Sprache erschien. Diese Publikationen und die öffentliche Auseinandersetzung, die sie in Gang brachten, regten die Versuche zu einem proletarischen Theater an.»[49]

Es gibt auch hier Anfang der zwanziger Jahre proletarische Massenfestspiele im Freien, mit Tausenden von Darstellern und einem Vielfachen an Zuschauern (veranstaltet vor allem von der Gewerkschaft in Leipzig): etwa *Spartakus, Der arme Konrad, Bilder der französischen Revolution,* zu denen der Dramatiker Ernst Toller das Szenarium verfaßt hat, und anderes mehr. Allerdings haben diese Spiele bei weitem nicht die Bedeutung der entsprechenden Unternehmungen in Petrograd. Auch sind sie weder eigentlich revolutionär noch eigentlich proletarisch. So bemerkt der Rezensent der «Leipziger Volkszeitung» völlig zu Recht, daß man etwa einer Wasserpantomime «einen sozialistischen Gedanken freilich schwer einhauchen kann»[50].

Auf Grund der Bedingungen des proletarischen Klassenkampfs in Deutschland kann hier eine Bewegung wie der Proletkult keine entscheidende Rolle spielen. Zwar gibt es zwischen 1913 und 1928 in Kassel eine solche Organisation, die eine Schauspielerin nach der Rückkehr aus der Sowjetunion gegründet hat; Bedeutung als Proletkult erreicht man allerdings nicht. 1925 beginnt das Kasseler Kollektiv auch mit der Theaterarbeit – als Agitations-Theatergruppe. Folgend erlangen derartige Gruppen dann ganz allgemein in Deutschland ungleich größere Bedeutung. Und sie erfüllen die Kriterien eines proletarisch-revolutionären Theaters zweifellos am ehesten.
Nach der Gastspielreise der sowjetischen «Blauen Blusen» durch Deutschland im Jahre 1927 entstehen auch hier überall in Organisationsform und Darstellungsstil ähnliche *Agitprop*-Truppen. «Die Roten Raketen» (Berlin), «Die Nieter» (Hamburg), «Das Rote Sprachrohr» (Berlin), «Kolonne links» (Berlin), «Rote Schmiede» (Halle), «Roter Wedding» (Berlin) sind unter anderem die Namen dieser Truppen. Sie sind ihrerseits organisiert in den verschiedenen – bereits genannten – Vereinigungen des Arbeitertheaters.
Die Quantität dieser Agitprop-Truppen ist so bedeutend, daß sie zum Beispiel 1929 mit insgesamt 3,5 Millionen Zuschauern in Deutschland ein größeres Publikum erreichen als alle Volksbühnen-Organisationen zusammen.[51] Qualitativ tritt diese Quantität dadurch in Erscheinung, daß die Agitprop-Truppen schließlich auch hier zum Berufstheater tendieren; und dann den Übergang auch finden, wie etwa die «Kolonne links». Von Institutionalisierung und Professionalismus ist also ebenso diese Organisationsform des proletarisch-revolutionären Theaters bedroht. Friedrich Wolf kann wohl zu Recht konstatieren – und er meint das durchaus bedauernd:

«Bestimmt wären noch manche deutsche Agitproptrupps diesen Weg gegangen, wenn nicht die Verbotswelle und der Faschismus ihre Entwicklung unterbrochen hätten. Das Zeug hatten sie dazu!»[52]

Bedroht schon jede Art der Institutionalisierung das *revolutionäre* Moment einer theatralischen Kommunikationsform, so bedroht die Professionalisierung des Theaters dazu noch seinen *proletarischen* Charakter.
Die klassenmäßige Bedingtheit des professionellen Spezialistentums *im Theater* hatte Kerschenzew in seiner – bereits zitierten – Studie sehr überzeugend herausgearbeitet.

«Ich bin der Ansicht, daß man das Prinzip des Liebhaberschauspielers möglichst aufrechterhalten soll. Nur jene Arbeiterschauspieler werden wahre Schöpfer des neuen Theaters sein, die an ihrer Drehbank bleiben werden. Gewiß werden manche von ihnen sich auf dem Gebiete des Theaters weiter ausbilden und spezialisieren müssen; doch sehe ich darin nur eine Ausnahme, und zwar eine eher gefährliche als wünschenswerte.
[...]
Es ist noch zu beachten, daß, wenn ein Arbeiter sich zum Beispiel auf einem wirtschaftlichen Gebiete spezialisiert, er sich seiner Klasse nicht nur nicht entfremdet, sondern ihr dadurch manchmal noch näher kommt. Wenn er aber das Theater zu seinem Beruf erwählt, und zwar in unserem Zeitalter, in dem es noch gar keine proletarische Kunst gibt, so gerät er dadurch in die Reihen der bürgerlichen Berufsschauspieler, die den Ideen der proletarischen Kultur fremd, manchmal sogar feindlich gegenüberstehen.
[...]
Indem er danach strebt, Berufsschauspieler zu werden, tendiert der Proletarier zu den ‹wirklichen›, berühmten Schauspielern, zu deren Milieu, zu deren Umgang. Er wird eine Einheit in der Masse, die, durch das bürgerliche Theater erzogen, in die Revolution des Theaters nur eine Vertiefung des Individualismus hineintragen will.
Dieses Berufsmilieu, das dem Proletariat ganz fremd ist und sich aus der typischen bürgerlichen Intelligenz rekrutiert, kann den Proletarier nur vergiften und verderben.»[53]

Von dieser Position her hatte der Proletkult konsequent gefordert, daß die Produzenten eines proletarisch-revolutionären Theaters unbedingt Proletarier und Amateure sein müßten. Noch einmal Kerschenzew:

«Der neue Schauspieler kann nur aus dem Arbeitermilieu hervorgehen. Die Psychologie und die Probleme der neuen Klasse werden nur dann plastisch und einheitlich auf dem Gebiete des Theaters wie auf jedem anderen Gebiete der proletarischen Kultur zum Ausdruck kommen, wenn die Schöpfer dieser Kultur auch Vertreter dieser Klasse sind.
[...]
Jeder Versuch, das sozialistische Theater mit Hilfe selbst der genialsten

bürgerlichen Schauspieler zu schaffen, wäre ebenso fruchtlos wie etwa der Versuch, eine sozialistische Zeitung durch bürgerliche Schriftsteller zu gestalten. Es geht doch nicht darum, daß gut gespielt wird oder daß die sozialistischen Stücke eine richtige Interpretation bekommen. Neue Stücke auf alten Bühnen mit einer Besetzung mit früheren Schauspielern werden niemals das sozialistische Theater ergeben. Man muß auf eine ganz neue Weise an das Theater herantreten, ein neues System der Arbeit finden, besondere Anforderungen an das Repertoire und die Ausführung stellen, einen anderen Geist schaffen. Mit anderen Worten: der Inhalt der Theaterkunst muß ein neuer werden.

Gewiß könnte man 2–3 Ensembles aus Berufsschauspielern zusammenstellen, die auf dem Klassenstandpunkte des Proletariats stehen, die von der kommunistischen Psychologie durchdrungen und von den neuen Bestrebungen auf dem Gebiete des proletarischen Theaters begeistert sind. Solche Ensembles könnten für das proletarische Theater manches leisten. Ihre Arbeit wäre jedoch nur eine kleine Episode, ein Versuch, der vereinzelt dastehen und nichts Charakteristisches aufweisen würde.»[54]

Abgesehen davon, daß Kerschenzew selbst letztlich den (proletarischen) professionellen Schauspieler als Zielvorstellung hat, erhoben sich sowohl in der Sowjetunion als auch in Deutschland Zweifel gegenüber diesem Verdikt. Man meinte proletarisch-revolutionäres Theater mit *bürgerlichen* Laiendarstellern, die sich für den Sozialismus engagierten, machen zu können; dann auch mit sozialistisch engagierten bürgerlichen *Schauspielern*, die neben ihrer Überzeugung auch den Vorteil theatralischer Erfahrungen und Fähigkeiten einbringen könnten. Wie recht aber Kerschenzew mit seiner These hat, daß der *Proletarier*, der um der Sache des Sozialismus willen zum proletarischen *Laiendarsteller* wird, und der sich dann als *Schauspieler* spezialisiert, zugleich den *bürgerlichen* Schauspieler impliziert und damit dann auch *bürgerliches Theater* – wie recht also Kerschenzew hat, zeigt in Deutschland das Beispiel der Theaterarbeit Erwin Piscators. Dieser bestreitet die Position des Proletkults und hält dagegen:

«Die Forderung, die man heute innerhalb vieler Arbeiterkulturorganisationen findet, besonders in den proletarischen Spielgemeinschaften, nur proletarische Schauspieler zu verwenden, ist von ihrem Standpunkt aus verständlich und notwendig. Aus dieser ihrer Forderung ein Prinzip für das revolutionäre Theater überhaupt zu machen, halte ich gerade nach meinen praktischen Erfahrungen für falsch. Die erste Forderung an jeden Schauspieler heißt: Charakterisierung. Eine Figur aus ihren Gesetzen heraus lebendig machen zu können. Es ist nicht einmal gesagt, daß ein Proletarier die Figur eines Proletariers immer glaubwürdig darstellen kann. Sobald ein Dilletant aber eine Figur aus einem ihm fremden Milieu gestalten soll, fällt er unweigerlich ins Chargieren, bleibt in übertriebenen Äußerlichkeiten stekken. Beste Gesinnung ist keine Garantie dafür, daß die Wirkung, die gerade politisch durch die Figur erzeugt werden soll, auch erreicht wird. Hier kann ein Schauspieler, der das Wesentliche der Rolle herausarbeitet, viel sicherer die Wirkung erzielen, die wir haben wollen, mag er selbst eine ‹politische Gesinnung› nicht besitzen.»[55]

Piscators Argumentation ist in sich schlüssig; nur übernimmt er unreflektiert zwei Prämissen, die nicht unbedingt zum proletarisch-revolutionären Theaterspiel gehören: erstens die Vorstellung, daß es weiterhin *Rollen*-Figuren, die durch Charakter und Biographie bestimmt werden, sind, die der Darsteller zu spielen hat (was in der Tat den Schauspieler erfordert); und zweitens, daß die persönliche Haltung des Schauspielers für sein theatralisches Spiel im Grunde unerheblich ist.*

Von dieser seiner Position her kann Piscator in der Tat Möglichkeiten einer theatralischen Qualitätssteigerung auf Grund einer Zusammenarbeit von Proletariern und Bürgern, von Amateurdarstellern und professionellen Schauspielern sehen. Jedoch diese Zusammenarbeit bedroht das proletarisch-revolutionäre Theater permanent. Wobei die Gefahr nicht so sehr darin besteht, daß dann in der Inszenierung die Schauspieler als Protagonisten und die Arbeiter als Statisten eingesetzt werden. Vielmehr liegt die Gefahr – wie Kerschenzew gezeigt hat – im Ziel des Spezialistentums selbst: Die Amateure werden zu Professionellen, die Darsteller zu Schauspielern, die Truppen zu Theatern – das heißt: bürgerlichen Theatern.

Denn diese (professionellen) institutionalisierten Organisationsformen zerstören das proletarisch-revolutionäre Theater zugleich auch von seinem Inhalt und seiner Form her. Wobei es zur Dialektik dieses Prozesses gehört, daß ein Wandel im Form/Inhalt-Bereich diesen Wandel in der Organisation der Truppe befördert – ja zur Bedingung hat.

Die Agitprop-Truppen waren daraus entstanden, daß Arbeiter – ohne jegliche theatralischen Ambitionen, geführt allein von dem Willen, der Welt (im Sinne des Sozialismus) zu verändern – damit begannen, Agitationen und Propaganda im Sinne des Sozialismus zu betreiben, indem sie Situationen aus dem Lebensbereich des Arbeiters, aus der Welt des Kapitals, im Spiel vorführten. Die Truppen wollten und konnten dem herrschenden Theater keine Konkurrenz sein; auf Grund ihrer Situation waren sie gar nicht in der Lage, die dramaturgischen, theatralischen, technischen Anforderungen eines «normalen» Theaters zu bewältigen. So entstand aus der Not ein eigener Agitprop-Stil, der dem

* Intention und Tendenz des *darstellenden Spiels* setzen den Zuschauer an die Stelle des Spielers; und da ist dann dessen Weltanschauung oder Klassenzugehörigkeit der Aussage seines Spiels kaum verpflichtet. Diese Bedingung des darstellenden Spiels wurde zur Basis aller Vorstellungen von der Schaubühne als moralischer Anstalt – eines der Essentials des *bürgerlichen* Theaters.

bürgerlichen Theater in vielem durchaus überlegen war: Aktualität, Spontaneität, Praktikabilität, Mobilität waren oberstes Gebot und Tugend dieses «Theaters»; Kabarettszenen, Dokumentation, Karikatur, Lieder, Improvisationen ihre Mittel. Friedrich Wolf gibt in seiner Studie über das Agitprop-Theater folgende Beschreibung:

«‹Der› Fabrikant, war ein fetter Wanst mit Zylinder auf dem Kopf, ‹der› Bonze war ein fetter Spießer, er trug die Aktenmappe, ‹der› Faschist hatte die Mördervisage und war bis an die Zähne bewaffnet, ‹der› Sozialdemokrat war ein vertrottelter ‹Sozialfaschist›, ‹der› Prolet war ehrlich und verhungert.»[56]

Dieser Schematismus der Darstellung und die Art ihrer Präsentation provozierten wiederholt den Vergleich mit der Commedia dell'arte – mit gewissem Recht. Und zweifellos liegt hier auch die Stärke dieses Theaterspiels. Zugleich ist damit aber ebenso eines der Grundprobleme des Agitprop-Theaters angesprochen.

Waren das Figurenrepertoire, die Masken, die Szenarien der Commedia dell'arte durchaus der früh-bürgerlich/kapitalistischen Welt des 16. Jahrhunderts angemessen, so sind die Verhältnisse und Beziehungen im Spätkapitalismus des 20. Jahrhunderts jedoch zu kompliziert, um auf diese Weise dargestellt zu werden. Schon die Dramaturgie des bürgerlichen Theaters hatte der entwickelten bürgerlichen Gesellschaft gegenüber ihre Grenzen gezeigt; um wieviel mehr trifft das dann auf die eines vor-bürgerlichen Theaters zu.

Allerdings gehört es zum Wesen der Agitation, zu vereinfachen, zu beschränken; zumal bei der Zielgruppe des Agitprop-Spiels in der Regel ein verdinglichtes Bewußtsein vorausgesetzt werden muß, das gerade in *gesellschaftlichen* Fragen zu solcher Schwarzweiß-Malerei neigt.[57]

Wenn der Dramatiker Friedrich Wolf die Bedenken derjenigen teilt, die mit diesem Schematismus unzufrieden sind, hat er zwar prinzipiell recht, verkennt dabei aber die spezifische Qualität des Agitprop-Theaters.

«Sie hatten nicht einmal unrecht. Denn *so* sahen die Bonzen und Fabrikanten tatsächlich ja gar nicht aus! Im Gegenteil: meist erscheint der Bonze sehr gemütlich und harmlos, ein absolut biederer Normalmensch ... und grade darin besteht seine Gefahr. Der Fabrikant ist durchaus nicht die ‹vollgefressene Wurst›. Im Gegenteil, der Fabrikant treibt Golf- und Reitsport, er ist sehr oft tadellos durchtrainiert, ein agiler Typ wie Ford und Rockefeller, wie Vögler und Robert Bosch. Man muß gerade dem qualifizierten Arbeiter nicht ein abgedroschenes, dazu noch unwirkliches Schema seiner Feinde zeigen, sondern im Gegenteil die verfeinerte Maske, in der heute der Kapitalismus und seine Helfer ihm entgegentreten.»[58]

Wolfs Einwände werden von dorther verständlich, daß er bei seiner Kritik vom Agitprop-*Stück* ausgeht. Zugleich begibt er sich damit in ein anderes Dilemma: Denn mit dem Stück, das gemäß seinen Vorstellungen den gesamtgesellschaftlichen Kontext darzustellen versuchte, würde ein deutlicher Schritt auf das bürgerliche Drama zu getan. So hatte Anton Bogdanow schon 1918 in seiner *Kritik der proletarischen Kunst* formuliert:

«Die agitatorische Verengung der künstlerischen Idee drückt sich auch darin aus, daß Kapitalisten und ihnen nahestehende bürgerliche Intellektuelle so geschildert werden, als ob sie *persönlich* böse, unberechenbar, grausam usw. seien. Eine solche Auffassung ist naiv und widerspricht der kollektivistischen Denkmethode. Es geht überhaupt nicht um persönliche Eigenschaften dieses oder jenes Bourgeois, wie man auch nicht gegen einzelne Personen das revolutionäre Gefühl und die revolutionäre Anstrengung richten darf. Die Sache dreht sich vielmehr um Klassenpositionen, der Kampf wird gegen ein soziales System, gegen Gruppen, die mit diesem verbunden sind, geführt. Der Kapitalist kann persönlich der edelste Mensch sein, in dem Moment aber, wo er seine Klasse vertritt, sind seine Handlungen und sein Denken notwendig durch seine Klassenposition bestimmt. Für den bewußten Proletarier ist er sogar im Moment des kämpferischen Zusammenstoßes kein persönlicher Feind, sondern ein blindes Glied einer Kette, die die Geschichte geschmiedet hat.»[59]

Theoretisch ist Bogdanow da in jedem Punkt zuzustimmen; nur, das im Drama, auf der Bühne zu praktizieren, bringt unlösbare Schwierigkeiten mit sich. Sie sind letztlich bekannt aus der Lessing/Diderot-Auseinandersetzung um ein Theater der «conditions»: typische Charaktere, die sich in typischen Situationen typisch verhalten (Hamburgische Dramaturgie, 86. bis 95. Stück); und schon die bürgerliche Dramatik des 18. und 19. Jahrhunderts ist daran gescheitert. Auch sozialistische Dramatik könnte dieses Dilemma nicht lösen. Ein dramatisches Ereignis des Bogdanowschen Postulats wäre also seiner Struktur und Tendenz nach auf alle Fälle dem bürgerlichen Theater zuzurechnen. Die dramatische Tätigkeit eines Friedrich Wolf, eines Gustav von Wangenheim und anderer ist dann auch ganz in diesem bürgerlichen Sinne.

Trotzdem ist die Tendenz zum Stück (und damit auch zur Bühne) gegen Ende der zwanziger Jahre unübersehbar. Und sie wird unterstützt von der KPD und ihren Organen. Sogar Erwin Piscator erklärt zur selben Zeit wiederholt die Art seiner Theaterarbeit als Funktion eines Defizits auf seiten der Dramatik.

«Vielleicht ist die ganze Art meiner Regie nur entstanden aus einem Manko der dramatischen Produktion. Sicher wäre es niemals so überragend in Erscheinung getreten, wenn sie eine adäquate dramatische Produktion vorgefunden hätte.»[60]

Es ist die Tendenz zu einem literarischen Theater; freilich eines politischen, «sozialistischen» Theaters, aber eines *Theaters*.

Diese Entwicklung – und das war der Ausgangspunkt – bedingt Konsequenzen für die Organisationsform der Theatergruppen, die diese Stücke aufführen wollen; Stücke, Rollen usw. erfordern Dramaturgie, Schauspieltechnik, Bühnentechnik: Sie erfordern den Übergang zum Spezialistentum. Und dann ist es nur noch ein kleiner Schritt zum professionellen Theater. Noch einmal Friedrich Wolf:

> «Auch organisatorisch hat der Übergang von der primitiven Kurzszene zum abendfüllenden Bühnenspiel praktische Folgen. Der Spieltrupp [...] hat einen festen Spielkörper, er hat einen richtigen Spielplan, ein ‹Programm›. Er wird bald bekannt durch sein qualifiziertes Spiel über die Grenzen der Stadt und des Landes hinaus. Er erhält jetzt immer häufiger Einladungen in entferntere Städte: Tourneen werden notwendig. Ein Personen-Lastauto wird notwendig für Requisit und Spieler. Partei und Organisationen regeln jetzt auf Wochen und Monate voraus diese Tourneen.»[61]

Die Widersprüche dieses proletarisch-revolutionären *Theaters* kommen am deutlichsten in der Theaterarbeit Erwin Piscators heraus, weil er versucht hat, alle Formen des proletarischen und des revolutionären Amateur-Theaters – also auch Formen des nicht-bürgerlichen wie des bürgerlichen Spiels – als Synthese (nicht: Kompromiß) in die Theorie und Praxis seines – professionellen – «proletarischen Theaters» einzubringen. Die Widersprüche werden zudem gerade bei ihm evident wegen der ästhetischen Qualität seiner theatralischen Ergebnisse.

Piscators Entwicklung vollzieht sich in den zwanziger Jahren vornehmlich in drei Stadien.
Erste Station: «Proletarisches Theater». Von Oktober 1920 bis April 1921 unterhält Erwin Piscator zusammen mit Hermann Schüler in Berlin ein «Proletarisches Theater», das die *Institution* des bürgerlichen Theaters sprengen möchte: Die Aufführungen sind nicht an ein festes Haus gebunden, sondern finden in Sälen überall in Berlin statt. Sie sollen in die Wohnbezirke der Arbeiter hineingetragen werden, um damit das proletarische Publikum zu gewinnen. Auch soll die Trennung von professionellen Schauspielern und Arbeiterspielern in diesem Theater überwunden werden. An der Bühne und an der Aufführung von Stücken wird jedoch festgehalten. Piscator versucht mit dem «Proletarischen Theater» den Gedanken der proletarischen Agitation mit dem Medium Theater zu verbinden.

> «Einfachheit im Ausdruck und Aufbau, klare und eindeutige Wirkung auf das Empfinden des Arbeiterpublikums, Unterordnung jeder künstlerischen Absicht dem revolutionären Ziel: bewußte Betonung und Propagierung des Klassenkampfgedankens.
> Das proletarische Theater will der revolutionären Bewegung dienstbar sein und ist daher den revolutionären Arbeitern verpflichtet.»[62]

Zweite Station: die *Roten Revuen.* Anläßlich der Reichstagswahlen 1924 inszeniert Erwin Piscator, unterstützt von dem Texter Felix Gasbarra und dem Musiker Edmund Meisel, eine Revue, die am 22. November 1924 in Berlin zum erstenmal vorgestellt wird: *R.R.R.*

«Das heißt: Revue Roter Rummel. Politisch-proletarische Revue. Revolutionäre Revue.
Keine Revue, [...] mit der aus Amerika und Paris importierten Schauform. Unsere Revuen kamen von einer andern Seite her. Sie hatten ihre Vorläufer in den bunten Abenden, wie ich sie zusammen mit der Internationalen Arbeiterhilfe (I.A.H.) veranstaltet hatte. Das war die positive Herkunft. Zugleich aber traf sich die Form der Revue mit dem Zerfall der bürgerlichen Dramenform. Die Revue kennt keine Einheitlichkeit der Handlung, holt ihre Wirkung aus allen Gebieten, die überhaupt mit dem Theater in Verbindung gebracht werden können, ist entfesselt in ihrer Struktur und besitzt zugleich etwas ungeheuer Naives in der Direktheit ihrer Darbietungen. [...]
Diese Form rein politisch zu verwenden, war seit langem eine Vorstellung von mir, mit einer politischen Revue propagandistische Wirkungen zu erzielen, stärker als mit Stücken, deren schwerfälliger Bau und deren Probleme, zu einem Abgleiten ins Psychologisieren verführend, immer wieder eine Mauer zwischen Bühne und Zuschauerraum aufrichten. Die Revue gab die Möglichkeit zu einer ‹direkten Aktion› im Theater.
[...]
Und das unter skrupelloser Verwendung aller Möglichkeiten: Musik, Chanson, Akrobatik, Schnellzeichnung, Sport, Projektion, Film, Statistik, Schauspielerszene, Ansprache.»[63]

Hier versucht Piscator, die revolutionären Massen-Mitspiele mit dem Theater zu verbinden. Er arbeitet wieder außerhalb der Institution; und hier auch ohne ein eigentliches Stück und eine eigentliche Bühne. Arbeiter und Schauspieler tragen gemeinsam den theatralischen Prozeß. Es gibt keine absolute Trennung von Darstellern und Zuschauern.
Der Erfolg dieser «Revue» ist bei Publikum und Kritik so durchschlagend, daß sie eine proletarische Revuebewegung auslöst, die in den folgenden Jahren über die Grenzen Berlins hinausgeht: *Rote Revuen* werden in ganz Deutschland veranstaltet. Piscator selbst inszeniert aber nur noch einmal in diesem Genre: *Trotz alledem – Historische Revue aus den Jahren 1914 bis 1919 in 24 Szenen mit Zwischenfilmen* – 1925.

Dritte Station: «Piscator-Bühne». Nach Gastinszenierungen an der Volksbühne und am Staatstheater begibt sich Piscator 1927 in die Institution. Erklärend versucht er diesen Schritt zu rechtfertigen:

«Nicht das Theater als Institution war überlebt, sondern seine Dramatik und seine Formen.»[64]

Zwar träumt Piscator von einem völlig anders gearteten Gebäude – und der Architekt Walter Gropius entwirft dann auch nach seinen

Plänen ein sogenanntes «Totaltheater» –, aber schließlich zieht Piscator doch in ein ganz «normales» Theater ein. Er spielt wieder Stücke; zwar sind es «sozialistische»/«epische», aber es sind Stücke. Zwar bespielt er eine Segment- oder Globus-Bühne, aber immer ist es eine Bühne. Die Produzenten dieses Theaters sind zum Teil «Stars», zwar links-engagiert, aber Stars des Theaters. Im Publikum findet man neben Arbeitern, linken Intellektuellen vor allem auch die Berliner Theater-Schickeria.

Indem Erwin Piscator im «Proletarischen Theater» den Produktions- und Rezeptionsbereich «proletarisieren» und dann in den *Roten Revuen* zusätzlich die Produktionssphäre «revolutionieren» möchte, zielt er auf eine Verbindung von proletarisch-revolutionärer Agitation mit dem Medium Theater. Politik, nicht Kunst, ist seine Intention.

> «Wir verbannten das Wort ‹Kunst› radikal aus unserem Programm, unsere ‹Stücke› waren Aufrufe*, mit denen wir in das aktuelle Geschehen eingreifen, ‹Politik› treiben wollten.»[65]

Das heißt immer noch: *proletarisch-revolutionäre* Wirkung durch ein *ästhetisches* Medium (was in dieser Antinomie «Kunst» impliziert); ein Medium, das Piscator so weit kennt, daß seine Wirkung vor allem ästhetisch bedingt ist.

> «Es ergab sich, was wir immer als Grundsatz aufgestellt hatten: daß die stärkste politisch-propagandistische Wirkung auf der Linie der stärksten künstlerischen Gestaltung lag.»[66]

Also doch Theater-*Kunst*. Wobei *ihre* Qualität in der Tat am ehesten der Schauspieler, der Dramatiker, die Bühnentechnik – das Theater garantiert. Piscators Weg in die Institution erscheint von hierher durchaus konsequent.

Die Bedingungen der Piscator-Bühne: Institution, Stücke, Bühne, bürgerliche Schauspieler, bürgerliches Publikum, sind die des bürgerlichen Theaters. Und im Grunde ist auch Piscators *Konzeption* des «politischen Theaters» noch der Vorstellungswelt des (bürgerlichen) Abbild-Theaters verpflichtet.

> «Ganz bewußt Spiegel der Zeit und der sie gestaltenden Kräfte zu sein – das ist die Tendenz des politischen Theaters.»[67]

«Spiegel der Zeit» sollte auch das Theater der bürgerlichen Aufklärung sein, und es konnte von daher die Funktion der «moralischen Anstalt» übernehmen. Moralische Anstalt ist die Schaubühne dann bei Piscator geblieben; auch wenn er sie eine «politische» nennt («Das Theater ist zur politischen Anstalt geworden»)[68]; das war sie in gewissem Sinne

* «Etwas von dem Schub des Expressionisten hat der 1919 ins proletarische Theater aufbrechende Piscator immer behalten» (Günther Rühle: Theater für die Republik, Frankfurt a. M. 1967, S. 29).

bei Schiller auch – und Piscator ist das durchaus bewußt.[69] Zweifellos sind aber auch bei Piscator die Akzente zugunsten des Politischen verschoben.

> «Während auf die meisten Theater die Politik von der Peripherie her eindringt, ist bei uns die Politik das schöpferische Zentrum unserer Arbeit.»[70]

Mit dieser Intention ist dann der Grundwiderspruch von Piscators Theaterarbeit ausgesprochen. Der Widerspruch liegt dabei in der Kombination von Theater und Politik. Das ist zwar kein grundsätzlicher, denn bei Schiller schloß sich das keineswegs aus; ging es bei ihm doch um die Verbindung von bürgerlicher Moral und einem bürgerlichen Medium. Bei Piscator hingegen wird die Vermittlung von *proletarischer* Politik in einem *bürgerlichen* Medium intendiert. Da muß man sich für das eine oder das andere entscheiden – beides zusammen geht nicht. So ist Piscator in seinen besten theatralischen Arbeiten – politisch wie ästhetisch – am weitesten von Theater und dessen bürgerlicher Ideologie entfernt. Je mehr er Theater macht, um so deutlicher tritt auch auf der Seite des Politischen das Bürgerliche hervor.

Sein Versuch, proletarisch-revolutionäre Agitation und Theater zu verbinden, ergibt im Ergebnis: Theater. Zwar ist es in höchstem Maße politisches Theater, aber es bleibt dennoch bürgerliches Theater. Polizei und Staat können sich mit gutem Grund wohlwollend verhalten.

Die «linke» Kritik, die dieses Theater als «kleinbürgerlich» einordnet, hat insofern recht, so es das «Bürgerliche» betrifft. Die Beurteilung ist aber diffamierend, wenn die Betonung auf «*klein*bürgerlich» liegt. Das Kleinbürgertum wäre zu derartigen theatralischen Leistungen wie die Piscators überhaupt nicht in der Lage.

Erwin Piscators theaterhistorische Leistung besteht – auch für das bürgerliche Theater – dann vor allem darin, daß er, wie kein anderer, zwei der wesentlichsten Phänomene seiner Zeit dem Theater erschlossen hat: Politik und Technik.

Ob nun bürgerliches Theater oder nicht – im Grunde läßt sich dieses Theater nicht mit derartigen Kategorien messen, sondern nur an seinem eigenen Anspruch; und der zielt ausschließlich auf Wirkung, die nicht auf die theatralische Sphäre beschränkt bleibt, vielmehr in die politische Realität hineinreichen soll. «Theater als Waffe» im proletarischen Klassenkampf ist die Parole um 1920.[71] Wobei sich dann der Erfolg der theatralischen Arbeit einzig an den politischen Erfolgen bemessen soll, seien es Geldspenden oder Parteibeitritte. Also: Was für Wirkung?

Daß man in diesem Sinne erfolgreich war, ist zweifellos; darüber gibt es detaillierte Zeugnisse. Dennoch sollte die Effektivität des proletarisch-revolutionären Theaters dieser Zeit nicht allzu groß angesetzt werden. Bertold Viertels Einschätzung der politischen Wirkung dieses Theater-Versuchs ist wohl durchaus realistisch:

> «Er konnte bei aller Reinheit der Gesinnung, niemanden überzeugen, der nicht schon mit demselben Glauben im Herzen gekommen war.»[72]

Man könnte sogar in Anlehnung an Max Frisch sagen, daß vom ganzen politischen Theater der zwanziger Jahre nichts geblieben ist, als die Erinnerung an ein paar Aufführungen, Spieltruppen – und letztlich dann aber doch Hitler.[73]

Allerdings soll hier nicht die Frage interessieren, ob durch solches Theater etwa die gesellschaftliche und ökonomische Macht des Faschismus zu stoppen gewesen wäre. Ja, überhaupt soll es nicht um die *Quantität* der Wirkung gehen; denn da hier versucht wird, *reale* Interessen durch ein *ästhetisches* Medium zu vermitteln, interessiert viel mehr die *Qualität* dieser Wirkung.
Bei den Massenfestspielen wie in Petrograd oder in Leipzig beruhte sie auf *Suggestion*, während die Agitprop-Theater-Bewegung dann von einer völlig anderen Basis ausgeht. Sie versucht zu unmittelbaren Wirkungen zu kommen, indem sie *Aufklärung* und *Erkenntnisse* über die bürgerlich-kapitalistische Gesellschaft und über den Sozialismus zu vermitteln sucht. Wie gesagt, daß sie in diesem Sinne erfolgreich waren, ist belegt; die Agitprop-Truppen etwa haben über Besucherzustrom, Sammelergebnisse, Parteibeitritte genauestens Buch geführt.[74] Da nun hier die Qualität dieser Wirkung interessiert, ist die Frage zu stellen: sind die Erfolge auf Grund *theatralischer* Momente zustande gekommen?
Diese Frage erscheint zutiefst undialektisch, da sie als solche eine Trennung des theatralischen und des politischen Bereichs der Agitprop-Veranstaltung impliziert, deren Einheit die Art der Veranstaltung ja gerade intendiert. Nun gerät das Agitprop-Theater aber – entgegen seiner Intention – selbst in die Gefahr einer solchen Trennung, wenn nämlich zunächst Spiel veranstaltet wird, das in Wirklichkeit umschlagen soll – und umgekehrt. Das heißt doch aber, den Dualismus von Wirklichkeit und Spiel durchbrechen zu wollen, immer noch durch ästhetische Produkte, nicht durch deren Aufhebung. So ist weiterhin die Frage durchaus erwägenswert, ob nicht beispielsweise in der betreffenden Situation ein Referat über das anstehende Thema dieselbe Wirkung erreicht hätte; denn warum sollte gerade eine theatralische Darstellung hier mehr erreichen, die das Reale des Themas in der Fiktion nur noch einmal rekonstruiert. Sergej Tretjakow gibt in diesem Zusammenhang zu Recht zu bedenken:

> «Zwar wurde das Prinzip der Agitationskunst, das heißt des Gebrauchs von Kunstwerken für die praktischen Ziele der Überzeugung, Unterrich-

tung, Ermahnung aufgestellt. Aber auch hier vergaß man zwei Dinge: 1. Warum sollen ein Agitationsgedicht und ein Plakat einen stärker ‹imperativischen› Charakter haben als eine Resolution, eine Order, eine Zeichnung oder ein Schema; und 2. ob sich nicht die Stärke der Agitation durch die Konstruktion eines Gedichtes in den früheren Formen verringert, die ja dazu bestimmt waren, die Aufmerksamkeit des Menschen von dem gegebenen praktischen Moment *abzulenken*.»[75]

Wenngleich grundsätzlich das sinnliche Moment des theatralischen Spiels nicht unterschätzt werden darf, so ist es doch keineswegs gesichert, daß der *fiktive* Bereich in den *realen* eingreifen kann.
Zwar gibt es immer wieder Beispiele dafür, daß Spiel und Wirklichkeit verschwimmen, nur geht das dann jeweils auf Kosten des Spiels oder der Wirklichkeit. Wenn etwa Arbeiter als Zuschauer einen Arbeiter als Spieler vor gespielten Eingriffen der Polizei zu schützen versuchen, so tun sie das nicht, weil sie *mitspielen* wollen, sondern weil sie das Geschehen *für Wirklichkeit halten*: das Spiel ist auf alle Fälle in dem Augenblick zerstört.[76] Andererseits ist eine tiefergehende Wirkung dadurch in Frage gestellt, daß diese Arbeiter den Vorgang dann letztlich als Spiel erkennen müssen. *Wirklichkeit* hatte sie für die reale Aktion provoziert – nicht das Spiel.
Trotzdem sollte man das sinnliche Moment der Erfahrung im Spiel nicht unterschätzen; nur ist das nicht allein auf theatralische Prozesse beschränkt.
Ein Beispiel, das ein Höchstmaß an sinnlicher Erfahrung verspricht, aber ohne daß diese eigentlich theatralisch bedingt wäre, bietet das sogenannte «Partisanentheater», das Anfang der dreißiger Jahre nach Verbot der Agitprop-Truppen in Deutschland praktiziert wurde.

«Dies etwa geschah in Berlin hellichten Tages auf der Friedrichstraße im Jahre 1930. Ein junger Mann brach bewußtlos zusammen just vor dem Schaufenster eines feinen Delikatessenladens, so daß er gleichsam vor eine effektvolle Kulisse von Schinken, Würsten, Käsen, von Kaviar und Ananas zu liegen kam. Es erübrigt sich zu betonen, daß besagter junger Mann nicht elegant gekleidet war, sondern vielmehr wie ein Arbeitsloser aussah, ebenso wie auch jener andere junge Mann, der neben ihn hinkniete, ihm den Halskragen öffnete und sich wie üblich um ihn bemühte. Er schien ein Freund des Ohnmächtigen zu sein.
Es entstand sofort – wie gewöhnlich – eine kleine Ansammlung der Passanten um die beiden. Solche Ansammlung um einen Straßenunfall ist, wie wenn das Blut an der Stelle eines Hiebs rot zusammenläuft. Und wie gewöhnlich gab es einen, der fragte: ‹Was fehlt ihm?› – Die bittere Antwort des knienden Freundes war auch nicht überraschend:
‹Was ihm fehlt? Was zum Essen fehlt ihm! Ist Ihnen so etwas noch nicht vorgekommen?›
‹Alle Tage›, nickt ein anderer, ‹auch ich bin arbeitslos!›
Und schon ist das Gespräch im Gange. Passanten führen es über ein nicht

zufälliges Thema. Es ist das Thema des Tages. Und das blendende Delikatessenschaufenster über dem vor Hunger Ohnmächtigen lenkt die Assoziationen des Dialogs in bestimmte Richtung, mit unfreundlicher Erwähnung des Gegensatzes, so zwischen den feinen Kundschaften des teuren Delikatessenladens und dem Ohnmächtigen auf dem nassen Straßenasphalt besteht.

Der kleine Meinungsaustausch dauerte kaum zehn Minuten, als schrill die Trillerpfeife des Überfallkommandos ertönte, und schon war die kleine Gruppe von Neugierigen vor dem schönen Schaufenster umzingelt. Nach einigen Minuten war sie bereits auf das Polizeiauto geladen und fuhr trotz erschrockenen Protestes nach der Polizeistube. Nun standen etwa fünfzehn zufällige Passanten vor dem Polizeioffizier und wurden verhört. Kleinbürger, Arbeiter, bessere Herren und Damen. Ihr Schreck und ihre Entrüstung verstummten vor Staunen.

‹... Was?! Wir sollen eine Theatergruppe sein? Die Ketzer? Sie wollen sich wohl lustig machen über uns. Wir haben uns einander überhaupt nie gesehen. Zufällig kamen wir da vorbei und sind einen Moment stehengeblieben. Was? Wir sind Mitglieder eines Arbeitertheaters? Wir wußten gar nicht, daß es so etwas gibt. Und wo der junge Mann hin ist, der vor dem Delikatessengeschäft zusammengebrochen ist? Woher soll ich das wissen? Ich kenne ihn nicht. Als ich hinzukam, ist da keiner mehr gelegen ... Wir konnten doch keine Ahnung haben, daß es Schauspieler gewesen sind. So was kommt doch, leider Gottes, auch in der Wirklichkeit alle Tage vor. Und was wir geredet haben, sollen wir einstudiert haben? Das ist wohl nicht notwendig. Das drängt sich einem von selbst auf die Lippen in solchen Zeiten ... Wir sollen nicht noch hier das Theaterstück fortsetzen? Wir sind doch keine Schauspieler! Was will man von uns? Wie? Eine Stunde vorher ist vor einem anderen Delikatessenladen auf dem Wittenbergplatz ein junger Arbeiter ebenso zusammengebrochen, und ein anderer hat sich ebenso um ihn bemüht und hat dasselbe Gespräch begonnen ... Was geht das uns an? Davon wissen wir nichts. Hier sind unsere Legitimationen ...›

Die ganze vorgeführte Gesellschaft mußte wieder entlassen werden. Sie waren alle unschuldige und ahnungslose Teilnehmer einer aufgeführten Szene. Die Hauptdarsteller waren rechtzeitig entkommen. Der junge Mann ist inzwischen weit weg in einer anderen Straße zusammengebrochen.»[77]

Eine reale «Straßenszene» als Theater und nicht nur ein Theatereinfall auf dem Theater. Béla Balázs interpretiert im Anschluß an diese Darstellung die Bedeutung des «Partisanen»-Spiels wie folgt:

«Der Arbeiter-Theater-Bund war von den Bühnen vertrieben. Also spielten wir Freilichttheater auf der Straße. Die Zuschauer wurden dabei unbewußt zu Akteuren. [...] Aus Urformen des Theaters entstanden die allerneuesten Formen. Statt unserer regulären Truppen traten unsere Partisanen in Aktion. Sie spielten aus dem Hinterhalt. Sie waren unsichtbare Schauspieler. [...] Aus Notwendigkeit der politischen Taktik erwuchsen ästhetische Wirkungen. [...] Auch früher war es unsere Methode gewesen, unser Publikum möglichst zum ‹Mittun› anzuregen. Jetzt gingen die Schauspieler vollends im Publikum auf. Die Protagonisten tauchten unter im Chor und bewegten die Massen von innen zur Aktion, die nicht immer Theaterspiel gewesen ist.»[78]

Allerdings wird hier mit jemandem gespielt, der die Bedingungen/Regeln des Spiels nicht kennt, ja überhaupt nicht weiß, daß es sich um ein *Spiel* handelt, dessen Akteur er plötzlich ist. Im Grunde ist es dadurch ein *unfaires* Spiel. Aber aus der Not geboren, ist allein die intendierte Erkenntnis und ihre Wirkung entscheidend – und diese Wirkung ist auf alle Fälle außer-theatralisch bedingt. Erkenntnis und Wirkung erfolgen hier nicht durch sinnliche Erfahrung mit dem *Spiel*, sondern mit der *Wirklichkeit*: der Verhaftung, dem Verhör usw.; was alles weit mehr über das System aussagt, das zu diesen Maßnahmen greift, als es jedes Spiel könnte.
Das soll in keiner Weise heißen, daß es nicht auch sinnliche Erfahrung *im* Spiel gibt – ganz im Gegenteil. Hier geht es aber zunächst nur darum, daß die sinnliche Erfahrung *durch die Aktion selbst* erfolgt – sei sie nun spielerisch oder wirklich – und nicht dadurch, daß diese passiv rezipiert wird. (Insofern wird die effektive Wirkung des Agitprop-Theaters bei seinen Produzenten zweifellos am intensivsten gewesen sein.)
Um diese Prozesse erklären und steuern zu können, reicht die herkömmliche Inhalt/Form-Dialektik nicht mehr aus; die Organisation von Erfahrung wird dabei immer bestimmter. Inhalt und Form sind nur noch ihr Material, und die Dialektik ist die von Material und Organisation.[79]
Dieser versuchte der Proletkult durch sein Programm der schöpferischen Produktivität schon gerecht zu werden, während die Agitprop-Bewegung dann wiederum eine Abkehr davon implizierte – hin zum abbildenden Theater, das – wie gezeigt – jeweils zu bürgerlichem Theater tendiert.

Boris Arvatov ist in den zwanziger Jahren der entscheidende Theoretiker einer proletarischen Produktionskunst, die eine völlige Absage an darstellendes Spiel, an die moralische Anstalt, an das Abbild-Theater impliziert. Theater ist für Arvatov nichts anderes als die «Organisation der Formen menschlichen Handelns auf ästhetischer Ebene»[80]. Seine Argumentation im Zusammenhang:

«In guter marxistischer Gesellschaft gilt es als Regel des guten Tones, Theater als Widerspiegelung des Lebens zu betrachten. Und weil proletarisches Theater das Theater einer marxistisch denkenden Klasse ist und der Marxismus den wirklichen Inhalt des Lebens aufdeckt, ist das proletarische Theater die wahrhaftige, richtige, genaue Widerspiegelung der Wirklichkeit, d. h., das proletarische Theater ist realistisches Theater. [...]
Also – Realismus. Realismus heißt auf dem Theater – alltägliches Leben.

Wozu das aber? Worin liegt seine soziale Bedeutung? Eben darin, belehren uns die Genossen Ideologen, das Proletariat die konkrete Wirklichkeit kennenlernen zu lassen, in der Erkenntnisfunktion der Kunst. In unserer Zeit aber hat jegliche organisierte Erkenntnis nur dann Sinn, wenn sie genau, objektiv und streng wissenschaftlich ist. Andernfalls ist die Berufung auf die Erkenntnisbedeutung des Theaters nicht nur hoffnungslos, sondern geradezu gefährlich und provozierend: man kann den Zuschauer nicht täuschen, indem man Künstliches für Wirkliches ausgibt. Denn das Theater ist schon allein durch die Natur seines auf Fiktion und Konventionalität beruhenden Schaffens organisch nicht fähig zu objektiver Abbildung. Und wenn der Arbeiter Lebensformen studieren will, dann schickt ihn ein wirklicher Marxist ins ethnographische Museum, verweist ihn auf die Memoiren-Archive, rät ihm zur Fotografie und zum Film, Erkenntniswerkzeuge von hochentwickelter Technik und unbedingter Genauigkeit. Da muß man schließlich erst mal einen Dummen finden, der ins Theater geht, um das Leben zu studieren; der wäre es wirklich wert, ins ethnographische Museum gebracht zu werden – als Studienobjekt.
[...]
Es muß endlich einmal offen und bestimmt gesagt werden: die Ausnutzung der Bühne zur Illustration proletarischer Ideen hat so viel mit dem Schaffen eines proletarischen Theaters zu tun wie eine Prostituierte mit der Geliebten. Die Revolution der Ideen ist noch keine Revolution des Theaters; nötig aber ist die letztere, damit aus der Arena des Arbeitertheaters die tatsächliche Arena des Proletariats wird. Es geht hier natürlich nicht um Form und Inhalt. Es geht hier darum, daß Theater eine besondere Art von schöpferischer Aktivität ist, die mit irgendwelchen ‹Ideen› nichts zu tun hat. Und wenn sich das Theater trotzdem mit ‹Ideen› beschäftigt, dann deshalb, weil diese als Material in es eingehen. Eben deshalb ist es sinnlos zu sagen, daß die Ideologie oder der Wille des Proletariats als solche die Tendenzen des neuen Theaters bestimmen.»[81]
«Man hat eine Zeitlang geglaubt, daß man das Theater durch die Übertragung der Handlung in den Zuschauerraum kollektivieren könne. Aber man hat vergessen, daß keine, wie auch immer geartete Übertragung ästhetischer Formen von der Bühne ins Publikum die Form rettet, sondern im Gegenteil das Publikum verdirbt. Das Bühnentheater ist ein Theater ästhetisierender Akteure; sie ins Leben hineinzustoßen bedeutet nicht Leben in das Theater bringen, sondern das Leben theatralisieren, das heißt ästhetisieren, es dekorieren, sich mit ‹angewandtem› Theater beschäftigen. Wo ist da der Ausweg? Nur in einer Umgestaltung des Theaters selbst.
[...]
Das Proletariat ist aufgerufen, die ästhetische Staffeleikunst zu vernichten, aufgerufen, eine neue Kunst zu schaffen, eine Kunst des realen Lebens, eine Kunst, die nicht in erster Linie widerspiegelt, sondern organisiert. [...]
Das kommende proletarische Theater wird zu einer Tribüne der schöpferischen Formen der realen Wirklichkeit werden; es wird Vorbilder der Lebensweise und Modelle von Menschen gestalten; es wird sich vollständig in ein Laboratorium des neuen gesellschaftlichen Lebens verwandeln.»[82]

Essentials dieser Theorie finden schon Eingang etwa in das «Programm eines proletarischen Kindertheaters», das Walter Benjamin 1924 in Anlehnung an Asja Lacis formuliert.

> «Die proletarische Erziehung muß vom Parteiprogramm, genauer: aus dem Klassenbewußtsein, aufgebaut sein. Aber das Parteiprogramm ist kein Instrument einer klassenbewußten Kindererziehung, weil die an sich höchst wichtige Ideologie das Kind nur als Phrase erreicht.
> [...]
> Die Erziehung des Kindes erfordert: *es muß sein ganzes Leben ergriffen werden.*
> Die proletarische Erziehung erfordert: *es muß in einem begrenzten Gebiet erzogen werden.*
> Das ist die positive Dialektik der Frage. Weil nun das ganze Leben in seiner unabsehbaren Fülle gerahmt und als Gebiet einzig und allein auf dem Theater erscheint, darum ist das proletarische Kindertheater für das proletarische Kind der dialektisch bestimmte Ort der Erziehung.
> [...]
> Nichts gilt der Bourgeoisie für Kinder so gefährlich wie Theater. Das ist nicht nur ein restlicher Effekt des alten Bürgerschrecks, der kinderraubenden fahrenden Komödianten. Hier sträubt vielmehr sich das verängstigte Bewußtsein, die stärkste Kraft der Zukunft in den Kindern durch das Theater aufgerufen zu sehen. Und dies Bewußtsein heißt die bürgerliche Pädagogik das Theater ächten. Wie würde sie erst reagieren, wo das Feuer, in welchem Wirklichkeit und Spiel für Kinder sich verschmelzen, so eins werden, daß gespielte Leiden in echte, gespielte Prügel in wirkliche übergehen können, aus der Nähe ihr spürbar wird.
> Jedoch: die Aufführungen dieses Theaters sind nicht wie die der großen Bourgeoisietheater das eigentliche Ziel der angespannten Kollektivität, die in den Kinderklubs geleistet wird. Hier kommen Aufführungen nebenbei, man könnte sagen: aus Versehen, zustande. [...]
> Kinder, die so Theater gespielt haben, sind in dergleichen Aufführungen frei geworden. Im Spielen hat sich ihre Kindheit erfüllt. Sie nehmen keine Restbestände mit, die später eine unsentimentale Aktivität durch larmoyante Kindheitserinnerungen hemmen. Dieses Theater ist zugleich für den kindlichen Zuschauer das einzig brauchbare. Wenn Erwachsene für Kinder spielen, kommt Lafferei heraus.
> In diesem Kindertheater liegt eine Kraft, welche das pseudorevolutionäre Gebaren des jüngsten Theaters der Bourgeoisie vernichten wird.»[83]

Es ist bezeichnend, daß die kulturrevolutionäre Bewegung des Proletariats sich gerade verstärkt um theatralische Kommunikationsformen der Kinder bemüht; es also um die Herstellung einer Kinderöffentlichkeit geht, ohne deren vollständige Integration die Utopie einer proletarischen Öffentlichkeit ohne reale Perspektive ist.[84]
In dieser Richtung zielt auch Bertolt Brechts «Lehrstücktheorie», die er seit Anfang der dreißiger Jahre entwickelt; wenngleich die Methode dieses Spiels nicht einzig für das Kindertheater gilt.

«Das Lehrstück lehrt dadurch, daß es gespielt, nicht dadurch, daß es gesehen wird. Prinzipiell ist für das Lehrstück kein Zuschauer nötig, jedoch kann er natürlich verwertet werden. Es liegt dem Lehrstück die Erwartung zugrunde, daß der Spieler durch die Durchführung bestimmter Handlungsweisen, Einnahme bestimmter Haltungen, Wiedergabe bestimmter Reden und so weiter gesellschaftlich beeinflußt werden kann.
Die Nachahmung hochqualifizierter Muster spielt dabei eine große Rolle, ebenso die Kritik, die an solchen Mustern durch ein überlegtes Andersspielen ausgeübt wird.
Es braucht sich keineswegs nur um die Wiedergabe gesellschaftlich positiv zu bewertender Handlungen und Haltungen zu handeln. [...]
Ästhetische Maßstäbe für die Gestaltung von Personen, die für die Schaustücke gelten, sind beim Lehrstück außer Funktion gesetzt.
[...]
Für die Spielweise gelten Anweisungen des *epischen Theaters.* Das Studium des V-Effekts ist unerläßlich.»[85]

Diese «Lehrstücktheorie» geht aber immer noch von *Spielmustern* aus, statt von allgemeinen *Spielregeln,* das heißt vom Stück als literarischer Vorlage; sie impliziert Spieler und Zuschauer, das heißt die Aufführung. Damit steht Brecht eindeutig noch in der Tradition der bürgerlichen Spieldidaktik des 16. Jahrhunderts, eines Konrad Celtis oder Martin Luther bzw. der Vorschläge, die im 18. Jahrhundert ein Jakob Michael Reinhold Lenz in seiner *Götz*-Rezension (1773) gemacht hat, als er die derzeitige bürgerliche Öffentlichkeit dazu aufrief, Dramen wie *Götz von Berlichingen* einmal aufzuführen, daß ein jeglicher über das Nachahmen, sprich Identifikation mit der jeweiligen Rolle, die Aussage des Stückes tiefer erfasse. Allerdings erweitert Brecht diese Methode dadurch entscheidend, daß er *Alternativen* in sie einbringt. Die Erfahrungen sollen nicht mehr durch Identifikation mit *einer* Figur gemacht werden, sondern durch Darstellung und Kritik *wechselnder* Rollen. In der Anmerkung zur Einübung seines Lehrstücks *Die Maßnahme* heißt es bei Brecht:

«Die Spieler müssen lediglich das jeweilige Verhalten der Vier zeigen, welches zum Verständnis und zur Beurteilung des Falles gekannt werden muß. [...] Jeder der vier Spieler soll die Gelegenheit haben, einmal das Verhalten des jungen Genossen zu zeigen, daher soll jeder Spieler eine der vier Hauptszenen des jungen Genossen spielen. Die Vorführenden [...] haben die Aufgabe, lernend zu lehren.»[86]

Die Konzeption der «lernenden Lehre» zielt deutlich noch auf die Aufführung, die – auch nach Brecht – im Grunde gegen das Lehrstück arbeitet. Sie hält damit weiter an der Vorstellung der moralischen Anstalt im Schillerschen Sinne fest, von der sich Brecht nie ganz gelöst hat. Das Postulat der moralischen Anstalt kann hier aber letztlich nicht eingelöst werden, da die Spielmuster und die Spieltechniken, von de-

nen ausgegangen wird, auf den lernenden *Spieler* und nicht lernenden *Zuschauer* ausgerichtet sind.
Vor allem ist dann aber die Aufführung, auf die wirkungsästhetisch hingearbeitet werden muß, soll sie überhaupt einen Sinn haben, wie auch immer dem verpflichtet, was Boris Arvatov als bürgerliche «Staffeleikunst» bezeichnet.

«Staffeleikunst ist immer ‹reine› Kunst und wäre sie noch so voll gesellschaftlich nützlicher Motive.»[87]

Brecht ist sich durchaus der Widersprüche seiner «Lehrstücktheorie» bewußt; auch daß sie noch dem «alten» Theater angehört; aber – wie er sagen würde – den Ast schon ansägt, auf dem sie sitzt. Für ihn ist diese sogenannte «Kleine Pädagogik» eine *praktikable* Methode auf dem Weg zu einer «Großen Pädagogik»; eine Methode im Bereich des darstellenden Spiels, gesellschaftliche Zusammenhänge erfahren und verwerten zu lernen. In einer «Großen Pädagogik» wären die genannten Widersprüche dann aufgehoben.

«Die Große Pädagogik verändert die rolle des spielens vollständig. sie hebt das system spieler und zuschauer auf. sie kennt nur mehr spieler, die zugleich studierende sind.»[88]

Bertolt Brecht mit seinen Überlegungen zu einer «Großen Pädagogik», oder Boris Arvatov mit seinen Arbeiten zu *Kunst und Produktion*, oder auch Sergej Tretjakow mit seinem Aufsatz über *Die Kunst in der Revolution und die Revolution in der Kunst* – jeweils implizieren die dort ausgesprochenen Vorstellungen eine Aufhebung des Theaters als Theater, der Kunst als Kunst.

«*In Zusammenhang mit der Revolution und der durch sie eröffneten Perspektiven muß auch die Frage der Kunst, als der ästhetischen Produktion und Konsumtion* und der Wechselbeziehung zwischen Kunst und Leben, aufgeworfen und geprüft werden. Dem praktischen Leben muß die Kunst in allen ihren Äußerungen in jedem Augenblick Farbe verleihen. Jeder muß zum Künstler und Erbauer dieses Lebens werden. Es mag sein, daß die Verse als Feuerwerke poetischer Erleuchtung und poetischer Gestaltungskraft bei uns untergehen, sie werden bestehen bleiben als Demonstration der Etappen der Rekonstruktion der Sprache. Der Schwerpunkt der Kunst aber wird im Leben selbst liegen – in den Linien und Formen seiner Dinge, in der Sprache, die täglich gesprochen wird, in den Geräuschen der Fabriken, Betriebe, Häfen, Straßen, der Traktoren und Arbeiterversammlungen. Alles für die Bedürfnisse des Menschen – das ist das Vermächtnis der Revolution. *Nicht vollendete Kunstwerke* sollen die Aufmerksamkeit der Erbauer des Lebens fesseln, *sondern der vollendete Mensch.*» [89]

Angesichts derartiger Programme und ihrer möglichen Produktion erhebt sich die Frage, ob sie noch als spezifisch *proletarisch* zu bezeichnen sind? Wohl kaum; wenngleich ihr Impuls und die Chancen ihrer Verwirklichung derzeit von der kulturrevolutionären Bewegung des Proletariats ausgehen.

Auch schon die bürgerliche Gesellschaft verfolgte zunächst – und mit gewissem Erfolg – eine derartige Methode; bis die Widersprüche dieser Gesellschaft ihre Ziele verkehrten; bis also die bürgerliche Gesellschaft ihren *Klassencharakter* zu erkennen gab.

Unter den Bedingungen der Klassengesellschaft muß auch jede proletarische Kunst antreten, denn die Diktatur des Proletariats ist, wie Leo Trotzki herausstellt, insofern nur eine Fortsetzung der Klassenherrschaft, die allerdings aber, wenn sie sich recht versteht, ihre eigene Aufhebung intendiert, mit dem Ziel einer klassenlosen Gesellschaft.

> «Auf dem wege dahin werden die klassenmerkmale der gesellschaft nicht verschärft, sondern im gegenteil – sie werden verschwommener, lösen sich – direkt proportional den erfolgen der revolution in nichts auf. Der befreiende sinn der diktatur des proletariats besteht ja gerade darin, dass diese nur eine vorübergehende, kurzfristige erscheinung ist – ein mittel, den weg freizumachen, den grundstein zu legen für eine klassenlose gesellschaft.»[90]

Auf Grund dieser Prämisse folgert Trotzki, daß es eine spezifisch proletarische Kultur nicht geben wird[91], denn ihre Kunst müßte nicht nur das «Proletarische», sondern auch das «Künstlerische» in ihr aufheben. «Proletarische Kunst» einer Übergangsperiode ist um so konsequenter, je weniger sie Kunst ist; und sie verfehlt ihre Intention, je mehr sie zur Kunst wird. Das heißt aber auch, daß es in der Übergangsperiode eben eine proletarische Kunst gibt, die außer von proletarischen Momenten ebenso noch von Strukturen der alten Kunst bestimmt wird. Also: Proletarische Kunst dieser Zeit kann nur eine reproduzierende Agitationskunst im Sinne des Proletariats sein.

Ob allerdings im Bereich der Ästhetik das Theater dann dasjenige Medium ist, das dieser Aufgabe am meisten gerecht wird, ist noch sehr die Frage. Um sie zu beantworten, muß das Problem *medial* diskutiert werden; denn es erscheint höchst zweifelhaft, ob derzeit das Theater die anstehende Abbild-Funktion adäquat wahrnehmen kann; denn es ist ebensowenig überprüft, ob die Kommunikationsstruktur des theatralischen Spiels überhaupt dem Klasseninteresse des Proletariats entspricht.

Im Kontext der ersten Frage sollte nicht übersehen werden, daß das Theater spätestens seit der Französischen Revolution offensichtliche Schwierigkeiten hat, selbst die bürgerliche Lebenstotalität abbildend auf die Bühne zu bringen. Um dieses Defizit wenigstens in einem Teilbereich ausgleichen zu können, war das Theater dann zunehmend darauf angewiesen, mit einer «epischen» Dramaturgie und vor allem mit maschineller Technik zu arbeiten; bis hin zum Einsatz anderer, technisch reproduzierbarer Medien: Projektion und Film.

Entsprechen diese theatralischen Darstellungsformen noch dem Medium «Theater», das im Grunde ein vortechnisches ist (wenn auch nicht unbedingt ein dramatisches), oder antizipieren sie bereits ein neues Medium – den Film?
Nun sind es gerade die proletarisch-revolutionären Theaterunternehmungen, die auf dieser nicht-dramatischen, technischen, multimedialen Basis arbeiten. Und wenn es stimmt, daß diese Versuche zum Medium Film eine Affinität besitzen, läßt sich auf Grund dessen ebenso eine Affinität vom Film zu der Klasse vermuten, deren Interesse diese Theaterversuche prägt – dem Proletariat. Auffällig ist zudem noch, daß gerade Vertreter des proletarisch-revolutionären Theaters mit Erfolg zum Film finden: Erwin Piscator und vor allem Sergej Eisenstein.

Leo Kreutzer

Stadt erzählen
Roman Film Hörspiel *Berlin Alexanderplatz*

Ausgerüstet mit Fruchtbonbons, begeistert
ziehen wir in manchen blutigen Film
Else Lasker-Schüler

1

Jedesmal, wenn Leute zu ihm kämen und ihm sagten, ich will beim Film arbeiten, ich habe da ein Drehbuch, sage er, Jean-Luc Godard, ihnen: «Nehmen Sie eine Polaroid-Kamera, machen Sie ein Foto und auf dieses Foto setzen Sie einen Text, wenn Sie Tonfilm machen wollen; wenn Sie Stummfilm machen wollen, lassen Sie es stumm – das ist alles. Und machen Sie noch ein anderes Foto, nehmen die beiden, setzen eines neben das andere, und Sie fangen an zu verstehen, was Montage ist, setzen noch ein drittes dazu und Sie sehen, was man machen kann.»[1]

An den Beginn seines Buches *Die Angestellten* setzt Siegfried Kracauer 1930 zwei Momentaufnahmen:

> I
> Eine entlassene Angestellte klagt vor dem Arbeitsgericht auf Weiterbeschäftigung oder Abfindung. Als Vertreter der beklagten Firma ist ein Abteilungsleiter erschienen, der frühere Vorgesetzte der Angestellten. Um die Entlassung zu rechtfertigen, erklärt er unter anderem: ‹Die Angestellte wollte nicht als Angestellte behandelt werden, sondern als Dame.› – Der Abteilungsleiter ist im Privatleben sechs Jahre jünger als die Angestellte.
>
> II
> Ein eleganter Herr, zweifellos ein höherer Konfektionär, betritt abends in Begleitung seiner Freundin den Vorraum eines weltstädtischen Vergnügungsetablissements. Der Freundin ist auf den ersten Blick anzusehen, daß sie im Nebenberuf acht Stunden hinter dem Ladentisch steht. Die Garderobenfrau wendet sich an die Freundin: ‹Wollen gnädige Frau nicht den Mantel ablegen?›[2]

Wenn ein Roman, schreibt 1917 Alfred Döblin,
WENN EIN ROMAN NICHT WIE EIN REGENWURM IN ZEHN STÜCKE GESCHNITTEN WERDEN KANN UND JEDER TEIL BEWEGT SICH SELBST, DANN TAUGT ER NICHTS.[3]

2

Die Montage, so Walter Benjamin, sei «Stilprinzip» des Romans *Berlin Alexanderplatz*; aber auch: die Geschichte vom Franz Biberkopf sei die «Education sentimentale des Ganoven. Die äußerste, schwindelnde, letzte, vorgeschobenste Stufe des alten bürgerlichen Bildungsromans.» [4]

Also welches von beiden: Montage oder «Education»? Denn über einen Bildungsroman wird man eine Menge unterschiedlicher Aussagen machen können, auf keinen Fall jedoch diese: er könne, wie ein Regenwurm, in viele Stücke geschnitten werden und jedes dieser Stücke – weil er aus denselben montiert wurde – bewege sich selbst. Jedes Stück von *Wilhelm Meisters Wanderjahre* bewegt sich selbst, aber genau aus diesem Grund handelt es sich hier auch nicht um eine Fortsetzung der *Lehrjahre* des betreffenden Herrn. Goethe hat da entschieden das Medium gewechselt.

Aber gerade wegen ihres nicht aufgelösten Widerspruchs treffen Benjamins Feststellungen den Punkt. Denn der Roman *Berlin Alexanderplatz* enthält diesen Widerspruch als nicht aufgelösten. Das macht: Döblin wechselt in diesem Roman permanent das Medium. Die zwei Titel des Romans verhalten sich zueinander nicht wie Titel und Untertitel, vielmehr signalisieren sie mit der Abgrenzung zweier inhaltlicher Ebenen – Aufriß einer Stadt bzw. eines Stadtteils und Geschichte eines Mannes – zugleich die Abgrenzung zweier Medien: bürgerlicher Bildungsroman, wenn auch auf sehr vorgeschobener Stufe, und das, was Döblin als «episches Werk» bezeichnet und beschrieben hat.

Es ist nun sehr merkwürdig zu beobachten, daß eine Reihe gerade gescheiter Interpretationsversuche, die an diesem Roman vorgenommen wurden, bemüht sind, die Widersprüchlichkeit ihres Gegenstands in dessen Deutung aufzuheben. Aufzuheben in der Weise, daß aus dem Biberkopf und seiner Geschichte die Notwendigkeit abgeleitet wird, die Stadt Berlin in dieser besonderen Weise, nämlich mit dem Verfahren der Montage, in den Roman hereinzuziehen. So wurde etwa das Urteil, bei Döblins Roman handle es sich um ein «Werk von bewundernswerter Geschlossenheit» [5], mit der These begründet: was Biberkopf erst am Ende seiner Geschichte «als bewußte und in ihrer Bewußtheit zugleich schon fragwürdige, zwiespältige Maxime eines ‹neuen Lebens›» erfasse, werde vom Erzähler, dem «unaufhörlich Zitierenden, im Bereich der sprachlichen Formung des Romans auf unreflektierte und gleichsam naturwüchsige Weise schon von Anfang an praktiziert» [6]; «in allen seinen Zügen» weise der Roman auf das «gleiche, das strukturbestimmende Prinzip», das «Prinzip der Ergebung, der Einfügung in ein umgebendes, kollektives Ganzes» [7]. Mit ähnlicher Intention leitete eine Analyse des Schlußkapitels von Döblins Roman dessen Montagetechnik, als das «unmittelbare Zu-Wort-Kommen der Welt», aus einer «erzähltechnischen» Notwendigkeit ab, der «Umwelt gleiches Gewicht im Erzählablauf wie der Hauptfigur selbst zukommen» zu lassen.[8]

Folgt man dieser Argumentation, so scheint in der Tat das Montageverfahren in *Berlin Alexanderplatz* mit dem alten Muster des Bildungsromans, der Geschichten vom Wilhelm Meister, vom Grünen Heinrich und von vielen anderen, bruchlos versöhnt; und *Berlin Alexanderplatz* läßt sich insgesamt unter die Grundformel dieses Romantyps subsumieren, unter die Formel von der schmerzhaft scheiternden oder noch schmerzhafter gelingenden Integration des einzelnen in die Gesellschaft. «In dem Maße, in dem (Biberkopf) aus der bestehenden Umwelt ausgegliedert wird und sich zu ihr in Distanz setzt, sieht der Leser die gesellschaftliche Integration als Problem vor sich.»[9]

Nur: die Art und Weise, wie Berlin in diesem Roman um den Biberkopf herum aufgebaut wird, insgesamt und in vielen Details, läßt sich mit der Formel vom Problem einer gesellschaftlichen Integration des einzelnen in seine Umwelt einfach nicht mehr zureichend erfassen; der Interpret setzt seinen Scharfsinn falsch ein, er mißversteht seine Aufgabe, wenn er die seinem Gegenstand immanenten Widersprüche einebnet, statt gerade sie herauszuarbeiten. Der Aufriß der Stadt Berlin ist nicht, jedenfalls nicht durchweg, Funktion der Geschichte vom Biberkopf, es gibt eine Menge Überschießendes, das durchaus quer steht zum Materialkomplex der erzählten «Geschichte»: wie und wozu kommt das herein? «Man sucht Berlin und hat den Biberkopf noch nicht richtig gefunden», mit dieser Beobachtung hat Hans Henny Jahnn seine Schwierigkeiten beim Lesen des eben erschienenen Romans festgehalten.[10] Der Leser Jahnn, ein Leser auch des *Ulysses,* hatte in Döblins Roman offenbar vor allem Berlin gesucht. Wer in ihm vor allem den Biberkopf sucht, mag seine Schwierigkeiten umgekehrt ausdrücken: man sucht den Biberkopf und hat Berlin noch nicht richtig gefunden. Zusammengenommen bedeutet das aber: das Buch ist so gebaut, daß es möglich ist, in ihm vorwiegend entweder Berlin oder den Biberkopf zu suchen. Gebildete Leser neigen offenbar eher zum letzteren.

Die Figur des Franz Biberkopf ist nicht Zurechnungspunkt für den gesamten Materialkomplex Umwelt, die Montagetechnik fungiert in diesem Roman nicht als technische Ermöglichung eines neuen, im Vergleich zum traditionellen Bildungsroman erweiterten Zurechnungsverfahrens. Wenn die Geschichte vom Biberkopf tatsächlich eine sehr vorgeschobene Stufe des Bildungsromans repräsentiert, dann nicht deshalb, weil dem überkommenen Medium mit dem Montageverfahren eine technische Erweiterung zugewachsen wäre; dann liegt das vielmehr daran, daß hier dem Ganoven die Würde des menschlich-exemplarischen Auftritts im prototypisch gutbürgerlichen Medium verliehen wird. Das

Montageverfahren steht auf einem ganz anderen Blatt. Die Montage erweitert in diesem Roman nicht die Grenzen des Bildungsromans, sie überschreitet sie. Dieses Verfahren handhabend, bewegt der Erzähler sich außerhalb der *Geschichte vom Franz Biberkopf*.

Döblin schreibt mit *Berlin Alexanderplatz* in der Tat seinen ersten Bildungsroman, er setzt sich damit scheinbar in Widerspruch zu allem, was er, theoretisierend und fabulierend, gegen dieses Medium vorgebracht hatte. Aber *Berlin Alexanderplatz* ist nicht *Die Geschichte vom Franz Biberkopf*, nicht nur. Wenn immer wieder versucht wird, den Materialkomplex Berlin der Biberkopf-Geschichte zuzuordnen und damit das Buch insgesamt der stolzen Tradition des Bildungsromans, so trifft eher das Umgekehrte zu: Döblin montiert in seinen Aufriß der Stadt Berlin auch diese «Geschichte». Sie gehört, freilich in herausragender Weise, zu den Materialien, aus denen das Bild dieser Stadt zusammengesetzt wird. Die Rezeption des Romans, die Tatsache, daß er Döblins einziger literarischer Erfolg war und ist, zeigt, daß seine Leser und Kritiker dem Autor honoriert haben, was sie als dessen Entgegenkommen auffassen mochten. Solange Döblin scharf avantgardistische Sachen, solange er «unverdauliche», weitläufig «epische Werke» vorlegte, wurde er nicht angenommen. *Berlin Alexanderplatz* scheint sich dagegen prinzipiell in die vertraute Tradition zu stellen, da kann auch das Neue und Ungewohnte, das, womit dieser Roman sich von der Tradition offenkundig absetzt, hingenommen werden: als eine Art willkommener Frischzellentherapie an einem ältlichen, gleichwohl unvermindert hochgeschätzten Medium.

3

Walter Benjamins Anregung, in seinem Pariser Vortrag *Der Autor als Produzent* von 1934, als taugliches Instrument einer politischen Literaturkritik, einer materialistischen Kritik die Frage anzusetzen, wie eine literarische Arbeit *in* den schriftstellerischen Produktionsverhältnissen der Zeit stehe – diese Anregung hat Alfred Döblin 1919 in Überlegungen zur «Reform des Romans» mit der Forderung und Feststellung vorweggenommen, die Bemühung um den Roman gehe «von den Epikern, nicht Ethikern aus»[11]. Von den Epikern: denjenigen also, die, in der Theoriebildung und «erzählend», ihr Medium an die ästhetischen Produktionsverhältnisse der Epoche heran- und über sie hinauszuführen suchen.

In einer Reihe von Aufsätzen zur Poetik des Romans, einsetzend 1913 mit einem *Berliner Programm* an *Romanautoren und ihre Kritiker*, kulminierend 1929 in der großen Studie über den *Bau des epischen Werks*, hat Döblin sich um den Nachweis bemüht, daß der aus dem 19. Jahrhundert überkommene bürgerliche Roman als Medium nicht

mehr geeignet sei, gegenwärtige Erfahrung zu organisieren. «Die Darstellung erfordert bei der ungeheuren Menge des Geformten einen Kinostil. In höchster Gedrängtheit und Präzision hat die ‹Fülle der Gesichte› vorbeizuziehen. Der Erzähler-Schlendrian hat im Roman keinen Platz; man erzählt nicht, sondern baut.»[12] Die wesentlichen Angriffspunkte für Döblin sind: Psychologie als «Leitfaden einer lebennachbildenden Handlung»[13], «Konfliktschürzung und -lösung»[14], überhaupt Spannung, «dieses rastlose Forttreiben, dieses pöbelhafte Verachten des Vorhandenen und Werfen an ein Ende»[15], die «Vereinfachung» des Romans auf «jene fortschreitende eine Handlung hin»[16]. Döblin argumentiert medien-, nicht kulturkritisch. «Fortgerissen vom psychologischen Wahn hat man in übertriebener Weise den einzelnen Menschen in die Mitte der Romane und Novellen gestellt.»[17]
Döblins Kritik zielt ins Zentrum des bürgerlichen Romans, sie meint sein Paradestück, zumindest was den Bereich der deutschen Literatur betrifft, den Bildungs- und Entwicklungsroman. «Mit ‹Entwicklung› wurde der Brei verdünnt und schmackhaft serviert. Bestialisch hat der Begriff Handlung, Entwicklung aufgefressen, was sich stolz, von Gnaden der Kunst, auf Bühne und im Roman blähte.»[18] Die Überlegungen halten nicht bei der Frage nach der Bedeutung des einzelnen für die zeitgenössische Realität, der Frage eines «Ethikers»: spezifisch interessiert den Epiker Döblin die Beobachtung, daß fingierte Geschicke einzelner Figuren die herkömmliche Struktur seines Mediums bestimmen. Dabei hätten Drama und Roman «weder mit den Menschen noch der Wichtigkeit eines einzelnen Helden oder seiner Probleme etwas zu tun. Das alles überlasse man dem Pädagogen, Pfarrer, Psychologen, Psychiater; gedichtete Psychologie ist ein Unfug.»[19] Was Döblin dem entgegenstellt: «Ja, wie die Maler entwickeln, so wollen die Autoren selbständig die ureigenen Potenzen und Latenzen ihres Materials entwickeln. Das eigentlich ‹Dichterische›, das Phantastische, Epische, Gesteigerte, Märchenhafte, Burleske tritt wieder hervor – endlich, endlich – ja auch das locker Spielende. Das Material ist es, das sie erleben, das sie treibt.»[20]
Es geht um den Roman als das Paradestück bürgerlicher Literatur, literarisches Medium eines «Laisser-faire» par excellence, liberal, ungeregelt wie kein anderes, rundum Apotheose des Individualismus in Permanenz, auch und gerade dann, wenn es dem vorgeführten Individuum dreckig geht. Darin ist er Döblin zuwider. «Erzähler-Schlendrian», bürgerlich etabliert, die Domestizierung einer großen Tradition. An sie sucht Döblin positiv anzuknüpfen: im Rückgriff auf vorbürgerliche Epik. «Vorbilder sind vielmehr Homer und Cervantes, ferner Dante. Dostojewski darf nicht ungenannt bleiben. Sie zeigen, daß Moment um Moment sich aus sich rechtfertigt, wie jeder Augenblick unseres Lebens eine vollkommene Realität ist, rund, erfüllt. ‹Hier

stehe ich, hier sterbe ich›, spricht jede Seite.»[21] Dann: «Wenn ein Roman nicht wie ein Regenwurm in zehn Stücke geschnitten werden kann und jeder Teil bewegt sich selbst, dann taugt er nichts.»

Wie stehen diese Überlegungen im Zusammenhang der schriftstellerischen Produktionsverhältnisse der Zeit? Döblins Polemik gegen ein Erzählen, das ausgesteuert ist über Psychologie, Entwicklung, Herstellung eines Handlungszusammenhangs, einer aufs Ende gerichteten Spannung, eines Dienstes aller Einzelmomente am Werkganzen einerseits, auf der anderen Seite sein Hinweis auf den «Kinostil», darauf, daß man nicht zu erzählen, vielmehr zu «bauen» habe, ganz deutlich schließlich die Regenwurm-Metapher verraten, wovon hier die Rede ist, nämlich vom Verfahren der Montage als Prinzip der Werkkonstitution, als über den bürgerlichen Roman hinausführende Möglichkeit, die Welt «mittels neuer, strenger, kaltblütiger Methoden» zu erschließen.

«Ich gebe zu», schreibt Döblin in seinem Aufsatz *Der Bau des epischen Werks*, «daß mich noch heute Mitteilungen von Fakta, Dokumente beglücken, aber Dokumente, Fakta, wissen Sie, warum? Da spricht der große Epiker, die Natur, zu mir, und ich, der kleine, stehe davor und freue mich, wie mein großer Bruder das kann. Und es ist mir so gegangen, als ich dies oder jenes historische Buch schrieb, daß ich mich kaum enthalten konnte, ganze Aktenstücke glatt abzuschreiben, ja ich sank manchmal zwischen den Akten bewundernd zusammen und sagte mir: besser kann ich es ja doch nicht machen. Und als ich ein Werk schrieb, das den Kampf von Riesenmenschen gegen die große Natur schildert, da konnte ich mich kaum zurückhalten, ganze Geographieartikel abzuschreiben; der Lauf der Rhone, wie sie aus dem Gebirge bricht, wie die einzelnen Täler heißen, welche Städte daran liegen, das ist alles so herrlich und seine Mitteilung so episch, daß ich gänzlich überflüssig dabei bin.»[22]

Döblin spricht hier von seinen Erfahrungen beim Schreiben des *Wanglun*-Romans, des *Wallenstein*, von *Berge, Meere und Giganten*, seiner riesigen frühen Regenwurm-Epen. Aber das Verfahren zu bauen, zu montieren, sich von den Materialien – «Aktenstücken», «Geographieartikeln» usw. – «treiben» zu lassen, ist in diesen Büchern noch verdeckt: die Quellen sind angeglichen, die Schnittstellen verwischt.

Offen montiert Döblin in *Berlin Alexanderplatz*, seiner ästhetisch aufschlußreichsten Arbeit.

4

Berlin Alexanderplatz, eine Arbeit des Regisseurs Piel Jutzi (*Mutter Krausens Fahrt ins Glück*), mit Heinrich George als Darsteller des Franz Biberkopf, im Oktober 1931 in Berlin uraufgeführt, gilt als Verfil-

mung von Döblins Roman.
Es ist die Verfilmung einzelner Episoden der Geschichte vom Biberkopf. In den ästhetischen Produktionsverhältnissen der Zeit steht dieser Film folgendermaßen: Mit Hilfe des allerneuesten Produktions- und Reproduktionsmittels, des Tonfilms, wird aus der Romanvorlage sauber herauspräpariert, was diese an die Ästhetik des 19. Jahrhunderts bindet; handelte es sich bei dem Buch um eine Arbeit, die den Roman an die ästhetischen Produktionsverhältnisse der Zeit heranführte, so verkuppelt umgekehrt seine Verfilmung das neue technische Mittel mit einer Ästhetik von gestern, indem sie Döblins «Wortfilm»[23] zu einem Bildungsroman in bewegten Bildern zurückverwandelt. Technisch wandert der Stoff ins Medium Film, ästhetisch entfernt er sich davon, wird er literarisiert.
Das ist natürlich nicht schieres Unvermögen. «Als sicherster Erfolgsgarant der Produktion hat sich der Filmstar erwiesen. Die Konzentration des Konsumenteninteresses auf eine Reihe bevorzugter Darsteller bietet eine weitgehende Sicherheit, daß die Filme, in denen Stars mitwirken, erhöhte Absatzeignung aufweisen.»[24] Der wahre Titel dieses Films sei *Heinrich George als Franz Biberkopf*, spottete Herbert Ihering in seiner Premieren-Kritik: «In Döblins Roman ist die Filmform vorgezeichnet. Er war, übertrieben gesagt, ein geschriebener Film. Diese vorgezeichnete Form hatte ein junger Filmautor, Heinrich Oberländer, benutzt, um ein Manuskript zu bauen, daß die Elemente Döblins selbständig konzentrierte und durchkomponierte. Unbegreiflicherweise wurde dies ausgezeichnete und durchaus filmische Manuskript nicht genommen.»[25]

5
montage

dienstage mittwoche donnerstage etc. eignen sich alle sieben tage zur montage, der moderne dichter neigt zur montage, er eignet sich die montage an, die modernen maler haben etwas, der moderne dichter macht es sich zu nutzen, max ernst wurde 1891 in brühl bei köln geboren, der moderne dichter überklebt die modernen maler.

«ein gedicht, dessen einheit nur die persönlichkeit des schaffenden und schauenden dichters herstellt, dieses im grunde lyrische ich des bekennerisch und seherisch gestimmten dichters, dieses ich, das zeitlos und ewig ist, das es darum wagen kann, über jahrtausende verstreutes geschehen als selbsterlebtes darzustellen» (soergel)

bsp 1: über allen gipfeln ist ich

(goethe montiert)

bsp 2: da schneeheuschrecken aus der luft ich hoff

(nedschati montiert)

bsp 3: ich eros

(vergil montiert)

bsp 4: und stärker bebt ich ich, so ich ich denke

(dante montiert)

bsp 5: ich heu wölbt sich zum schaube

(lehmann montiert)

an den angeführten beispielen erweist sich die eminente brauchbarkeit solcher altertümer in der hand des modernen dichters. «seine spielkunst ist die überlieferte österreichische» (nadler)

vgl. dazu «menschen selbst können auch verwendet werden» und «menschen selbst können auf kulissen gebunden werden» (beides schwitters)

vgl. dazu «schicksal heißt hier endlich nur die große probe auf den freien willen, zu wählen oder zu verwerfen» (nadler), die klassische definition der montage.

Ernst Jandl. 1957

6

In einem Aufsatz mit dem Titel *Der Film sucht seinen Stoff* faßte der Filmtheoretiker Béla Balázs 1926 die Überlegungen zusammen, die ihn beim Schreiben des Drehbuchs für den Film *Die Abenteuer eines Zehnmarkscheins* geleitet hätten, für einen Film, mit dem er den Versuch habe machen wollen, «einmal einen Querschnitt, eine breitere Front des Lebens zu zeigen». Als man erkannte, schreibt Balázs, daß der Film «eine herrliche Technik optisch-epischer Gestaltung ist, da borgte man sich in der Schnelligkeit den Stoff aus der Nachbarschaft aus. Drama und Roman waren zu naheliegend. Und dem Objektiv, das den weitesten Horizont in ein Bild fassen, das in Momentaufnahmen tausende Bilder aus dem großen Gewühl des Lebens aufgreifen kann, dem Objektiv legte man gleichsam Scheuklappen an, um in langgesponnenen Fabeln die schmalen Wege abgesonderter Einzelschicksale darzustellen – wie in der Literatur. Man ließ die große Orgel einstimmige Melodien spielen. Denn es war die Tradition der literarischen Epik, das Leben in der Richtung eines Lebenslaufes, also im Längsschnitt darzustellen.»[26]

Es fällt auf, daß hier ein Theoretiker des Films, der auch als Drehbuchverfasser am Fortkommen des Mediums arbeitet, ähnliche Überlegungen anstellt wie der Epiker und Epiktheoretiker Döblin. Der auf die Entwicklung eines Helden sich konzentrierende Roman als «einstimmige Melodie» auf der «großen Orgel» Epik: so hätte auch Döblin seine Kritik an der «Tradition der literarischen Epik» formulieren können. Auf der Suche nach dem für den Film adäquaten Stoff gerät der Filmautor und -theoretiker in die Nähe des Romanautors und -theoretikers, der die Notwendigkeit sieht, mit der Romantradition zu brechen.

Döblin verschreibt der ihm vorschwebenden Epik einen «Kinostil». Dies bedeutet doch, daß auch umgekehrt seine theoretische Bemühung um das «epische Werk» der Suche des Films nach seinem Stoff und Stil Impulse zu geben vermöchte. Das trifft in der Tat zu, vor allem für seinen Essay *Der Bau des epischen Werks,* und dort wiederum vor allem für die Ausführungen über *Dynamik und Proportion als Formgesetze und Mitschöpfer des Inhalts* im Kapitel *Details vom Produktionsprozeß.* Hier geht Döblin der Frage nach, wie denn das «von Konstitution unbegrenzte» epische Werk zu seiner Form komme. «Epik ist zwar unbegrenzt, formlos; das einzelne Werk aber macht der unbegrenzten Epik ein Ende und schafft sich für diesen konkreten Einzelfall besondere Formungsregeln und Prinzipien.»[27]

Döblin wirft damit exakt die Frage auf, die sich dem Roman-, aber auch dem Filmautor in dem Moment stellt, da er darauf verzichten will, seinen Roman oder Film durch eine Handlung, durch einen im Rahmen eines «Einzelschicksals» vor sich gehenden Entwicklungsprozeß strukturieren zu lassen, um statt dessen «einen Querschnitt, eine breitere Front des Lebens zu zeigen». Döblin fragt nach der Möglichkeit einer ästhetischen Strukturierung des Materials an Stelle einer vom Material bereits vorgegebenen und insofern lediglich abzubildenden oder – «widerzuspiegelnden».

Die Möglichkeit einer autonom ästhetischen Struktur erläutert Döblin an einem Beispiel eigener Schreiberfahrung, am Beispiel des ursprünglichen, in der Druckfassung fehlenden Eingangskapitels seines Romans *Die drei Sprünge des Wang-lun.*[28] Er habe diesen Roman begonnen «aus rein formalen, ich möchte sagen musikalischen Gründen mit dem Bericht von einem einzelnen Mann, welchen Bericht ich dann weit ausspinne, und dieser Mann muß der rote Faden werden, an den sich andere Fäden anlagern, und so gruppiere ich um ihn Menschen nach Menschen, dränge ihn zu Handlungen, damit sich mehr und mehr Menschen um ihn sammeln, und so mache ich ihn zum Helden, zum Beweger dieser Bewegung, füge zur Verbreiterung noch einige Episoden hinzu und habe nunmehr rein artistisch den Beginn meines Buches hingesetzt. Nein, so hinsetzen müssen. Dieser bestimmte Wille zur Dynamik und Proportion, eine musikalische Tendenz, Tendenz einer architektonischen Musik, hat jene Figuren, ihre Ansammlung und ihre charakteristische Fortbewegung erfordert und mithervorgebracht.» Döblin schließt aus dieser Erfahrung: «Das Formgesetz, muß ich sagen, hat eigentlich den Inhalt, wie er konkret dasteht, erzeugt. Episches Thema aber war: einer kämpft vergeblich gegen die Gewalt, ein schwacher Held, der wahrhaft Schwache.»[29]

Wie entsteht ein «episches Werk»? Ausgangspunkt ist und hat zu sein ein «episches Thema», das, je nach seiner Qualität mehr oder weniger deutlich, das entstehende Produkt mit der Realität vermittelt. Zwischen dieses Thema aber und den «Inhalt, wie er konkret dasteht», tritt vermittelnd ein «bestimmter Wille zur Dynamik und Proportion», er disponiert die Materialien, bis in die einzelnen Abschnitte hinein. «Vor allen Details» stehe fest die «Struktur des Abschnitts. Es ist sein Bodenplan. Innerhalb dieses Abschnitts selbst, im einzelnen, in den Details ist noch das gleiche Formschema wirksam. Es werden da ganze Strecken von bestimmten Punkten aus vorweg empfunden, aber inhaltsleer, nur in ihrer Dynamik und ungefähr in ihrer Länge. Da hinein, in diesen Schlauch strömt die Phantasie und füllt ihn aus. Ich möchte von einem Spannungsnetz, von einem dynamischen Netz sprechen, das sich allmählich über das ganze Werk ausdehnt, an bestimmten Konzeptionen befestigt wird, und in dieses Netz werden Handlungen und Personen eingebettet. Sie erkennen hier, daß epische Werke dieser Art weder gleichen dem grenzenlosen alten epischen Typ noch dem schlechten modernen dramatischen Romantyp. Ich spreche hier von einem sich entwickelnden Typ moderner epischer Kunstwerke ...»[30]

Wovon Döblin hier auch spricht: von einer möglichen Filmdramaturgie, aber eben nicht von derjenigen, die sich an den «schlechten modernen dramatischen Romantyp» anlehnt. Döblin zieht den Film hier nicht vergleichend heran, statt dessen eine andere Disziplin: «Fragt man, wem denn diese Werke, Werke mit diesen Formgesetzen ähneln, so hat die bisherige Zergliederung es schon gezeigt: symphonischen Werken. Es ist ja auch begreiflich, daß die beiden Zeitkünste, Musik und Dichtung, wenn sie sich auf ihren Kunstcharakter besinnen, eine Anzahl gemeinsamer Punkte haben werden.»[31]

7

Einen Film muß man gesehen haben, ein Buch gelesen, Musik gehört.

Federico Fellini

Der Film zum Buch *Berlin Alexanderplatz,* wenn es ihn gibt, ist Walter Ruttmanns *Berlin, die Sinfonie der Großstadt.* Er wurde zwei Jahre vor Erscheinen von Döblins Roman, im September 1927, in Berlin uraufgeführt.

Dieser Film, von der Dauer einer knappen Stunde, hat keine «Handlung», er verfolgt nicht die «schmalen Wege abgesonderter Einzelschicksale». Ein synthetisch-authentischer Tagesablauf in Berlin, leere Straßen im Morgengrauen, sehr früh die Arbeiter, später die Angestellten, Maschinen und Schreibtische, Autos, Straßenbahnen, Häuser, Menschen, Gesichter zu Hunderten, Mittagspause, weiter, der Nachmittag in Fabriken, Büros, Cafés, Feierabend, Sporthalle, Ballhaus, Bars – man hat den Film gelegentlich in einem der Dritten Fernsehprogramme sehen können. Ruttmann: «Mit manchem mußte gebrochen werden. Vor allem hieß es, die Abhängigkeit vom Theater, von der sich ja ohnehin jeder gute Film zu emanzipieren strebt, konsequent bis ins letzte zu zerbrechen. [. . .] Zweite Forderung war: Straffste Organisation des Zeitlichen nach streng musikalischen Prinzipien. Vom zartesten Pianissimo mußte konsequent bis zum Fortissimo gesteigert werden. Moll und Dur mußte logisch ineinander übergeführt oder schroff gegeneinander gestellt werden. Ein Kontrapunkt mußte entstehen aus dem Rhythmus von Maschine und Mensch.»[32]

Wie entsteht ein «episches Werk», wie entsteht ein Film, der sich nicht an den «schlechten modernen dramatischen Romantyp» anlehnt? Von einer «musikalischen Tendenz», der «Tendenz einer architektonischen Musik», von den Formgesetzen «symphonischer Werke» spricht der Epiker und Epiktheoretiker Alfred Döblin; «die Sinfonie der Großstadt» nennt Walter Ruttmann seinen Berlin-Film, und dessen «Formgesetz» erläuternd, spricht er von «streng musikalischen Prinzipien».

Mit den «musikalischen Prinzipien», der «symphonischen» Anlage von Ruttmanns Film ist Klaus Wildenhahn in seiner vom Kommunalen Kino Frankfurt herausgegebenen Untersuchung *Über synthetischen und dokumentarischen Film* hart ins Gericht gegangen. Wildenhahn, seit 1959 Mitarbeiter beim NDR-Fernsehen, bezeichnet im Vorwort seines in zwölf «Lesestunden» gegliederten Buchs als eine seiner «Voraussetzungen» die Tatsache, daß er seine «Produktionserfahrungen» «einseitig unter den Bedingungen einer Anstalt des öffentlichen Rechts»[33] gemacht habe; seine Programmbeiträge, im wesentlichen Dokumentarfilme, wie auch diese Untersuchung sprechen jedoch dafür, daß er zu den nicht eben zahlreichen Autoren gehört, die den Apparat nicht nur beliefern, vielmehr ihn zu verändern trachten.

Wildenhahn setzt sich mit Ruttmann, dessen Berlin-Film er den «ureigentlichen» deutschen Semidokumentarfilm nennt, in seiner fünften Lesestunde auseinander, in der er «Grenzüberschreitungen des Dokumentarfilms» behandelt: «Das Laienspiel und die Symphonie – Ivens und Ruttmann und Aktuelles». Mit dem «Aktuellen» ist exemplarisch Georg Stefan Trollers Wirken gegen den deutschen Fernsehzuschauer gemeint, sein weiland *Pariser Journal*, neuerdings seine *Personenbeschreibungen*. «Das *Pariser Journal* war bestechend glatt gemacht, *Die Symphonie einer Großstadt* als Fernsehserie.»[34] Durch Ruttmanns Film sieht Wildenhahn eine Tradition begründet, an die das Fernsehen habe anknüpfen können mit seiner Tendenz, dem Zuschauer Wirklichkeit nicht zu zeigen, erst recht als diese Tendenz zunehmend unter die Diktatur des Parteienproporzes geriet. Wenn man, schreibt Wildenhahn, an die geforderte «Ausgewogenheit» von Programmen und Programmteilen denke, dann falle einem «der Begriff Symphonie» wieder zu.[35]

«Es gibt leider eine reaktionäre deutsche Tradition im ‹Semidoku›, die geradlinig auf die Resignation des Empfängers zielt. Und zwar durch einen übermäßigen Hang zur formal artistischen Bewältigung von Stoff. Dadurch wird schlichtes dokumentarisches Material in Muster und Bewegungsabläufe gebracht, die als wirklich vortäuschen, was unwirklich ist, die Zusammenhänge herstellen, wo keine sind, und die Unterschiede verschleiern, die ins Auge springen müßten. Großartigstes Beispiel für diese Methode ist der ureigentliche deutsche Semidoku *Berlin, die Sinfonie der Großstadt* von Ruttmann. Man wird diesem Film alle Anlagen zur Entmenschlichung nachsagen müssen, die knapp zehn Jahre später bei Leni Riefenstahl ihren formalistischen Höhepunkt fanden.»[36]

Wildenhahn kann sich mit dieser Einschätzung des Ruttmann-Films auf den englischen Dokumentarfilmer John Grierson berufen, der, in den dreißiger Jahren bereits eine «Symphonietradition des Films» feststellend, diese Tradition für eine «Gefahr» hielt und Ruttmanns Film für «das gefährlichste aller Vorbilder»[37]. Daran anknüpfend kommt auch Wildenhahn zu dem Schluß: «Ich denke, wir müssen gerade im Dokumentarfilm die Tradition der ‹Symphonien› ganz entschieden ablehnen.»[38] Ruttmanns Film habe sich zwar als Dokumentarfilm gegeben, sei aber «ein total künstlicher Film, wie der Titel Symphonie besagt»[39]. An dieser Argumentation fällt auf, daß sie, jedenfalls was die Kritik an Ruttmann betrifft, diesem Formalismus, einen «übermäßigen Hang zur formal artistischen Bewältigung von Stoff» vorwirft, dabei aber selbst entschieden formalistisch vorgeht, indem sie nämlich für die Defizite von Ruttmanns Film dessen «Formgesetz» verantwortlich macht, seine «musikalischen Prinzipien», seine «symphonische» Anlage. Daß dieser Film «total künstlich» sei, besagt für Wildenhahn schon «der Titel Symphonie».

In seinem Aufsatz über die Montage, in dem er diese «im allgemeinsten Aspekt als Aufdeckung innerer Zusammenhänge» definiert, die «in der realen Wirklichkeit existieren», in dem er mithin ein «Gleichheitszeichen zwischen sie und jeden Denkprozeß in einem beliebigen Gebiet» setzt[40] – in diesem Aufsatz hat Wsewolod Pudowkin das Prinzip Montage über den Film, in dem die «Methode der Trennung, des Schnitts ihre vollkommensten Formen» erreiche, hinaus durch eine Reihe anderer Künste verfolgt und geschlossen: «Die Offenlegung und Klärung der gesetzmäßigen Zusammenhänge, die in der lebendigen Wirklichkeit existieren, ist allen Künsten eigen, aber wenn man die ganze von mir erwähnte Reihe von Künsten, von der Malerei bis zum Film verfolgt, kann man sehen, wie die Methode der Darstellung dieser Zusammenhänge sich in der Entwicklung verändert. In der Malerei und Bildhauerei bleiben sie in ein kontinuierliches Ganzes verschmolzen, wobei diese Kontinuität eine sichtbare, also eine unmittelbar fühlbare Kontinuität bleibt. In der Musik wird diese unmittelbar fühlbare Kontinuität schon verletzt. In den schwierigen Formen der Musik, zum Beispiel der Symphonie, treten Trennungen, Schnitte auf. Die Symphonie besteht aus Teilen. An den Schnittstellen wird die sozusagen physische Empfindung der Kontinuität durch eine Kontinuität ersetzt, die intellektuell erfaßt wird. Der äußerliche, oberflächliche Zusammenhang vertieft sich gewissermaßen. An der Trennstelle wird der gedachte innere Zusammenhang gewissermaßen entblößt. In der Literatur geht diese Methode des Schnitts, der Trennung zur Äußerung der gefundenen Zusammenhänge, noch weiter. Der Roman teilt bei der Darstellung der Wirklichkeit diese sowohl in der Zeit als auch im Raum. An den Schnittstellen strebt er danach, zahlreiche Zusammenhänge besonderer Erscheinungen untereinander und ihren Zusammenhang mit größeren allgemeinen Gesetzen des sich bewegenden Lebens bloßzustellen.»[41]

Sehen wir einmal davon ab, daß auch die moderne Malerei und Bildhauerei mit Trennungen, Schnitten arbeitet, um eine «unmittelbar fühlbare Kontinuität», zumindest eine im Raum, zu «verletzen» – Pudowkin scheint es hier vor allem auf den Unterschied zu den «Zeitkünsten» anzukommen, auf die Organisation zeitlicher Abläufe durch die Musik, den Roman, den Film mit Hilfe der Montage. Von den «Zeitkünsten» hatte aber auch Alfred Döblin in seinem Aufsatz *Der Bau des epischen Werks* gesprochen und gemeint, es sei «begreiflich», daß die beiden Zeitkünste Musik und Dichtung, «wenn sie sich auf ihren Kunstcharakter besinnen», eine «Anzahl gemeinsamer Punkte» haben. Pudowkin macht als einen dieser Punkte das Prinzip Montage aus und rückt damit auch den Film in eine Reihe mit «Musik und Dichtung». Auch er spricht dabei, wie Döblin, explizit von der Symphonie, als von einem Medium, das mit Hilfe der Montage, mit Hilfe von Trennung, Schnitt «gedachte innere Zusammenhänge gewissermaßen entblößt».

Wenn nun Döblin darauf aufmerksam macht, daß die «Zeitkünste» eine Anzahl gemeinsamer Punkte hätten, sobald sie sich «auf ihren Kunstcharakter besinnen», dann ist mit «Kunstcharakter» nicht «Künstlichkeit» gemeint. Gemeint ist damit vielmehr die Möglichkeit eines autonom ästhetischen, nicht «lebennachbildenden» Formgesetzes. Und damit wiederum ist nicht Autonomie der Kunst schlechthin gemeint. Vom epischen Produktionsprozeß handelnd, hatte Döblin als das Moment, welches das «epische Werk» mit der Realität vermittle, das «epische Thema» bezeichnet, das «Formgesetz» aber beschrieben als ästhetische Vermittlung zwischen diesem Thema und dem «Inhalt, wie er konkret dasteht».

Und hier genau liegt das wirkliche Defizit von Ruttmanns Film. Nicht daß sein «Formgesetz» symphonisch ist, hat zu seiner «Künstlichkeit» geführt, vielmehr: daß er kein Thema hat.

Das wurde vereinzelt schon von der zeitgenössischen Kritik erkannt. So schrieb Bernard von Brentano nach der Uraufführung in der *Frankfurter Zeitung*, Ruttmann habe «den ausgezeichneten Einfall gehabt, die moderne Großstadt als eigenes Lebewesen, als Person des Schauspiels einzuführen. Das hat ihn aber dazu verleitet, sich zu sehr auf seinen Stoff zu verlassen. Er überschätzte seine Entdeckung. Er vergaß, daß seine Straßenbahnen und Autos nicht von alleine fahren. Jeden Augenblick ihres Daseins überwacht der Mensch, und sie bewegen sich nur, wenn er will. Ruttmanns Berlin ist ein Metropolis geworden, das von einem elektrischen Knopf aus in Bewegung gesetzt wird.»[42] In der gleichen Zeitung schrieb Siegfried Kracauer in einer Bilanz *Film 1928*: «Allenfalls liegt dem Film die Idee zugrunde, daß Berlin die Stadt des Tempos und der Arbeit sei – eine formale Idee, die erst recht zu keinem Inhalt führt und vielleicht darum die deutschen Kleinbürger in Gesellschaft und Literatur berauscht. Nichts ist gesehen in dieser Symphonie, weil nicht ein einziger sinnvoller Zusammenhang von ihr aufgedeckt worden ist.»[43]

Aber nicht die «Symphonie» hindert, wie Wildenhahn meint, am Sehen, daran, «sinnvolle Zusammenhänge» aufzudecken. Was Ruttmann fehlte, war ein «episches Thema», das er über sein Formgesetz Symphonie hätte mit den konkreten Bildern vermitteln können. *Berlin, die Sinfonie der Großstadt* ist der Film zum Buch *Berlin Alexanderplatz*, insofern er, wie Döblins Roman, sein Berlin-Material nach einer nicht «lebennachbildenden», einer autonom ästhetischen Struktur organisiert. Diese Struktur, progressiv in den ästhetischen Produktionsverhältnissen der Zeit stehend, bleibt, wie Döblins Roman, auch heute

relevant. Wildenhahns Einwände gegen sie sind ästhetisch borniert, damit ohne weiteres auch politisch falsch.
Zu kritisieren ist an Ruttmanns Film das Fehlen des Themas. Der Alexanderplatz, wie Döblin ihn sah, war ein «episches Thema», Berlin, wie Ruttmann es sah oder vielmehr nicht sah, war keines. Dadurch wird das Formgesetz Symphonie funktionslos und kann so als der eigentliche Inhalt des Films erscheinen. Insofern ist Ruttmanns Film nicht der Film zu Döblins Buch.
Man kann das auch so sagen: in Ruttmanns Bildern fehlt derjenige, der sie sieht, Ruttmanns Einstellungen verraten nichts über denjenigen, der sie hat, sein Film ist ein Film ohne den «Mann mit der Kamera». Dsiga Wertow nannte 1929 seinen Großstadt-Film ebenfalls eine visuelle *Symphonie*. Aber das war kein «künstlicher Film», es war eben der Film *Der Mann mit der Kamera*.

8

«Der Rundfunk hat sein Hörspiel, das bisher mit Ausnahmen fast ganz in den Händen von Dramaturgen liegt, durchaus mit Hilfe der wirklichen Literatur zu entwickeln, denn es ist Sprache und dichterische Phantasie dazu nötig. Er bemüht sich schon, er möge aber, und mit ihm der Produzent solcher Werke, mehr als bisher bedenken, daß im Rundfunk jener alte Unterschied zwischen Epik und Dramatik aufhört. Das sind Trennungen der Literatur, welche das Buch und das Theater kennen. Es ist mir sicher, daß nur auf ganz freie Weise, unter Benutzung lyrischer und epischer Elemente, auch essayistischer, in Zukunft wirkliche Hörspiele möglich werden, die sich zugleich die anderen Möglichkeiten des Rundfunks, Musik und Geräusche, für ihre Zwecke nutzbar machen.»
Mit diesen Sätzen schloß Döblin sein Grundsatzreferat zum Problem *Literatur und Rundfunk* auf einer Arbeitstagung Dichtung und Rundfunk – *Dichter sprechen mit Rundfunkleitern* – im September 1929 in Kassel.[44] Genau ein Jahr später, am 30. September 1930, wurde in der Berliner Funkstunde sein Hörspiel *Die Geschichte vom Franz Biberkopf* gesendet.
Die schriftliche Sendevorlage des Hörspiels ist kürzlich erstmals veröffentlicht worden. Der Herausgeber, Heinz Schwitzke, teilt in seinem Nachwort mit, gegenüber diesem Text, der mit dem nicht erhaltenen Döblinschen Manuskript «inhaltlich identisch ist oder ihm auf jeden Fall sehr nahestehen muß», sei die Sendefassung «um rund ein Sechstel kürzer», die Kürzung mache «insgesamt 14 von 76 Typoskriptseiten» aus. «Das könnte als zwar umfangreiche, aber vielleicht eben doch noch ‹normale› Regiebearbeitung angesehen werden – wenn nicht bei genauem Hinschauen die Vermutung auftauchen wollte, daß mehr

als die Hälfte der Striche eine Art politische Entschärfung des Hörspiels bezwecken.»[45] Diese These kann Schwitzke – der deutsche Rundfunk ist durch und durch traditionsreich – im einzelnen belegen.
Wenn es nun zutrifft, daß der von Schwitzke veröffentlichte Text mit Döblins Manuskript «inhaltlich identisch» ist oder diesem zumindest «nahesteht», dann läßt sich feststellen, daß die «politische Entschärfung» des Hörspiels in der Sendefassung Döblins Bearbeitungskonzept nicht auch im Dramaturgischen verbogen hat. In Kassel hatte Döblin gesagt, nur «auf ganz freie Weise, unter Benutzung lyrischer und epischer Elemente, auch essayistischer», würden in Zukunft «wirkliche Hörspiele möglich», die sich «zugleich die anderen Möglichkeiten des Rundfunks, Musik und Geräusche, für ihre Zwecke nutzbar machen». Döblins Hörspielbearbeitung des eigenen Romans weist nicht in die von ihm skizzierte Zukunft, sie gibt, wie ein Jahr später der Film, einzelne Episoden aus der Geschichte vom Franz Biberkopf, auch sie literarisiert mithin den Roman. Es sei deshalb, schreibt Schwitzke, «nur ehrlich, wenn Döblin sein Hörspiel nicht nach dem Roman benennt, sondern schon im Titel die Konzentration auf das Biberkopf-Schicksal deutlich macht»[46]. Als Autor der Hörspielfassung, als Drehbuchmitautor der Verfilmung bleibt Döblin hinter den ästhetischen Standards zurück, die er als Epiker erreicht und setzt, die er als Theoretiker des Hörspiels – «Formveränderung muß oder müßte die Literatur annehmen, um rundfunkgemäß zu sein»; «man kann keine Dramen im Rundfunk aufführen»[47] – sowie eines auch für eine Filmästhetik relevanten «epischen Werks» erarbeitet hatte. Den Biberkopf gab schon im Hörspiel der Heinrich George.
Das Hörspiel zum Buch *Berlin Alexanderplatz* scheint wiederum Walter Ruttmann gearbeitet zu haben, mit seinem «akustischen Film» (Alfred Braun), seiner Funkarbeit *Weekend*. Sie ist nicht erhalten, ist aufbewahrt lediglich in Erinnerungen von Zeitgenossen.
Hans Richter erzählt in seinem Buch *Köpfe und Hinterköpfe* von einem Besuch Pudowkins in Berlin, Ende der zwanziger Jahre, aus Anlaß der deutschen Premiere seines Films *Sturm über Asien* (1928). «Der Tonfilm hatte mit Al Jolsons *Jazz-Singers* gerade sein schluchzendes Debüt im Gloriapalast am Zoo gehabt. In einer ganz anderen Tonart hatte Walter Ruttmann für den deutschen Rundfunk eine Tonmontage *Weekend* geschaffen und sie Pudowkin vorgeführt. Mit dem überenthusiastischen Temperament, das Pudowkin auszeichnete, war er nicht nur von Ruttmanns Arbeit begeistert, sondern er erklärte sogar rundweg, in *Weekend* habe Ruttmann das Problem des Tones durch die assoziative Montage auf die freieste Weise und grundsätzlich gelöst.»
Dann vermittelt Richter eine gewisse Vorstellung von Ruttmanns Funkarbeit, die sich durch die Kenntnis seines Berlin-Films zu konkre-

tisieren vermag: «Dadurch, daß Ruttmann den Ton nicht wie im Sprechfilm naturalistisch behandelte – das heißt, wenn einer den Mund aufmacht und bewegt, dann müssen auch Worte herauskommen –, sondern schöpferisch-musikalisch, hatte er tatsächlich die künstlerische Domäne des Tonfilms bestimmt. Aus isolierten Tonimpressionen bildete er neue Einheiten: vom Drängeln und Pusten der Sonntagsausflügler auf dem Bahnhof, dem Rattern des Zuges, dem Trampeln, Singen und Schimpfen, dem Schnarchen, Spielen und Zanken der Ausflügler bis zur Stille der Landschaft, nur unterbrochen vom Flüstern der Liebenden, bis zum Heimschleppen der weinenden Kinder – alles im Ton wie eine Perlenkette aneinandergereiht.»[48]

Weekend scheint das Hörspiel zum Buch *Berlin Alexanderplatz* gewesen zu sein, insofern es sein Material nach einer nicht «lebennachbildenden», einer autonom ästhetischen Struktur organisierte. Aber es mag nicht allzu spekulativ sein, wenn man sich vorstellt, auch dieses Hörspiel habe, wie der Film *Berlin, die Sinfonie der Großstadt*, kein «episches Thema» im Sinne von Döblins Epiktheorie gehabt. Insofern wäre es nicht das Hörspiel zu Döblins Buch gewesen.

9

Am 28. Februar 1933, einen Tag nach dem Reichstagsbrand, verläßt Alfred Döblin Deutschland und geht ins Exil. Mit ihm und vielen anderen Schriftstellern, bildenden Künstlern, Komponisten, Filmleuten, die dieses Land ebenfalls verlassen müssen, wird nicht nur ein oppositionelles politisches Denken, sondern auch ein bestimmter ästhetischer Umgang mit den künstlerischen Medien exiliert: in hohem Maße nicht erwünscht ist im Faschismus auch, wenn einer mit seinen Arbeiten progressiv in den ästhetischen Produktionsverhältnissen der Zeit steht. Walter Ruttmann aber, dessen Arbeiten progressiv in den ästhetischen Produktionsverhältnissen der Zeit standen, bewundert von dem Sowjetfilmemacher Pudowkin, aber auch von Joris Ivens und vielen anderen, macht unter dem Faschismus Karriere. In dem vielleicht einzigen Medium, mit dem es dem deutschen Faschismus gelingt, ästhetisch Bemerkenswertes hervorzubringen: dem Dokumentarfilm.

«Schafft mir einen deutschen Potemkin» – von Goebbels' Aufforderung an die deutschen Filmproduzenten ausgehend, zog Hans Richter bereits 1944 im Exil die Bilanz des «obszönen Nazi-Films»[49]. Goebbels, so Hans Richter, habe mit seinem Appell nicht einen Film gemeint, «in dem Matrosen ihre Offiziere ins Wasser werfen, sondern einen, der die deutsche Masse so tief ergreifen sollte, wie der Potemkin es sieben Jahre vorher getan hatte»[50].

Richters Bilanz ist «positiv», in dem Sinne nämlich, daß der deutsche Faschismus Filme hervorgebracht habe, die die erwünschte Wirkung

gehabt hätten. Allerdings: «Wenn die Nazis sich auf die politische Verarbeitung des Spielfilms beschränkt hätten, wären sie im Gebiet des politischen Films nicht erwähnenswert. Aber, was ihnen im Spielfilm mißlang, gelang ihnen im Dokumentarfilm.» So wurden «Filme, wie der über die Olympiade in Berlin, vor allem aber über den Nürnberger Parteitag von 1934, dem durch Krieg, Krisen und Revolution erschütterten deutschen Volk als der Beginn einer neuen Geschichtsepoche angeboten, für den das mächtigste Pathos gerade mächtig genug war. Es ist ein zynischer Witz der Entwicklung, daß sich die Nazis gerade auf einem Gebiet des Films als Meister zeigen sollten, das eigentlich der Wiedergabe der Wahrheit (im Gegensatz zur Fiktion) vorbehalten ist. Sie begriffen, daß man nicht besser lügen kann als mit Tatsachen. Triumph des Willens, der Film des Nürnberger Parteitages 1934, ist in der Tat ein politischer Film ersten Ranges und in mancherlei Hinsicht beachtenswert.» Freilich sei das nicht der Kunst Leni Riefenstahls zu danken, sondern der «der ungenannten Cutter und vor allen Dingen Walter Ruttmanns». «Technisch gesehen» hätten die Nazis «weder in diesem noch in anderen Filmen etwas geleistet, was die Russen ihnen nicht schon vorgemacht hätten. Ihre Filme sind artistisch glänzend photographiert. Blickwinkel, Montage sind angewandt, wie die Russen sie angewendet haben, doch ohne, daß dabei eine neue Kunstform entstanden wäre, wie bei den Russen.»[51]

Man werde, schreibt Klaus Wildenhahn, Ruttmanns *Berlin, die Sinfonie der Großstadt* «alle Anlagen zur Entmenschlichung nachsagen müssen, die knapp zehn Jahre später bei Leni Riefenstahl ihren formalisierten Höhepunkt fanden». Das ist richtig, wichtig ist aber auch, hier zu differenzieren. Es wäre in mehrfacher Hinsicht fatal, die zutreffende Beobachtung auf falsche Ursachen zurückzuführen, also vor allem: formalistisch Formgesetze für Formalisierungen verantwortlich zu machen. Es wäre fatal, weil zu viel darauf ankommt, der wirklichen Voraussetzungen für eine «Entmenschlichung» ästhetischer Produkte habhaft zu werden; fatal aber auch, weil man, indem man progressive ästhetische Ansätze zu solchen Voraussetzungen erklärt, sich vom Umgang mit diesen abschneidet. Die gegenwärtige Auseinandersetzung um Leni Riefenstahl, ausgelöst durch ihre neuen Fotobücher und ihre Auftritte in der Öffentlichkeit, zeigt das nur allzu deutlich. Die Faszination, welche die Arbeiten der Leni Riefenstahl offenbar weiterhin und wieder auszulösen vermag, kann ein Indiz sein für eine sich verstärkende Empfänglichkeit gegenüber «entmenschlichter» Kunst, sie kann aber auch damit zusammenhängen, daß diese Arbeiten ästhetisch beachtenswert sind. Um so notwendiger ist es, ein genaues Verhältnis zu dieser ästhetischen Relevanz auf der einen, zu dieser «Entmenschlichung» auf der anderen Seite zu entwickeln.

Wenn der Art und Weise, wie Alfred Döblin seine Materialien in *Ber-*

lin Alexanderplatz montiert, nämlich nach einem «bestimmten Willen zur Dynamik und Proportion», nämlich auf der Suche nach einer nicht «lebennachbildenden», einer autonom ästhetischen Struktur, keinerlei «Anlagen zur Entmenschlichung» nachzusagen sind; wenn hingegen Ruttmanns Berlin-Film, ebenfalls auf der Suche nach einer nicht «lebennachbildenden», einer autonom ästhetischen Struktur, diese Anlagen deutlich zeigt: dann kann es nicht an der Suche nach einer nicht «lebennachbildenden», einer autonom ästhetischen Struktur liegen. Döblins Bericht vom epischen Produktionsprozeß in seinem Aufsatz über den *Bau des epischen Werks* bezeichnet präzise den Punkt, aus dem die Differenz sich herleitet. Es ist das «epische Thema». Im Roman, im Film, auch in der Fotografie. Von seinem Vorhandensein und seiner Qualität hängt die politische Qualität eines ästhetischen Produkts ab. Und davon, wie es in den ästhetischen Produktionsverhältnissen der Zeit steht.

Wie es der fortschreitenden ästhetischen Verdummung eines zahlenden Publikums sich widersetzt.

Elmar Buck

Film / Kino und Proletariat?

«Wladimir Iljitsch hörte aufmerksam zu, griff sofort in das Gespräch ein und legte dar, daß der Film – solange er sich noch in den Händen gewissenloser Spekulanten befindet – mehr Unheil anrichtet als Nutzen bringt und die Massen nicht selten durch den abstoßenden Inhalt des Dargebotenen demoralisiert. Wenn allerdings die Massen den Film in Besitz nehmen und wirkliche Schöpfer einer sozialistischen Kultur über ihn verfügen, dann wird er zu einem der mächtigsten Mittel der Massenaufklärung.»[1]

«Und Wladimir Iljitsch fügte hinzu: ‹In dem Maße, in dem ihr durch richtige Wirtschaftsführung auf die Beine kommt, und vielleicht bei allgemeiner Verbesserung der Lage des Landes einen bestimmten Zuschuß dafür bekommt, müßt ihr die Filmproduktion breiter entfalten und vor allen Dingen gute, gesunde Filme unter die Massen in der Stadt, mehr aber noch auf dem Lande bringen.› Dann lächelte er und sagte noch: ‹Sie gelten bei uns als der Schirmherr der Künste, darum müssen Sie ständig dessen eingedenk sein, daß für uns von allen Künsten die Filmkunst die wichtigste ist.›»[2]

Sowie es von linker Position nur irgendwie um Film und Proletariat – auch in Deutschland – geht, wird die eine oder andere dieser Äußerungen Lenins zitiert, die aus der Erinnerung einmal von W. Bontsch-Brujewitsch das andere Mal von A. Lunatscharski überliefert sind.* Sie müssen offensichtlich das Wichtigste sein, was es zu diesem Thema zu sagen gibt, anders wäre ihre häufige Zitierung kaum zu erklären. Dieser Pflichtübung sei auch hier damit Genüge getan.

Allerdings ist das Ganze symptomatisch in mehrfacher Hinsicht: symptomatisch für die damalige Kommunistische Partei und ihre heutige apologetische Forschung; symptomatisch was den Inhalt der Passagen betrifft, als auch die Methode, sie herauszustellen.
In den Texten kommt die Haltung zum Ausdruck: Film ist bürgerlich und «böse», wenn er unter kapitalistischen Bedingungen produziert

* Für den Interessierten wird eine 300 (!) Seiten starke Publikation bereitgehalten (Lenin über den Film – Dokumente und Materialien, München 1971), die ähnliche – man möchte fast sagen: tiefe – Äußerungen Lenins zum Film zusammenträgt und all das, was nur irgendwie mit ihm und diesem Medium zusammenzubringen ist; hauptsächlich Erinnerungen: «Noch vor der Revolution, als Lenin im Ausland lebte, ging er des öfteren ins Kino» (S. 138). Allerdings gibt es auch direkte Aussagen Lenins: Als ihm der Leiter der Gesamtrussischen Foto-Kino-Abteilung, Pjotr I. Wojewodin, Vorschläge zum Aufbau einer Filmwirtschaft macht, antwortet Lenin und nicht einmal ihm selbst: «Nehmen Sie sich dieser Sache an. Ich habe keine Zeit» (S. 40).

wird, und er ist proletarisch und «gut», wenn er von den Massen, sprich: unter Aufsicht der Partei, gemacht wird. (Als ließe sich ein Medium durch einen politischen/ökonomischen Wandel so ohne weiteres aus seiner klassenmäßigen Bestimmtheit herausreißen. Auch der sogenannte «Russenfilm» blieb in der Sowjetunion Ausnahme und Episode.) Zweitens wird darin das Medium ausschließlich auf die Funktion quantifizierbarer Wirkung reduziert: Der Film ist die wichtigste der Künste, da mit ihm die größtmögliche Agitation und Propaganda zu betreiben ist – und nur insofern wichtig.

Dieses Medienverständnis ist zu Anfang des 20. Jahrhunderts allgemein in der organisierten Arbeiterbewegung zu finden – nicht nur in Deutschland; und es deckt sich weitgehend auch mit dem Medienverständnis der heutigen «Linken».

Symptomatisch ist weiterhin für die diesem Medienverständnis entsprechende Forschung, daß in Ermangelung eines überzeugenden proletarischen Filmschaffens dieser Art – speziell in Deutschland – das Verhältnis Proletariat–Film aus Programmen, Resolutionen usw. der organisierten Arbeiterschaft definiert wird. (Als ließe sich die Beziehung einer Klasse zu einem Medium aus Verlautbarungen der Partei oder ihrer Führer ableiten.*)

Von hierher erklärt sich auch, warum – so es um die Beziehung von Film und Proletariat in *Deutschland* geht – in der Literatur mit Vorliebe der Zeitraum von 1919 bis 1933 behandelt wird.[3]

Hier gibt es einen «bösen» kapitalistischen Film und es gibt links den Traum von einem «guten» sozialistischen Film, der unter anderen Bedingungen entstehen wird. Hier gibt es eine Kommunistische Partei, die sagt, wie es um den Klassenkampf steht, wie das Verhältnis von Film–Proletariat ist und die dementsprechend das Medium zur proletarisch-revolutionären Agitation und Propaganda einzusetzen versucht. Und hier kann letztlich das Versagen proletarischer Filmarbeit mit Verboten und schließlich der Unterdrückung durch das faschistische Regime in Deutschland erklärt werden.

In diesem Sinne können und müssen die beiden ersten Jahrzehnte der Filmgeschichte – was das Verhältnis Film–Proletariat anbelangt – übergangen werden. Zwar setzt sich das derzeitige Kinopublikum fast ausschließlich aus Arbeitern zusammen, aber ihrer Rezeption des Mediums liegt keine klassenbewußte Entscheidung zugrunde; zudem sind die Filme wenig klassenbewußt. Die Arbeiter rezipieren «nur» aus

* Daß es gerade Lenin ist, dessen Äußerungen zum Film so zentralen Stellenwert haben, hat darin seinen Grund, daß er der einzige unumstrittene Repräsentant der Arbeiterbewegung ist, der sich zum Film äußern konnte; und vor allem darin, daß seine Verlautbarungen durch die Filme eines Eisenstein, Pudowkin, Kuleschow, Vertov nachträglich vergoldet wurden.

einem Kommunikationsbedürfnis heraus – peinlich. (Und überhaupt: Wie kann das Proletariat eine Beziehung zum Film haben, bevor die einzig legitime Führerin dieser Klasse, die Partei, existiert, die dieses Verhältnis erst planmäßig herstellt?)

Nun denn: Film/Kino und Proletariat: klassenbewußt. – Bereits 1912 wird während eines Bergarbeiterstreiks zum erstenmal in Deutschland (soweit bekannt) ein Film eingesetzt: *Der Bergarbeiterstreik oder Durch Kampf zum Sieg.* Folgendes Plakat hing in Planitz bei Zwickau aus:

«SCHNEIDERS KINOSALON

Ober- und Niederplanitz, Dienstag–Donnerstag, 19.–21. März 1912

DER BERGARBEITERSTREIK ODER DURCH KAMPF ZUM SIEG

größte Sensation der Gegenwart in 17 Abteilungen

1. Gedrückte Arbeiterschaft, 2. der Anführer Logan, 3. die Verhandlung mit dem Bergdirektor, 4. alle Forderungen sind abgelehnt, 5. die Arbeiter im Streik, 6. die Mahnung des Verbandes, 7. die einberufene Versammlung, 8. Verhandlungen des Bergdirektors mit dem Arbeiterführer, 9. die Mahnung des Anführers an seine Kameraden, 10. ein unüberlegter Schritt, 11. der Bergdirektor und der Arbeiteranführer verwundet, 12. polizeilicher Eingriff, 13. Logans Weib, 14. die Ruhe ist wieder hergestellt, 15. nochmalige Verhandlung des Arbeiterführers und des Bergdirektors, 16. Forderungen bewilligt, 17. durch Kampf zum Sieg.

Es darf keiner versäumen, sich dieses belehrende Bild für Männer und Frauen anzusehen, denn immer sind wir bemüht, nur das Beste und Neueste zu bringen und scheuen deshalb keine Kosten, dem werten Planitzer Publikum genußreiche Stunden zu bieten. Um den werten Nachtschichtern dieses Bild nicht entgehen zu lassen, geben wir am Donnerstag Vormittag 10 Uhr Vorstellung für Nachtschichter, hoffen wir daß auch diese recht zahlreich besucht wird.»4

Offenbar handelt es sich hier wohl eher um die Unternehmung eines cleveren Kinobesitzers, der auf Grund der aktuellen Situation die Chance eines Geschäfts erblickt; nach einer klassenbewußten Aktion des Proletariats sieht das jedenfalls nicht aus – wenngleich die Polizei so reagiert. (Womit allerdings nichts über eine etwaige Wirkung dieser Filmvorstellung innerhalb des Streiks gesagt ist.)

So es also um Film–Proletariat und Klassenbewußtsein geht, wird man in Deutschland also doch auf die Zeit von 1918 bis 1933 verwiesen. Da gibt es neben der bereits erwähnten Kritik am bürgerlichen Film und den Parteibeschlüssen zum Film Programmatisches zur Filmarbeit des Proletariats; etwa von Willi Münzenberg und Béla Balázs. Da entstehen seit Mitte der zwanziger Jahre linke Filmverleihe: so die

«Prometheus-Film-GmbH» oder die «Weltfilm GmbH». Auf seiten der Produktion wird auf Münzenbergs Betreiben die Internationale Arbeiterhilfe mit kurzen Streifen tätig; auch die «Prometheus-Film» produziert später im kommerziellen Bereich. So werden etliche kürzere – und gegen Ende der zwanziger Jahre auch längere – Dokumentarfilme über das Proletariat und seine Aktionen gedreht: wie *Blutmai 1929*, *Wie der Berliner Arbeiter lebt* oder der Kino-Film *Hunger in Waldenburg – Ums tägliche Brot* (Jutzi/Lania, 1929). Schließlich entstehen auch proletarische Spielfilme: etwa *Brüder* (Hochbaum, 1929) und *Jenseits der Straße* (Mittler, 1929), dann *Mutter Krausens Fahrt ins Glück* (Jutzi mit Kollektiv, 1929) und vor allem dann *Kuhle Wampe oder Wem gehört die Welt* (Dudow/Brecht, 1931/32).
Wenn sich auch noch eine Reihe anderer Titel und Organisationen nennen lassen, vor allem bei den proletarischen Film-Kollektiven, bleibt das, was auf diese Weise mit dem Medium und der Klasse zusammengebracht werden kann, wenig (auch im internationalen Maßstab, also in Ansehung des «Russenfilms»); immer noch vorausgesetzt, daß es sich bei den genannten Filmen in der Tat um proletarisch-revolutionäre handelt.

Auf der anderen Seite, auf bürgerlicher, steht dem in Quantität wie Qualität von Anfang an eine glanzvolle Geschichte gegenüber – auch in Deutschland; von Hollywoods «Traumfabrik», wie Ilja Ehrenburg das genannt hat, ganz zu schweigen.
In bürgerlicher Hand erfährt das Medium, was seine Technik, Ästhetik und Organisation anbelangt, in wenigen Jahrzehnten eine Entwicklung, zu der etwa das Theater Jahrhunderte gebraucht hat. Nach der Projektion von kurzen tonlosen Schwarzweiß-Streifen werden bald schon längere, dann stundenlange Filme möglich, schließlich mit Ton und dann sogar in Farbe. In kurzer Zeit entsteht eine Vielzahl von Filmkunstwerken, die sich im übrigen Kanon der bürgerlichen Kunst bestens darstellen. Die Filmindustrie nimmt mit ihren Produktions- und Distributions-Imperien bald schon eine Schlüsselstellung im Wirtschaftsleben der jeweiligen Staaten ein.
Bereits in den dreißiger Jahren präsentiert sich der Film in diesem Sinne überzeugend bürgerlich.

Nun: Die herrschende Filmgeschichte ist – selbstredend – eine Geschichte des herrschenden Films, der wiederum ein Film der Herrschenden ist ... Inzwischen ist aber, Dank des Interesses an der Arbeiterbewegung und des Interesses am Film, weitgehend alles, was es an Material über den proletarisch-revolutionären Film – wenigstens in Deutschland – gibt, aufgedeckt und verarbeitet. Verglichen mit dem, was auf bürgerlicher Seite dagegensteht, macht sich das recht dürftig

aus; allerdings liegt das in der Sache. Und wäre es wirklich so, daß das Verhältnis von Proletariat und Film/Kino nur durch das Genannte konstituiert würde, so wäre die Beziehung Film–Proletariat ein interessantes Thema für Filmseminare und Filmpublikationen oder ein Sonderzweig der Geschichte der Arbeiterbewegung – mehr jedenfalls nicht. Wesentlich für das Medium und für die Klasse wäre die Verbindung Film–Proletariat kaum.
Aber dennoch gibt es hier eine Affinität; allerdings nicht in dem Sinne, wie manche glauben machen wollen.

1

These: Es besteht Affinität zwischen Film/Kino und Proletariat; eine Affinität, die mehr struktureller denn stofflicher Natur ist: So basiert die Beziehung des Proletariats zu Film und Kino nicht auf einer klassen*bewußten* Entscheidung, sondern auf einem klassen*gerechten* Verhältnis.
Allerdings ist diese Affinität gebunden an einen historischen Augenblick der technischen/ästhetischen/kommunikativen Möglichkeiten des Mediums und der gleichzeitigen Situation der Klasse, die mit ihm in Verbindung steht. Das macht: Sie ist nicht von Dauer.
Konkret: Sie ist beschränkt auf die Phase des kurzen tonlosen Schwarzweiß-Films und des «Kientopps» in den Arbeitervorstädten (bzw. späterer proletarischer Produktions- wie Rezeptionskollektive). Und zwar handelt es sich dabei in Deutschland im wesentlichen um die Zeit *vor* 1918; also um eine Zeit, in der das Proletariat wenig klassenbewußt zu Film und Kino stand. (Da diese Affinität derzeit aber klassengerecht real war, mußte nicht versucht werden, sie klassenbewußt erst herzustellen.)
Die Affinität von Film/Kino und Proletariat wird dann im Laufe der Zeit durch die technisch-ästhetischen Möglichkeiten des Mediums – im Kapitalismus – selbst und die Entwicklung der Klassenauseinandersetzung aufgehoben.
Die Einschränkung «im Kapitalismus» soll nicht heißen, daß das unter sozialistischen Bedingungen dann anders wäre; sie weist vielmehr auf die Tatsache zurück, daß der Film selbst eine Industrieerfindung ist, also ein *Produkt des Kapitalismus*, und gemäß *dieser* Voraussetzung zwingend seine technischen Möglichkeiten, die zugleich auch ästhetische sind, systemkonform wahrnehmen muß. Dadurch wird das Medium in zweifacher Hinsicht vom Bürgertum vereinnahmt: Der abendfüllende Tonfilm, dann gar als Farbfilm, bedarf eines solch enormen Aufwands, daß die dadurch entstehenden Kosten den Film in Abhängigkeit von bürgerlichem Kapital bringen. Abgesehen davon, daß die Banken auf Dauer nicht gerade Filme finanzieren, die ihren Interessen

offen entgegen sind, kommt der Film dadurch weiter in bürgerlichen Zusammenhang, daß sich die Investitionen nur lohnen, wenn das Medium die ihm zu Gebote stehenden Möglichkeiten voll einsetzt und sie weitertreibt; ein Prozeß, der durch die Eigenheit dieser Möglichkeiten Produkte schafft, die Formen der bürgerlichen Kommunikation und ihrer Organisation im Ästhetischen affin sind: *Kunst,* die in diesem Medium wieder des Kapitals bedarf – wo immer es herkommt. Einmal den technisch-ästhetischen Lockungen des kapitalistischen Systems gefolgt, kann der Film der hier wirkenden Dialektik von Kapital und Kunst nicht entrinnen; auch eine sozialistische Filmproduktion kann hinter die einmal erreichten Standards nicht mehr zurück und kommt damit automatisch in diesen Circulus vitiosus.
(Dieser Prozeß wird hier nun an der historischen Entwicklung verfolgt, wobei die deutsche Situation das zeitliche Bezugssystem abgibt. Die Internationalität des Mediums, zumal des Stummfilms, gestattet aber dann, daß die Argumentation auch mit ausländischen Produkten und Theoremen, speziell russischen, geführt wird.)

2

Um 1895, als weltweit etwa gleichzeitig die ersten öffentlichen Filmvorführungen stattfinden, begegnet man in Deutschland einer Situation, die staatlich-politisch vom Kaiserreich und real (wirtschaftlich und gesellschaftlich) vom Bürgertum bestimmt wird; einem Bürgertum, das aber derzeit bereits ideologisch und sozial in der Defensive ist. So ist es etwa so stark, sich jenes Bismarcksche Ausnahmegesetz leisten zu können (bis 1890) und gleichzeitig so schwach, sich dieses Gesetz leisten zu müssen. Die «soziale Frage» bleibt weiterhin das entscheidende Problem.
Andererseits partizipiert dann auch das Proletariat am allgemeinen wirtschaftlichen Aufschwung um die Jahrhundertwende: Juste Milieu. So entsteht beim Proletariat, nachdem das Bewußtsein als Klasse langsam erstarkt ist, nun auch ein Bedürfnis nach öffentlich-organisierter Kommunikation und Kultur. Damit gibt es zum erstenmal ein potentielles Massenpublikum im heutigen Sinne.
Allerdings wird bei diesem Wunsch nach Kommunikation und Kultur – gerade von den Führern der Arbeiterbewegung – in der Regel auf die falschen Medien gesetzt; nämlich die, in denen sich die bürgerliche Öffentlichkeit etabliert hat, und die auch weiterhin Formen (und Inhalte) bürgerlicher Kommunikation reproduzieren und produzieren. Speziell zielt die Erwartung auf *Theater,* in dem aber durchweg proletarische Intentionen in seiner bürgerlichen Kommunikationsstruktur aufgehen: Alle Volksbühnen-Versuche und Bemühungen um ein proletarisches Theater sind daran gescheitert. Zudem verfügt das Theater, als ein

etabliertes künstlerisches Medium einer Elite, über eine Art Geheimsprache, in der es sich artikuliert (und will es auf der Höhe der Zeit sein, nur artikulieren kann), die einem uneingeweihten Massenpublikum aber unverständlich bleiben muß.
In dieser Situation tritt der Film auf: 1895 mit den ersten öffentlichen Vorstellungen, bald darauf mit den ersten Kinos und nach der Jahrhundertwende mit einer eigenen Filmwirtschaft.

> «Das technische Zeitalter hat den Film hervorgebracht, und er wuchs mit den Bedürfnissen, die er befriedigt. Aber damit es den Film geben konnte, mußten erst sehr verschiedenartige Faktoren zusammen wirken:
> Der Film ist Produkt einer hochentwickelten, hochspezialisierten Technik, nicht die Erfindung eines einzelnen. Er ist das Resultat vieler ineinandergreifender Erfindungen. Damit er sich entwickeln konnte, war eine bestimmte Produktionsweise notwendig: die industrielle. Nur durch diese konnte er seine historische Aufgabe erfüllen: – an die Massen und überall hinzugelangen.»
> «Er schien geschaffen zu sein, die Unterhaltungs- und Schaubedürfnisse aller Menschen auf künstlerische Weise zu befriedigen.»[5]

> «Bei den Filmwerken ist die technische Reproduzierbarkeit des Produktes nicht wie zum Beispiel bei den Werken der Literatur oder der Malerei eine von außen her sich einfindende Bedingung ihrer massenweisen Verbreitung. Die technische Reproduzierbarkeit der Filmwerke ist unmittelbar in der Technik ihrer Produktion begründet. Diese ermöglicht nicht nur auf die unmittelbarste Art die massenweise Verbreitung der Filmwerke, sie erzwingt sie vielmehr geradezu.»[6]

> «Schon die Technik des Films schaltet den absoluten Individualismus aus. Nie kann ein Film so der ausschließliche Ausdruck eines einzelnen sein wie irgendein anderes Kunstwerk. Man kann allein schreiben, malen und komponieren. Der Film aber ist das Kollektivwerk des Manuskriptautors, des Regisseurs, des Kameramannes, des Architekten und der Darsteller.»[7]

> «Der ökonomische Zwang der größtmöglichen Popularität bestimmt den Charakter und die soziale Bedeutung des kapitalistischen Films. Die Kunst, die eine große Industrie geworden ist, konnte nicht Bildungsprivileg der herrschenden Klassen bleiben. Es ist eine dialektische Erscheinung der kapitalistischen Wirtschaft, daß zuweilen ein Privileg um der Rentabilität willen aufgegeben werden muß.»[8]

> «Die Filme sind der Spiegel der bestehenden Gesellschaft. Sie werden aus den Mitteln von Konzernen bestritten, die zur Erzielung von Gewinnen den Geschmack des Publikums um jeden Preis treffen müssen.
> [...]
> Die blödsinnigen und irrealen Filmphantasien sind die *Tagträume der Gesellschaft,* in denen ihre eigentliche Realität zum Vorschein kommt, ihre sonst unterdrückten Wünsche sich gestalten.»[9]

«Die Eigenschaften des Films lassen sich in Grundeigenschaften und technische Eigenschaften einteilen.
Seine Grundeigenschaften sind mit denen der Photographie identisch. Filme sind, anders gesagt, in einzigartiger Weise dazu geeignet, physische Realität wiederzugeben und zu enthüllen, und streben ihr deshalb auch unabänderlich zu.
[...]
Von allen technischen Verfahrensweisen des Films ist der Schnitt oder die Montage die allgemeinste und zugleich unerläßlichste. Sie dient dazu, die einzelnen Aufnahmen zu einer sinnvollen Kontinuität zu vereinigen.»[10]

Hier wird der Film in seinen Bedingungen von Technik, Ästhetik, Industrie und den Massen mit ihrem Bedürfnis nach Unterhaltung gesehen; die Dialektik von technischer Reproduzierbarkeit und massenhaftem Vertrieb und die von kapitalistischem Systemzwang und seiner Aufhebung wird erkannt; die technische Kollektivität der Produktion herausgestellt; der Warencharakter des Films, seine Spiegelfunktion betont; schließlich werden die physische Realität des Filmbildes sowie seine Montage als wesentliche Eigenschaften des Mediums hervorgehoben. All das sind zentrale Kategorien, die von Anfang an die Genese des Films und die Diskussion über ihn bis heute bestimmen.

3

Die ersten Filmvorführungen kamen einer *Sensation* gleich, da es zum erstenmal gelang, den lang ersehnten Traum zu verwirklichen, Bilder von Bewegungsabläufen zu projizieren; eine Sensation, die das Schau- und Unterhaltungsbedürfnis eines Massenpublikums massenhaft befriedigen konnte. So waren seine ersten Themen Aktualitäten, Phantastisches und «sex and crime» – davon hat der Film immer etwas behalten (Gott sei Dank). Seine Heimat waren zunächst die Jahrmärkte und Messen, auf denen Wanderkinos zu finden waren; durchaus der plebejischen Tradition entsprechend.
Und der Film war zugleich eine *technische* Sensation; von wo sich dann eine besondere Affinität zum Proletariat ergibt, das auf Grund seines industriellen Arbeitszusammenhangs allem Technischen nicht nur nicht mit Argwohn gegenüberstand, sondern mit ausgesprochenem Interesse.
So sind die ersten «stehenden» Kinos durchweg in den Arbeiterzentren der Städte zu finden[11], wo der Ort, die Zeit und die Umstände der Vorstellung das Medium eindeutig in einen proletarischen Kommunikationszusammenhang stellen.

Da der Film im Kino ähnlich wie Theater rezipiert wird und er auch in der Lage ist, theatralische Szenen zu reproduzieren, wird der Film vom Bürgertum, das sich, gemäß seiner Kategorien, die Vorliebe der Arbei-

ter für dieses Medium irgendwie erklären muß, gleich als *Theater*ersatz verstanden: Kino gilt als Theater der armen/kleinen Leute.
Film/Kino ist aber nicht nur Theater*ersatz*; durchaus hat das Medium auch Vorteile gegenüber dem Theater. (Ohne den Vergleich strapazieren zu wollen und gar zu einem «Medienvergleich» zu kommen, wie er seit der Frühzeit des Films immer wieder gern abgehandelt wird.)
Die Filmkamera kann fast alle Bereiche der «physischen Realität» im bürgerlichen Abbildsinne erfassen: Natur, Technik, Massen, Details; den proletarischen Lebens- und Arbeitsbereich. Also all das, was dem Theater zu der Zeit so große Schwierigkeiten macht. Zudem hat der Film die Möglichkeit zu wechselnder Perspektive, zu wechselnder Distanz zum Objekt.
Und schon wird vom Bürgertum – bei entwickelter Technik des Mediums – von einem Über-Theater geträumt, das die alte Schaubühne dereinst ersetzen könnte.

Andererseits hat der Film aber in seinen Anfängen noch erhebliche Nachteile, gemessen an den Möglichkeiten des Theaters: Es sind nur kurze tonlose schwarzweiße Bildstreifen, die Fabel, Dialog und farbige Plastizität vermissen lassen.
Aber gerade diese Nachteile erweisen sich als Vorteile für die proletarische Rezeption des Mediums. Die Kürze der Filme läßt nur Momentaufnahmen und Situationsberichte zu; sie läßt auf keinen Fall jedoch einen längeren Handlungszusammenhang entstehen, wie er die bürgerlichen Theaterkunstwerke auszeichnet.
Der fehlende Ton konzentriert die Aussage allein auf das Bild; er transportiert sie nicht durch das Wort. In diesem Sinne schätzt Béla Balázs den Film vor allem als ein Mittel der Befreiung von der ausschließlichen Herrschaft einer verbalen – auf Abstraktion beruhenden – Kultur, wie sie die bürgerliche Gesellschaft errichtet hat. Der Film arbeite mit einer durchaus konkreten, zudem sinnlicheren Visualität, deren Grammatik das Kinopublikum spielend erlerne. («Nicht reden bedeutet noch nicht, daß man nichts zu sagen hat.»[12]) So hatten etwa längere Texteinblendungen, die den Handlungszusammenhang herstellten, im Film von Anfang an keine Chance, da die Leute ins Kino gekommen waren, um zu schauen und nicht um zu lesen.[13]

Da alle Aussage in diesen kurzen Filmen nur vom Momentanen und Visuellen ausgeht, sind Differenzierungen im Sinne der bürgerlichen Kommunikation und Ästhetik kaum möglich. Die Art der Differenzierung des Films korrespondiert aber durchaus mit der Differenzierungsmöglichkeit des derzeitigen Proletariats, das in gesellschaftlichen Fragen und denen des Klassenkampfs – eben zu Bewußtsein erwacht – zu solcher Schwarzweiß-Malerei neigt.[14] (Dieses Moment hat dann seinen

sinnfälligen Ausdruck in der Ästhetik des Mediums durch die Schwarzweiß-Beschränkung des Filmmaterials.)
Die technische Produzierbarkeit und Reproduzierbarkeit des Mediums macht, daß seine Produkte nur kollektiv herzustellen wie entsprechend massenhaft anzusehen sind; die technische Methode von Herstellung und Wiedergabe läßt zudem Vorstellungen von – und den Wunsch nach – einem Original gar nicht aufkommen. In diesen beiden Ingredienzien, die die Maxime vom Individuellen des bürgerlichen Kunstwerks sowie seine «Aura» sprengen, sieht Walter Benjamin im wesentlichen die emanzipatorischen Chancen des Films.[15]
Dem technischen Verfahren des Films im Detail, der Aneinanderreihung von Einzelbildern, entspricht in seinem Ganzen die *Montage*.[16] Zunächst nur aus technischen Gründen erzwungen, dann aus organisatorischen Gründen gefördert, entwickelt sich die Montage folgend auch zu dem entscheidenden ästhetischen Mittel des Films, das in Griffith, Kuleschow, Eisenstein, Pudowkin, Vertov überzeugende Theoretiker wie Praktiker findet. Dadurch, daß Montage primär technisches Prinzip des Mediums ist, kann sie als ästhetisches Prinzip adäquat im Medium aufgehen; sie ist ihm nicht aufgesetzt.
Erst die Montage stellt die Einzelbilder und einzelnen Sequenzen in eine sinngebende Kontinuität bzw. betreibt deren Aufhebung. Die übergangslose Aneinanderreihung von Bildern und Sequenzen erzwingt beim Zuschauer mehr *Assoziationen* als logische Verknüpfungen. Und obwohl die einzelnen Filmbilder streng sukzessiv produziert, montiert und projektiert werden, suggeriert das Verfahren bei schnellem Montage-Rhythmus *Simultaneität* statt Sukzessivität.
All das schafft eine deutliche Affinität des Mediums zum Proletariat: Je mehr auf Grund der industriellen Arbeitsteilung die Arbeiter nur noch über eine zerstückelte Realitätserfahrung verfügen, um so mehr entsteht bei ihnen der Wunsch, *einmal* etwas mehr als nur Teile zu sehen, *einmal* Zusammenhänge zu begreifen.[17]
Das Partikulare, Disparate des Films bzw. seiner Montage entspricht nun dem, wie Totalität vom Proletariat erfahren wird. Zugleich schafft aber die Montage insgesamt jenen gewünschten Sinnzusammenhang, der dann allerdings primär nicht-sukzessiv, nicht-logisch bestimmt ist. Das Medium negiert dadurch zwei wesentliche Momente, die das bürgerliche Kunstwerk und die bürgerliche Kommunikationsstruktur so entschieden prägen.

> «‹Sie werden doch zugeben›, soll einem avantgardistischen, auf der Autonomie seines Mediums bestehenden Filmregisseur vorgehalten worden sein, ‹daß ein Film einen Anfang, eine Mitte und ein Ende haben muß.› – ‹Gewiß›, war die Antwort, ‹doch nicht unbedingt in dieser Reihenfolge.›»[18]

Allerdings betrifft die Affinität von Film/Kino und Proletariat mehr den formalen als den inhaltlichen Aspekt des Mediums. Zwar bedingen sich Inhalt und Form dialektisch – und in der Regel will es scheinen, als bestimme primär der Inhalt die Form –, hier *beim Film* ist es aber so, daß die Form, technisch-ästhetisch erzwungen, verfügbar war, ehe entsprechende Inhalte gefunden waren.[19] Das brauchte Zeit.
Erst Charlie Chaplins Filmgrotesken korrespondieren inhaltlich mit der technisch-ästhetisch gegebenen Form des Mediums.

Seit seinen ersten Filmen, 1914, wird Chaplin von der linken Kritik und Theorie als einer der ihren geschätzt – und nicht nur von Kritik und Theorie, viel mehr noch vom Publikum. Er ist wahrhaft Repräsentant des Volkes im Film.

> «Von allem Anfang an war Chaplin der Vertreter des Volks. Er unterscheidet sich in der Wahl der Situationen und Typen wesentlich von der übergroßen Mehrzahl aller Filmkünstler. In seiner Kleidung wie als Typus blieb er ‹Volk›.
> Wie sehr Chaplin Volk *ist*, beweist zunächst das Verhältnis zur Arbeit, das er in seinen Filmen zur Darstellung bringt.
> Arbeit an Maschinen, im Haus, an Baugerüsten, in der Werkstatt sieht man häufig im Film. Die Arbeit als Tätigkeit, von der der Mensch lebt, soweit man sie im Film überhaupt zu sehen bekommt, ist fast immer Milieu, Dekoration zur Handlung, nie Handlung selbst. Arbeit scheint im Film nur dazu da zu sein, um unterbrochen zu werden. Bei Chaplin ist das geradezu umgekehrt. Von wenigen Ausnahmen abgesehen, wo Chaplin als Nichtstuer die ‹feinere Welt› in Unordnung bringt, handelt es sich bei ihm immer darum, wo und wie finde ich Arbeit? Arbeit, das ist die große Chance – für den Arbeitslosen –, das höchst irdische Glück.
> [. . .]
> In dem Verhältnis, das Chaplin in seinen Filmen zu den Problemen der Arbeit einnimmt, spricht sich der wichtigste Teil seiner Philosophie aus. Diese Mischung aus Arbeitsleidenschaft (in Angst, eine Stellung zu verlieren) und dem Hang zur Sabotage des Werks selbst (der oft wie ein Arbeitshaß aussieht) deutet auf ein Gefühl vom sozialen Unwert einer Arbeit hin, auf die er zwar bitter angewiesen ist, von der er aber letzten Endes nichts weiter hat, als daß er nicht verhungert, so lange er sie ausführen darf.
> Ein zweites Kennzeichen, wie sehr Chaplin die Welt nicht als Überlegener, sondern als ein Unterlegener sieht, ist sein Verhältnis zum Essen.
> Wir kennen Hungernde aus anderen Filmen. [. . .] Im allgemeinen wird in solchen Szenen an das Mitleid des Beschauers appelliert. Die Hoffnung auf Essen mittels des Appells an das Gefühl seiner Mitmenschen hat der Prolet Chaplin aber längst aufgegeben. Chaplin stellt den Hunger von seiner praktischen Seite dar. – Er zeigt, welche Tricks angewendet werden müssen, um den Hunger zu stillen, oder er stellt sich tot, schreckt mit Mord, drängt, um Nahrung zu finden und auf Dank und reiche Gegenleistung spekulierend, eifrig Hilfeleistungen auf, die niemand will – aber er bettelt nie.

Der Philosoph Chaplin zeigt den Hungernden von jenem aus, der Hunger kennt, als ein unerbittliches Fatum.

[...] Sein Hunger ist so echt, daß überspannt-edle Gesten gar nicht in Frage kommen.»[20]

Um keine Mißverständnisse aufkommen zu lassen: Chaplin ist die Ausnahme – nicht die Regel. Diese sind in Deutschland Streifen wie in der Frühzeit etwa *Grafenschloß und Bauernhütte* oder in den zwanziger Jahren *Mein Heidelberg, ich kann dich nicht vergessen.* Zwar sind auch in solchen Kitschfilmen mit ihrem standardisierten «happy-end» zumeist die Reichen die «Bösen» und die Armen die «Guten», dennoch wird in ihnen an keiner Stelle die bürgerliche Position aufgehoben, das heißt: die Möglichkeit zum Kompromiß; von bürgerlichen Propagandafilmen ganz zu schweigen.
Aber selbst diese Filme unterliegen der technisch-ästhetischen (nichtbürgerlichen) Struktur des Mediums, die ihrer intendierten Aussage nicht gerade entgegenkommt. Zwar ist nicht das Medium die Botschaft, wie Marshall McLuhans Sentenz lautet[21]; in dieser pointierten Formulierung ist das gewiß nicht haltbar, aber dennoch ist nicht zu leugnen, daß bei der Rezeption die Struktur der Kommunikation zumeist tiefer und anhaltender wirkt, als die intendierte Aussage des Mitgeteilten.[22] Und diese Struktur ist beim Film derzeit noch proletarisch.

4

Der *nicht-bürgerliche,* proletarische Kommunikationszusammenhang von Film und Kino wird in seiner Besonderheit vom Proletariat freilich nicht erkannt, weil er ihm nicht als ein Fremdes gegenübertritt; so wird das Medium von den Arbeitern, ohne daß sie ein Bewußtsein davon hätten, rezipiert und akzeptiert; und zwar weitgehend auf Grund dieser Affinität, wenngleich sie sich selbst ihre Vorliebe mit stofflichen Momenten erklären.
Gerade diese sind es, die das Medium der organisierten Arbeiterbewegung suspekt machen. Den Parteiführern erscheint das Vergnügen der Arbeiter an «sex and crime», am «happy end» – am bürgerlichen Kitsch, ihrer unwürdig und zudem abträglich in bezug auf den Klassenkampf. Sie gehen mit viel Klassenbewußtsein und noch größerer Mediennaivität die Sache an und damit im Grunde an ihr vorbei. (Das wird allerdings erst in den zwanziger Jahren offenbar.)
Während vom Proletariat allgemein die Kommunikationsstruktur von Film und Kino als die ihre nicht *erkannt* werden mußte, entschuldigt das keineswegs die Arbeiterpartei, da sie *mit Bewußtsein* – immer um die Bedingungen des Klassen- und Kulturantagonismus wissend – die Frage von Klassenkampf und Kunst angeht – und entsprechend kompetent auftritt.

Das Mißverständnis der medialen Bedingungen von Film und Kino macht, daß die Beziehung des Proletariats zu diesem Medium nur stofflich (und wirtschaftlich) diskutiert wird.
Da gibt es neben der Erwartung eines proletarischen Films, als Bestandteil der Arbeiterkultur oder als Instrument des Klassenkampfs, vor allem die Ablehnung der existenten Filmproduktion, die als Ergebnis einer Verbindung von Profitgier mit einer Spekulation auf den Massengeschmack unterster Ebene gesehen wird. Entsprechend ist die Haltung gegenüber dem Medium.
So kommt es 1912 zur spontanen Zerstörung von Vorführmaschinen (Leipzig)[23]; im selben Jahr werden auch Boykott-Möglichkeiten diskutiert (Zürich)[24]; auch wird der Vorschlag gemacht, dem Proletariat nur noch von bürgerlicher Tendenz «gereinigte» Filmfassungen zu zeigen.[25] Glücklicherweise bleiben solche Aktionen und Programme sporadisch und irrelevant.

Gewichtiger – vor allem wegen der Möglichkeit zu Konsequenzen – ist die Haltung des Bürgertums zu Film und Kino.
Abgesehen von denen, die durch die Existenz des Mediums gleich den Untergang des Abendlandes voraussehen (bei welchem sozialen/technischen Fortschritt sehnen die eigentlich nicht den Untergang herbei?), ist die bürgerliche Position ambivalent. Sie kommt sinnfällig in der alternativen Fragestellung zum Ausdruck: der Kinematograph als «Volkserzieher» oder als «Volksgefahr»?[26] Wobei man angesichts der vorhandenen Filme, die man ähnlich wie die Arbeiterpartei als Produkt von Profitdenken und Massengeschmack beklagt, mehr die «Gefahr» sieht.
Auf Grundlage der Le Bonschen Massenpsychologie[27] vermeint man den Film, so wie er ist – wegen seiner Suggestivkraft, die vom bewegten Bild ausgeht –, als verderblich: nicht nur für die eigene Jugend, sondern vor allem für das Proletariat. (Sich selbst hielt man natürlich völlig ungefährdet.) Übersetzt: Es ist die Furcht, der Film könnte vorbildlich sein; (die Jugend) das Proletariat könnte aus diesen Filmen lernen, das heißt versuchen, das im Film Gesehene in politische Praxis umzusetzen.
Das Bürgertum ist dabei mit seinem Insistieren gegen das Medium durchaus erfolgreicher als die Arbeiterorganisationen: Als direkte Maßnahme kann es – in Deutschland seit 1911 – immer wieder die administrative Zensur durchsetzen.
Da sich diese jedoch ausschließlich nur auf die Handlung und einzelne Bilder – also den Inhalt des Films bezieht, geht auch sie im Grunde an der Sache vorbei. Dabei wird vereinzelt von der Reaktion die eigentliche «Gefahr» des Mediums durchaus gesehen; ein anonymer Autor schreibt im *Deutschen Volkstum*:

«Die tiefste und ernsteste Gefahr des Kinos wird erst von ganz wenigen gesehen. Wenn ein Menschenkind wöchentlich ein-, zwei-, dreimal ins Kino geht, so wird es allein schon durch die Art der Vorführung, abgesehen vom Inhalt, seelisch zerstört. Mag das Kino noch so anständig sein und ein wohlzensuriertes Programm zeigen, die bloße Gewöhnung an die huschenden, zuckenden, zappelnden Bilder der Flimmerleinwand zersetzt langsam und sicher die geistige und schließlich die sittliche Festigkeit des Menschen. Erstens: Man gewöhnt sich rasch und unvermittelt von Vorstellung zu Vorstellung hinüberzuzucken, man verliert die langsame Stetigkeit der Vorstellungsfolge, das Festhaltenkönnen, welches die Vorbedingung alles gründlichen Urteilens ist. Zweitens: Man gewöhnt sich, dem zufälligen Aneinander der Bilder nachzugehen und willenlos zu folgen; man vermißt nicht mehr die logische Folge eines durchgehenden Gedankens, der die einzelnen Vorstellungen erst zu dem zusammenbindet, was man eben einen Gedanken zu nennen pflegt. Das bloße Aufnehmen bildhafter Vorstellungen, die nur zufällig, nicht (wie bei einem wirklichen Drama, einer Erzählung oder einer wissenschaftlichen Erörterung) logisch oder psychologisch notwendig in sich zusammenhängen, ist nur ein leidendes Sichhingeben und Geschehenlassen der Seele. Erst das Mitdenken, das Herausholen des Zusammenhangs ist geistige Selbsttätigkeit. Ohne diese Selbsttätigkeit wird man niemals Herr der Dinge, sondern bleibt bestenfalls im trüben Genuß der Affekte stecken. So führt das Kino zu geistiger Erschlaffung. Drittens: Man gewöhnt sich, infolge des raschen Vorüberhuschens der Bilder, nur noch das Ungefähre des Eindrucks aufzunehmen; man macht sich das Bild nicht bis in seine Einzelheiten klar und bewußt. Es bleiben also nur noch die groben, überraschenden, sensationellen Eindrücke haften. Der Sinn für das Intime, das Genaue, das Feine geht verloren. Die Stammgäste des Kinos denken nur noch in grellen ungefähren Vorstellungen. Irgendein Bild, das ihrem geistigen Auge aufleuchtet, nimmt ihre ganze Aufmerksamkeit hin, sie überdenken und umdenken es nicht mehr, gehen nicht mehr seinen Einzelheiten und den Gründen nach. Wenn die Vorstellung nur grell und mit Affekt betont ist, so sind sie ihr rettungslos verfallen. Sie sind Schlagwortmenschen geworden.»[28]

Übersetzt heißt das: Film und Kino sind gefährlich, da sie den bürgerlichen Kommunikationszusammenhang bzw. die bürgerliche Erfahrungsorganisation zerstören. Insofern muß eine – wie auch immer geartete – Filmzensur, die auf Inhaltliches fixiert ist, ihre Intention verfehlen.

Zudem wird die administrative Zensur, die nach einer kurzen Aufhebung durch die Arbeiter- und Soldatenräte 1918 bereits zwei Jahre später in einem Reichslichtspielgesetz neu verankert wird, durch die Entwicklung des Mediums selbst immer unnötiger – nicht zuletzt infolge der sich etablierenden Selbstzensur der Filmindustrie: Die Filme werden von ihrer Intention und Tendenz her immer bürgerlicher; und das betrifft auch ihre Kommunikationsstruktur.

5

Seit etwa 1910 beginnt in allen Bereichen des Films und des Kinos eine allmähliche Verbürgerlichung, deren einzelne Momente sich gegenseitig bedingen: In der Filmindustrie wird die Tendenz zur Monopolisierung deutlich; beim Publikum ist es der Trend zur Mittelschicht mit den entsprechenden Kinos in den Citys der Städte; und beim Film selbst zeichnet sich vor allem eine Literarisierung ab.

Um die Mitte der zwanziger Jahre ist dieser Prozeß so weit fortgeschritten, daß in Deutschland die Filmwirtschaft von einem Konzern beherrscht wird, der «Ufa» (Universum Film AG), die 1917 als Vereinigung der Geschäftsinteressen der Deutschen Bank und der Industrie sowie der propagandistischen Interessen der Reichsregierung, speziell der Militärs, entstanden ist und die als einzige ausländische Firma zu Anfang der zwanziger Jahre noch mit den amerikanischen Herstellungs- und Verleihimperien konkurrieren kann.

In Kino*palästen* oder Lichtspiel*theatern* bzw. Film*bühnen* («Gepflegter Prunk der Oberfläche ist Kennzeichen dieser Massen-Theater»[29]) residiert nun ein Angestelltenpublikum, das ökonomisch dem Proletariat angehört, dadurch aber um so wilder zu bürgerlicher Kulturaneignung entschlossen ist.[30]

Ausdruck dieses Strukturwandels sind schließlich abendfüllende Spielfilme, die zumeist nach Dramen, Novellen oder Romanen gedreht sind: «Sie sind Romanübersetzungen, auch wenn die Romane nicht existieren» [31] – also von bürgerlichem Inhalt und bürgerlicher Form; mit einer Ideologie, deren Verlogenheit und affirmativen Charakter Siegfried Kracauer in seiner Kolumnensammlung *Die kleinen Ladenmädchen gehen ins Kino* (1928) entlarvt.

Der Film ist mit all seinen Sparten Mitte der zwanziger Jahre fest in bürgerlicher Hand; und er macht auch kein Hehl daraus.

Diese Situation des Films allein aus den Bedürfnissen der Angestellten zu erklären (was kaum jemand macht), wäre genauso unsinnig, wie sie monokausal aus der Struktur der konkurrierenden Produktionskonzerne abzuleiten[32]; das widerspricht jeder Dialektik im Verlauf historischer Prozesse (zumal sich gerade im Bereich der Ästhetik der Primat der Ökonomie selten gradlinig durchsetzt[33]). Aber selbst wenn die Dialektik von gegenseitiger Beeinflussung gesehen wird, reicht das zur Erklärung *dieser* Situation kaum hin, denn immer noch kommt dabei das Medium zu kurz, um das es hier geht: der Film.

Ermöglicht, ja erzwungen wurde diese Entwicklung des Films – ohne daß Produzenten- oder Rezipienteninteressen damit obsolet würden – vor allem auch durch die technisch-ästhetischen Möglichkeiten des Mediums selbst; wohlgemerkt Möglichkeiten innerhalb eines kapitalistischen Systems, in dem nur das eine Existenzchance hat, was diese Möglichkeiten auch ergreift. (Also doch Primat der Ökonomie? – nun gut, man weiß es.)

«Jedenfalls gilt auch hier, [...] daß eine relativ beträchtliche Höhe der Technik erreicht werden muß, bevor eine Umwandlung ins Ästhetische überhaupt in Frage kommen kann. Beim Film erscheint der spezifische Zug, daß die ihm zugrunde liegende Technik sich überhaupt erst auf hochkapitalistischem Boden ausbilden konnte, weshalb auch die Einwirkung der technischen Entwicklung auf die künstlerische sich vehementer [...] äußern mußte als in jeder anderen Kunst.»[34]

Seit 1906 werden die Filme länger. Bis dahin haben sie höchstens zehn bis fünfzehn Minuten gedauert, nun werden sie allmählich auf eine Spiellänge von einer, zwei, drei, sogar mehr Stunden gebracht; bis sich schließlich die Spieldauer von anderthalb bis zwei Stunden durchsetzt. («Die festgesetzte Länge determiniert auch den Inhalt.»[35])
Es wird mit mehreren Kameras gearbeitet, mit bewegter Kameraführung, mit wechselnder Kameraeinstellung, mit Tricks und Montage; all das ist personen- und materialintensiv – also kapitalintensiv. Ein Film kostet fortan Geld – viel Geld; und er hat auch Geld zu kosten, soll er Erfolg haben: Die Produktionskosten werden zum Mittel der Werbung für den Film. Seine technisch-ästhetischen Möglichkeiten machen damit den Film vom Bürgertum abhängig, das allein über das benötigte Kapital verfügt.
Zudem schaffen diese Momente die Möglichkeit der Vertiefung, der Differenzierung; sie schaffen die Möglichkeit zur «Verfilmung» bürgerlicher Literaturwerke; wovon der Film dann auch reichlich Gebrauch macht. Es entstehen Filme, die durchaus originäre Interpretationen dieser Literatur bieten und dadurch eigene Filmkunstwerke sind, die auch vom Bürgertum mit Interesse verfolgt werden können.
Die Dialektik von Kapital, Technik und Ästhetik ergibt im Medium *Film* jeweils Kunst, die im bürgerlichen Kommunikationszusammenhang steht.

«Die künstlerischen und gesellschaftlichen Bindungen des Films in der dritten Etappe – bis etwa 1925 – waren anderer Art als die seiner Anfänge. Er war eine, wenn auch nicht besonders geachtete, so doch wirtschaftlich um so stärkere Kunst geworden. Das Stadium des Experimentierens war vorbei. Die kostbaren Theater verlangten aufwendigere Filme. Unter dem Gewicht der Milliarden wurde auch der Film gewissermaßen anständiger, bürgerlicher – eben auch offiziell ‹Kunst›.
Damit vollzog sich ein Prozeß der Angleichung an die bürgerlichen Künste, der dem Prozeß der Befreiung von Traditionen, den der Film gerade erst erfolgreich durchgemacht hatte, in gewissem Sinne zuwiderlief.»[36]

«Das Kino hat sich eine vom Theater unabhängige Geltung erworben; die führenden Lichtspielhäuser sehnen sich wieder nach dem Theater zurück.»[37]

Die Entwicklung des *Ton*films gibt den Kinos dann auch Gelegenheit dazu.
Als 1924 in Berlin die ersten Tonfilm-Vorstellungen stattfinden – also zu einer Zeit, als der Film noch nicht völlig im Bürgertum aufgegangen ist – besteht kein Interesse an dieser Neuerung, das sie durchsetzen könnte: Das Proletariat braucht den Tonfilm nicht. Als dann aber im Laufe der Jahre bereits die Stummfilme immer deutlicher verbürgerlichen, und als dann als Folge davon die Arbeiter zunehmend den Kinos fernbleiben, also eine Absatzkrise entsteht, wird nun, 1930, die technische Neuerung – aus den USA kommend – begeistert aufgenommen: vom Bürgertum.
Ganz abgesehen davon, daß diese Technik noch kapitalintensiver ist als die bisherigen technischen Möglichkeiten des Films, ihn also noch enger an das Bürgertum als Kapitalgeber bindet, bedeutet der Tonfilm auch kommunikationsspezifisch eine Verbürgerlichung des Mediums.
Der Tonfilm verwendet ja nicht nur den Ton, vielmehr tritt er vor allem als Sprechfilm auf und setzt damit weitgehend das Wort an die Stelle des Bildes; wenn auch weiterhin seine stärksten Eindrücke vom – nun allerdings eingeschränkten – Bild ausgehen. Im Tonfilm triumphiert schließlich der *Dialog*; also jene Kommunikationsform, in der das Bürgertum so zu Hause ist.
Zudem beraubt der Tonfilm als Sprechfilm das Medium seiner Internationalität, dieser entscheidenden Kategorie im proletarischen Klassenkampf. Das Wort ist national gebunden und stellt den Film in einen nationalen und damit bürgerlichen Zusammenhang. Auch als zur Sicherung der Exportchancen dieser Filme Synchronisationsmethoden entwickelt werden, bringt das keinen Ausweg aus dieser Beschneidung seiner Möglichkeiten, denn die synchronisierten Fassungen sind wesentlich nationale Fassungen.

Wie sehr dieses neue Verfahren eine Verbürgerlichung des Mediums betreibt, zeigt sich deutlich in der Tatsache, daß die beiden bedeutendsten Repräsentanten eines nicht-bürgerlichen (proletarischen) Films, Chaplin und der «Russenfilm», zentrale Probleme haben, den Ton als Sprache zu adaptieren, und sich bis zuletzt gegen dieses Verfahren wehren; wenngleich es da kein Aufhalten der technisch-ästhetischen Entwicklung gibt.
In Ansehung von Chaplins Schwierigkeiten mit der Sprache im Film fragt Béla Balázs nach dem Grund von Charlies Schweigen:

«Aber *wie* soll Charlie sprechen? Wie spricht eine so seltsame, groteske, stilisierte Figur, die solch ein spaßiges Melonenhütchen, solche weite flatternde Hosen trägt, eine Gestalt mit diesem Stöckchen und diesen auseinanderstehenden Kajakfüßen, mit jenem entenhaften Gang. [...]
Wie spricht eine Karikatur? Wie spricht eine Maske? Welche Stimme hat sie? Wie ist jene Sprechmanier, die genauso komisch und ergreifend, ungeschickt und virtuos, gutartig und schlau ist wie das visuelle Bild Charlies? Kann diese unwahrscheinliche und doch überzeugend wahre, aber unnatürliche, *stilisierte Gestalt* natürlich und unstilisiert sprechen?
Charlie, diese groteske Figur, hätte eine eigene Sprechmanier erfinden müssen, die von der Sprache anderer Menschen ebenso verschieden ist, wie seine Erscheinung sich von der anderer unterscheidet. [...]
Chaplin mußte schweigen, *weil er eingesperrt war in seine eigene groteske Maske*, die er für sich selbst erfunden hatte, deren Erfolg und Popularität ihn jedoch nicht mehr losließ und sich wie eine eiserne Maske über sein Antlitz legte.»[38]

Ganz in diesem Sinne argumentiert auch Rudolf Arnheim, wenn er Chaplins Probleme mit dem Tonfilm diskutiert, und auch er kommt zu dem Ergebnis:

«Es ist also verständlich, wieso sich gerade Chaplin so gegen den Tonfilm wehrt. Er ist der einzige Schauspieler, dessen Stil so unmittelbar aus den Materialbedingungen des stummen Films abgeleitet ist, daß er sich auf den Tonfilm in keiner Weise übertragen läßt.»[39]

Die Möglichkeit des Tonfilms greift vor allem zentral in die Montagetechnik des «Russenfilms» ein, ja schließt sie fast aus. Die Sprache, speziell der Dialog, läßt sich nicht so oft unterbrechen und zerstückeln wie die Bildfolge; er steht dem häufigen Wechsel der Distanz und der Perspektive der Kamera entgegen. «Die Kunstgriffe dieser Art erscheinen, mit dem stabileren Dialog verbunden, auf einmal gekünstelt, gezwungen, manieriert, und wirken, obwohl sie zum unentbehrlichen Vokabular und zu den unabdingbaren syntaktischen Modellen der Filmsprache gehörten, um so künstlicher, je sparsamer sie verwendet wurden.»[40] Daher äußern sich Eisenstein, Pudowkin und Alexandrow 1928 in einem *Manifest zum Tonfilm* auch äußerst skeptisch gegenüber dem neuen Verfahren; sie erklären:

«Wir, die wir in der UdSSR arbeiten, sind uns der Tatsache bewußt, daß wir uns in der näheren Zukunft mit unserem technischen Potential nicht auf eine praktische Verwirklichung des Tonfilms zubewegen, [...] zumal aus den Berichten über die Erfindung ersichtlich ist, daß dieser Fortschritt für den Film auf einem unrichtigen Kurs vorangetrieben wird. Eine falsche Auffassung von den Möglichkeiten innerhalb dieser neuen technischen Entdeckung könnte nicht nur die Entwicklung und Perfektionierung des Films als Kunst behindern, sondern sie droht auch alle seine gegenwärtigen formalen Leistungen zu zerstören.
[...]

Es ist bekannt, daß das elementare (und einzige) Mittel, das dem Film eine solch mächtige Kraft verliehen hat, die MONTAGE ist. Die Anerkennung der Montage als vorrangigem Gestaltungsmittel ist zum unbestreitbaren Axiom geworden, auf dem eine weltweite Filmkultur errichtet wurde.

[...]

Für weitere Entwicklung des Films werden daher nur solche Momente von Bedeutung sein, die mittels der Methoden der Montage den Zuschauer ansprechen.

[...]

NUR EINE KONTRAPUNKTISCHE VERWENDUNG des Tons in Beziehung zum visuellen Montagebestandteil wird neue Möglichkeiten der Montageentwicklung und Montageperfektion erlauben.

DIE ERSTE EXPERIMENTELLE ARBEIT MIT DEM TON MUSS AUF SEINE DEUTLICHE ASYNCHRONISATION MIT DEN VISUELLEN BILDERN AUSGERICHTET WERDEN. Nur eine solche Operation kann die nötige Konkretheit herbeiführen, die später zur Schaffung eines ORCHESTRALEN KONTRAPUNKTS visueller und akustischer Bilder führen wird.»[41]

Die Unterzeichner dieses Manifestes wenden sich also nicht aus irgendeinem Purismus gegen den Tonfilm als solchen, vielmehr nur gegen eine bestimmte Art der Verwendung des Tons: nämlich als Dialog mit Bild/Wort-Parallelität; was in der Tat mit ihrer Montagetechnik kollidiert und zudem den Film in die Nähe von abfotografiertem Theater bringt. Die weitere Entwicklung gibt ihnen recht. Béla Balázs schreibt:

«Die Kunst des Stummfilms hörte auf zu bestehen, die Technik des Tonfilms trat an ihre Stelle. [...] Der Film wurde vielfach wieder zu photographiertem Theater. Gewiß: mitunter zu gut photographiertem gutem Theater. Die Entwicklung der neuen Technik diente der alten Kunst gut. Sie wurde jedoch *nicht zu neuer Kunst*.» [42]

Also: bürgerliche Kunst. Als dann noch der Farbfilm (der noch teurer ist) hinzukommt, hat diese Entwicklungstendenz zunächst einmal ihren Abschluß gefunden. Mit einem Farbtonfilm à la *Vom Winde verweht*, vorgeführt im barocken (!) Gloria-Palast in Berlin, hat sich der bürgerliche Traum von einem illusionistischen Hoftheater in demokratisierter Ausprägung fast verwirklicht.

Das Proletariat hat von derartigen Veranstaltungen nichts mehr zu erhoffen.

6

In dem Maße, wie Film und Kino verbürgerlichen und das deutlich wird, beginnt die organisierte Arbeiterschaft auch in Deutschland ihr Interesse an dem Medium zu artikulieren: mit der Intention, von einer Kritik am bürgerlichen Film zu einer eigenen proletarischen Filmpro-

duktion zu kommen. Entscheidend ist dann bei alldem, daß diese Reaktion ganz aus der Defensive geschieht und in ihrer Zielvorstellung einem Kurzschluß erliegt.
Der herrschende Film wird für bürgerlich erachtet auf Grund seiner Inhalte; zudem ist dieser Film in seiner Herstellung von bürgerlichem Kapital abhängig – also wird kurzgeschlossen: Seine Bürgerlichkeit ist allein Funktion seiner ökonomischen Produktionsbedingungen, weil eben unter diesen Umständen keine anderen als bürgerliche Inhalte zugelassen werden. Sozialistische Produktionsbedingungen würden demnach proletarische garantieren, da die eben proletarische Inhalte ermöglichen. Ziel muß in diesem Sinne also vor allem eine nicht vom Profit bestimmte Herstellung des Films sein.
So werden nach dem Umsturz von 1918 auch Programme zur Kommunalisierung der Kinos vorgelegt und auf längere Sicht eine Verstaatlichung der Filmproduktion erhofft; quasi im Vorgriff darauf widersetzen sich die linken Abgeordneten im Reichstag nicht, als dieser durch Gesetz vom 15. April 1920 die allgemeine Filmzensur wieder einführt.
Die politische Entwicklung ist freilich anders: Die bürgerliche Republik etabliert sich mit allen Implikationen und Konsequenzen. So muß der Kampf um den proletarischen Film weiter aus der Defensive geführt werden; allerdings mit der Tendenz, durch eigene Produktionen hervorzutreten. Und es bleibt der Traum vom Tag X nach der Revolution.
Bis dahin könne es nur darauf ankommen, proletarische Filme des Auslands (soweit vorhanden) zu rezipieren und selbst eigene Filme zu produzieren (soweit möglich), um all das als Instrument im Klassenkampf einzusetzen.

In welche Richtung die Wunschvorstellungen gehen, zeigt die begeisterte Aufnahme der Filme *Panzerkreuzer Potemkin* (1926) und *Kuhle Wampe* (1931/32), die zudem – zynisch gesprochen – das Glück hatten, zunächst einmal von der Zensur verboten zu werden; was ihre Rezeption in bezug auf den Klassenkampf entscheidend geprägt haben wird. Es ist der Wunsch nach Kunstwerken; zwar solchen mit einer fortschrittlichen weil medienadäquaten Ästhetik und mit einer fortschrittlichen weil sozialistischen Tendenz, aber trotzdem bürgerlichen Kunstwerken. Und dieses Wunschdenken deckt sich durchaus auch mit der Meinung der Kommunistischen Partei dazu, wie sie etwa 1920 schon in der inzwischen einschlägig bekannten Forderung Gertrud Alexanders zum Ausdruck kam: «Was der Arbeiter heute braucht, ist eine starke Kunst. [. . .] Solche Kunst kann auch bürgerlichen Ursprungs sein, nur sei es Kunst.»[43]

Was den deutschen Film *Kuhle Wampe* betrifft, so war gewissermaßen der bürgerliche Film Vorreiter der Entwicklung, die zu ihm führte.

Als die Arbeiter seit Mitte der zwanziger Jahre dem Kino immer häufiger fernbleiben, weil sie die bürgerlichen Schmarren nicht mehr sehen wollen, besinnt sich die Filmindustrie, bevor sie auf den Tonfilm setzt, zunächst einmal auf «soziale» Themen.

> «Ein offensichtliches Symptom der Krise innerhalb des Films waren die sogenannten ‹Arme-Leute-Filme›, die besonders in den späten zwanziger Jahren in großer Zahl (und geringer Qualität) überall entstanden sind.
> Das von den Produzenten geleugnete Bedürfnis nach Realität im Film wuchs trotz ihres Widerstrebens und durchbrach – in kleiner Front und auf kurze Zeit – die Herrschaft der Konvention.
> [...]
> Aber anstatt konsequent den eingeschlagenen Weg weiterzugehen, von der unzureichenden Problemstellung ‹Arme-Leute ...› zum sozialen Thema, zum Aufdecken der Zusammenhänge, zum gesellschaftskritischen Film vorzudringen, respektierten die Hersteller jener Filme die Erfolgsrezepte des konventionellen Films und versuchten die gleichen sentimentalen und romantischen Erschütterungen des Publikums zu erreichen, denen der konventionelle Film seinen Erfolg verdankt.
> Während aber romantische Unverbindlichkeit gut verträglich ist mit der retuschierenden Unverbindlichkeit des upper class-Milieus auf der Leinwand, entstand zwischen dieser Unverbindlichkeit und der brutalen Realistik des lower class-Milieus ein peinlicher Widerspruch.
> Das Publikum wurde mit dieser Themenstellung vor die eigene Realität geführt und konnte den Widersinn und die Unwahrheit der Vorgänge auf der Leinwand an sich selbst kontrollieren.»[44]

Das Ungenügende an diesen «Elendsfilmen», die mit dem Hunger und der Not des Proletariats an das Mitleid der Betrachter appellieren und damit ihr Geschäft machen, aber ist, daß das vorgeführte Elend vom Zuschauer entweder verdrängt oder in ein passives Mitleid verwandelt wird. Ganz abgesehen davon, daß Mitleid an sich schon ein affirmatives Moment hat.[45]
In diesem Sinne sind derartige Filme auch von der Kommunistischen Partei und ihrem Organ, der *Roten Fahne*, abgelehnt worden. All das scheint dann aber vergessen, angesichts des Films *Mutter Krausens Fahrt ins Glück*, den Phil Jutzi 1929 mit einem Kollektiv der Prometheus-Film gedreht hat: angekündigt als «der große Zille-Film». Die *Rote Fahne* schreibt:

> «Entscheidend im Film ist aber nicht der graue, sondern der rote Wedding. Was hier abrollt, ist kein ‹Elendsfilm›, keine ‹Armeleutemalerei›, sondern ein klassenbewußter Film des revolutionären Proletariats im Wedding.»[46]

Zweifellos gehört der Film zu den wenigen, in denen klassenbewußte Aktionen des Proletariats entschieden ins Bild gesetzt werden, aber der rote Wedding wird überschattet von Not und Tod der Mutter Krause. So obsiegt im Ganzen dennoch der graue Wedding eines Heinrich Zille. Was der Untertitel der Ankündigung verspricht, hält der Film.

Auch der Tonfilm *Kuhle Wampe oder Wem gehört die Welt* (Dudow/Brecht 1931/32), wird seit seinem Erscheinen als hervorragendes Beispiel proletarisch-revolutionären Filmschaffens in Deutschland aufgenommen, und noch heutige Publikationen feiern ihn als «Höhe- und Endpunkt der legalen kommunistischen Massenarbeit mit dem Film in der Vorkriegszeit» [47]. (Als wäre die KPD seit 1919 konsequent auf ein Filmwerk wie *Kuhle Wampe* zugesteuert; von der Zitierung der Massen ganz zu schweigen.)
Kuhle Wampe sei, so heißt es, derzeit der einzige sozialistische Film, der «nicht tragisch wie die Milieufilme, sondern mit einem optimistischen Kampfaufruf an die Massen schließt» [48]. Das stimmt. Aber macht ihn diese inhaltliche Komponente, seine Haltung zum Klassenkampf, gleich zu einem proletarisch-revolutionären Film im Klassenkampf? Nein, auch *Kuhle Wampe* bleibt ein bürgerliches Kunstwerk. Auch in ihm wird eine Geschichte erzählt; zwar wird sie von materialistischer/sozialistischer Position aus erzählt, aber sie wird in Dialogen erzählt, die wie Theaterdialoge von Brecht sind; sie wird sukzessiv erzählt, logisch von einem Anfang zu einem Schluß entwickelt.

Sergej Eisenstein erklärt sich 1925 noch gegen solche «Stories», da sie ihm Garant des Individuellen in der Kunst sind. (Später – auf dem Wege zum sozialistischen Realismus – hat er dann diese Position revidiert.[49]) An Stelle des Individuums müßten entsprechend dem Geschichtsprozeß die revolutionären Massen ins Zentrum der Kunst treten.
In seinem Film *Panzerkreuzer Potemkin* (1926), dem eine Erhebung der Matrosen jenes Kreuzers im Jahre 1905 zugrunde liegt, geht es um Massenaktionen, ja um revolutionäre Massenaktionen; Technik spielt eine entscheidende Rolle. Für diesen Inhalt hat Eisenstein eine adäquate Form gefunden: erstens mit dem Film als Medium und zweitens mit seiner Montagetechnik als Methode des Mediums. Daß ihm das und wie ihm das gelungen ist, muß hier nicht noch einmal dargelegt werden; und dem soll auch grundsätzlich nicht widersprochen werden.
Allerdings muß hier die Frage gestellt werden, ob *Panzerkreuzer Potemkin* dadurch ein proletarisch-revolutionäres Produkt der Ästhetik ist. (Es geht im Film mehr um *Herrschafts*strukturen als um Klassenkampf.) Und birgt die Erhebung von 1905 zwanzig Jahre später noch revolutionäres Potential? (Also in einer Situation, als die Probleme der Zeit vor 1917 erledigt sind und damit auch nicht übertragbar.)
Eisenstein will mit seinem Film allerdings nicht revolutionäre Wirklichkeit der Vergangenheit illustrieren, sondern *interpretieren*, um Erkenntnisse zu vermitteln. Also: Wie organisiert er sein Material (Inhalt und Form)?

Seine Montagetechnik zerstört zunächst einmal die Fabel; die so bearbeitete Fabel und ihre Montage bedingen sich dann aber der Art, daß das Disparate der Wirklichkeitspartikel in einen *Sinn*zusammenhang zurückgeholt wird. Siegfried Kracauer schreibt (wenngleich in einem anderen Kontext):

> «Filme dieser Art durchdringen nicht die materiellen Phänomene, die sie verwenden, sondern sie exploitieren sie; sie verwenden sie nicht in deren eigenem Interesse, sondern in der Absicht, ein sinnvolles Ganzes zu etablieren; und indem sie irgendein solches Ganzes herausstellen, verweisen sie uns von der materiellen Dimension zurück auf die der Ideologie.»[50]

Eisensteins Ideologie ist der dialektische Materialismus, mit dessen Hilfe er Erkenntnisse vermitteln will. Aber diese Erkenntnisse basieren immer noch auf bürgerlichen Erfahrungen, auf denen von *Macht*kampf statt von *Klassen*kampf; ein Moment, das in der Schwarzweiß-Metaphorik, dem Hell/Dunkel des Films seinen ästhetischen Ausdruck findet. (Obwohl sie mit den materiellen Bedingungen des Films korrespondiert, droht die konsequente Schwarzweiß-Malerei bei der Länge des Films penetrant zu werden; bei seiner Länge – das ist entscheidend.)
Allerdings sind es bei Eisenstein bürgerliche Erfahrungen auf dem Stand von 1926, die hier im Film organisiert werden; während es sich beim Gros der bürgerlichen Filme der Zeit bestenfalls um Erfahrungen auf dem Stand der bürgerlichen Aufklärung handelt – also um die von gestern.
Die Aktualität von Eisensteins Erfahrungsorganisation macht, daß sich sein Film bereits in einer Art «Geheimsprache» artikuliert, die nur noch von der bürgerlichen Intelligenz, die ebenso auf der Höhe der Zeit ist, verstanden werden kann: Kunst.* Noch einmal Kracauer:

> «Kunst im Film ist reaktionär, weil sie Ganzheit symbolisiert und derart die Fortexistenz von Glaubensinhalten vorspiegelt, welche die physische Realität sowohl anrufen wie zudecken. Das Ergebnis sind Filme, die die herrschende Abstraktheit unterstützen.»[51]

Panzerkreuzer Potemkin, der innerhalb der linken Bewegung der zwanziger Jahre ein Fanal war, hatte bei den Arbeitern weder in Moskau noch in Berlin einen überzeugenden Erfolg – also auch keine entsprechende Wirkung.

* In diesem Zusammenhang ist es nicht unwichtig, daß Eisenstein vom Theater zum Film kam. Damit soll nicht gesagt werden, daß er eine Theaterästhetik auf das kinematographische Medium anwendet – ganz im Gegenteil; viel eher arbeitete er schon im Theater mit einer Filmästhetik. Wenn hier seine Theater-Vergangenheit erwähnt wird, soll darauf verwiesen werden, daß Eisenstein nicht aus den Erfahrungen des revolutionären Proletariats zum Film gefunden hat, als einem ästhetischen Mittel der Organisation des Klas-

7

Der Filmregisseur Eisenstein steht in den zwanziger Jahren nicht allein mit der Ablehnung der Fabel. Dziga Vertov findet sich da an seiner Seite; nur verwirft er zugleich auch jede Fiktion, die durch die Fabel transportiert wird.

«Das Filmdrama ist Opium für das Volk. [...] Das moderne Kunstdrama ist ein Relikt der alten Welt. Es ist ein Versuch, unsere revolutionäre Wirklichkeit in reaktionäre Formen zu gießen. [...] Nieder mit den bourgeoisen Märchenszenarien! Es lebe das Leben, wie es ist! [...] Nieder mit der Inszenierung des Alltags: filmt uns unversehens und so, wie wir sind.»[52]

Und Vertov scheint es um so unsinniger, sich in den Sog von Fabel und Fiktion zu begeben, da Handlung dem Film sowieso etwas Fremdes ist; während die «wahre Bestimmung der Filmkamera» darauf zielt, das Leben – in seinen visuellen Erscheinungen – zu zeigen, «wie es ist»[53]: statt Fiktion also Dokumentation.*

Auch historisch gesehen, ist Fabel und Fiktion im Film etwas Sekundäres: Die frühen Filmstreifen zeigten neben einfachen Bewegungsabläufen vor allem Bilder von aktuellen Geschehnissen; und in diese Richtung ging auch das Interesse ihrer Rezipienten.

«Da interessierten nicht mehr nur die sich bewegenden Hosenbeine oder rollende Räder, nicht mehr das einfache Faktum, sondern die *zeitgeschichtliche Tatsache.* [...]

Alles, was auf Erden geschieht, wird interessanter und bedeutungsvoller, als es je zuvor war. Unsere Zeit verlangt die dokumentierte Tatsache.»[54]

Ebenso historisch gesehen ermöglicht dieses Interesse die feste Einrichtung einer «Wochenschau» im Kino (seit 1908), die der herrschenden Gesellschaft dann allerdings weniger zur Information als zur eigenen Repräsentation dient.

Zurück zu Vertov. Bei ihm verbindet sich dann dem Wunsch, mit Hilfe von dokumentarischem Material zu informieren, ein spezielles Interesse.

senkampfs; sondern daß sein Ausgangspunkt der Wille zur *Kunst* war, als einer anderen – bürgerlichen – Art der Organisation von Erfahrungen in der Ästhetik. Dafür sind seine Filme zweifellos das richtige Medium.

* Vertovs Bestreben, den Film zu seiner «wahren Bestimmung» zu führen, ist nicht zu verwechseln mit der Intention des *Avantgarde*-Films der zehner und zwanziger Jahre, der auch das «reine» Medium sucht und zum «absoluten» Film kommt, bei Eliminierung *aller* dem Medium fremden Elemente, das heißt auch des Menschen und der Natur, so daß schließlich nur noch Formen und Bewegung übrigbleiben in reiner Künstlichkeit.

Der hier intendierte Dokumentarfilm darf auch nicht mit jenem *Kultur*film verwechselt werden, der aus Flucht vor der Wirklichkeit die Tiere heimischer Wälder und die Menschen exotischer Länder aufsucht.

«Wir sind gekommen, einer bestimmten Klasse zu dienen – den Arbeitern und Bauern. [...]
Wir wollen in das Bewußtsein des Werktätigen Klarheit in der Bewertung der mit ihm und um ihn geschehenden Erscheinungen bringen. [...]
Unsere ersten Schritte machen wir im Gebiet des Films, weshalb wir uns auch *Kinoki* nennen. Die bestehende Kinematographie als Geschäft ebenso wie die Kinematographie als Kunstgebiet haben mit dieser unserer Arbeit nichts gemein.»[56]

Es geht also überhaupt nicht mehr um Kunst; daß sie etwa nun mit dokumentarischem statt mit fiktivem Material entstünde. An anderer Stelle spricht Vertov seine Intention dann ganz deutlich aus, wenn er herausstellt, daß nicht «Kunst und Alltagsleben» das zentrale Problem sei, sondern «Alltagsleben und Organisation des Alltagslebens»; was mit Hilfe des Films geschehen soll.[56]

Da die dokumentarische Methode dem Medium adäquat ist und sie zudem durch die russische Montagetechnik überzeugend repräsentiert wird, findet sie auch bald in Deutschland bei fortschrittlichen Regisseuren und Autoren der bürgerlichen Filmwelt reges Interesse; wenn auch in anderem Sinne als Vertov es sich vorstellt. Etwa der Drehbuchautor Carl Mayer (*Caligari*) arbeitet seit Mitte der zwanziger Jahre nur noch sporadisch an Filmszenarien mit, da er dem Film nur noch Chancen in der Verbindung von Dokumentation und Montage einräumt.[57]
Speziell in Deutschland kommt diese Methode der Filmarbeit der gleichzeitigen Tendenz zu sogenannter «Neuer Sachlichkeit» entgegen. So entstehen in den folgenden Jahren Kino-Filme wie *Berlin, die Sinfonie der Großstadt* (Ruttmann, 1927), *Menschen am Sonntag* (Siodmak u. a. 1928) und *Die weiße Hölle von Piz Palü* (Pabst, 1929). Auf seiten der linken Filmproduktion ist dem nur der Kinofilm *Hunger in Waldenburg – Ums tägliche Brot* (Jutzi/Lania, 1929) gegenüberzustellen; ein Film, der sein dokumentarisches Material in eine Spielhandlung einbaut.
Überhaupt ist der *längere* Dokumentarfilm – als Kinofilm – permanent von Fiktion in Form von Handlungsmomenten bedroht. Eisenstein, der anfangs ihrer immer entsagen wollte, erlag ihr immer wieder, selbst wenn es gelingt, den Dokumentarfilm von Handlungselementen freizuhalten, tendiert der *Rhythmus* der Montage dahin, dem Ganzen einen Sinnzusammenhang zu geben, der den fehlenden Handlungszusammenhang ersetzt: Die *«Symphonien»* der Zeit reden deutlich diese Sprache.
Aber gerade wenn der Sinnzusammenhang nicht durch Fabel oder Fakten definiert wird, sondern allein Ausdruck des montierenden Individuums, geht auch diese Art des Dokumentarfilms in Richtung auf

das bürgerliche Kunstwerk zu. Um so mehr, da auch er an den allgemeinen technisch-ästhetischen Standards des Mediums partizipiert, ja partizipieren muß, soll er als *Kino*film überhaupt eine Chance gegen die übrige Spielfilmproduktion haben.
Zudem wird der Dokumentarfilm, indem er seine technisch-ästhetischen Möglichkeiten wahrnimmt, gleichzeitig wieder vom Kapital abhängig – wo immer es herkommt. Es ist kein Zufall, daß diese Art des Films – wenn auch vom Inhalt her sehr unterschiedlich – im Hitlerdeutschland und in der UdSSR seine höchste Form findet.
In *proletarischem* Produktions- und Rezeptionszusammenhang stehen solche Filme jedenfalls nicht.

8

Als dann gegen Ende der zwanziger Jahre unübersehbar wird, daß – trotz einiger «proletarischer» Spielfilme und einiger «proletarischer» Dokumentarfilme, trotz kommunistischer Prometheus-Film-GmbH und anderer linker Organisationen – die erwartete massenhafte Wirkung des Mediums im proletarischen Klassenkampf ausgeblieben war, die Revolution in immer weitere Ferne rückte; als dieses deutlich wurde, beginnt man eine neue Konzeption für den Film als Agitations- und Propagandainstrument zu entwickeln; eine Konzeption, die von der zunächst richtigen Erkenntnis ausgeht, daß es nicht genügt, nur Filme *für* das Proletariat zu machen und *für* das Proletariat zu spielen, sondern daß es darauf ankommen muß, Filme aus dem proletarischen Kommunikationszusammenhang heraus zu produzieren und diese dann in diesem auch zu rezipieren.
In diesem Sinne veröffentlichen Korea Senda und Heinz Luedecke 1931 – ermutigt durch die Agitprop-Theater der zwanziger Jahre im eigenen Lande und ermutigt durch die Arbeit verschiedener Film-Kollektive im Ausland – einen programmatischen Text, der auf die «Agitpropisierung des proletarischen Films» zielt.

> «Das *zentrale* Problem muß diesmal sein: Wie kommen wir zu einer eigenen Filmproduktion? [...] Nicht *neben* der Massenmobilisierung, sondern in dieser Bewegung wird eine eigene Produktion eine wichtige und entscheidende Rolle spielen. Es genügt nicht, schon organisierte Massen für Filmfragen zu interessieren. Wir müssen an die *Unorganisierten* heran, und dabei wird die Vorführung neuer, eigner Filme eine viel größere werbende Kraft haben als die besten Reden über Filmzensur etc.
> Aber wie kann man solche proletarischen Filme herstellen und sie an die Massen heranbringen? Wie kann man diese Produktion [in] den Massen verwurzeln, damit nicht nur Filme für das Proletariat, sondern wirklich *proletarische* Filme entstehen und damit die Wirkung dieser Filme organisiert und ausgewertet wird?

Unsere Antwort heißt: *Agitpropisierung* des proletarischen Films! Der Weg, den die Arbeitertheaterbewegung in Deutschland gegangen ist, beweist die Richtigkeit dieser Antwort! Wir müssen Filmagitproptruppen gründen, d. h. kleine Kollektive, die mit den Betrieben und der Landarbeiterschaft in engster Verbindung stehen. Ihre Mitglieder müssen ‹Arbeiterfilmkorrespondenten› sein, die nicht nur Aufnahmen bei Demonstrationen oder anderen großen Kampagnen der Arbeiterschaft machen, sondern ständig Reportagen aus den Betrieben und vom Lande schaffen.»[58]

Daß solches Postulat nicht Utopie bleibt, scheint möglich auf Grund einer entscheidenden Weiterentwicklung innerhalb der Filmtechnik; gemeint ist das Schmalfilmverfahren (16 mm) mit seinen zwei großen Vorzügen gerade im Hinblick auf eine proletarische Filmarbeit: erstens des weitaus billigeren Filmmaterials sowie einer billigeren Apparatur zur Produktion und Projektion; zweitens der weitaus größeren Mobilität dieser Apparatur bei gleichzeitig simplerer Handhabung.
Auf Basis dieser materiellen Bedingungen wird eine proletarische Filmproduktion in größerem Umfang nicht erst nach, sondern auch schon vor der Revolution ermöglicht; ja das Medium hat nun erst eine reale Chance, als Instrument im Klassenkampf eingesetzt zu werden. So kann Korea Senda über erfolgreiche Unternehmungen dieser Art – vor allem in Japan – berichten.[59]

Allerdings bleibt in Deutschland dann die Arbeit einiger (weniger) Filmkollektive ohne Bedeutung.
Zum einen erklärt sich das schon aus der Konzeption, wie sie von Senda/Luedecke in Übereinstimmung mit der Partei vorgetragen wird; sie zeigt an zentraler Stelle immer noch falsches Denken – gerade in bezug auf den Einsatz des Mediums im Klassenkampf.
Die Vorschläge zu vielen kleinen Filmkollektiven, die an und über die Basis kurze Filme herstellen, werden hier nur als Übergangslösung verstanden. Und im Grunde wird weiter am Traum vom «großen» Film festgehalten, was sich durchaus auch mit der Organisationsvorstellung verträgt: Da wird dann wieder von der *einen zentralen* Filmorganisation des Proletariats – das meint: der Partei – gesprochen.

«Alle Gruppen – sowohl die Produktion- als auch die Konsumentengruppen – müssen dann im Reichsmaßstabe unter einheitlicher Leitung zusammengefaßt werden.»[60]

Das ist verräterisch. Wenn da von «Konsumenten» die Rede ist, die im «Reichsmaßstabe» einheitlich geleitet werden sollen, werden die Arbeiter nicht als produzierende/rezipierende Menschen begriffen, sondern als passive Konsumenten, die mit generalstabsmäßig organisierten Agitprop-Produkten umworben werden sollen.

«Die Aufgaben revolutionärer Propaganda schrumpfen nach diesen Vor-

stellungen zusammen zur Werbung, die bei entsprechendem organisatorischen Aufwand die erwarteten Erfolge bringen muß. [...]
Das bewirkte, daß die Erfolge von Propagandaarbeit introvertiert bemessen wurden an quantifizierbaren Effekten. [...]
So definiert, verkehrte sich Propaganda in ihr Gegenteil; statt Teil eines Kommunikationsprozesses zu sein, wurde sie eingesetzt, ihn zu verhindern.»[61]

Das Ungenügende an dieser Konzeption der «Agitpropisierung des proletarischen Films» ist also im wesentlichen, daß der Film überhaupt als ein solches Agitations- und Propagandainstrument gedacht wird. Denn diese Funktion, mit der ihr entsprechenden Organisation, hebt im Grunde die sehr richtige Intention, den Film an der proletarischen Basis zu produzieren und ihn an ihr zu rezipieren, entschieden auf.
In diesem letzten Sinne käme es vielmehr darauf an, die Filmarbeit so zu organisieren, daß sie an der Basis *dezentral* Produktion und Rezeption zusammenbringt; daß nämlich die Arbeit am Film innerhalb des Erfahrungszusammenhangs von Leben, Arbeit und Aktion steht und nicht nur aus ihm hervorgeht, sondern auch in ihm steht.
Dziga Vertov hatte betont, daß es beim proletarischen Filmschaffen um die «Organisation des Alltagslebens» gehen müsse. (Wie etwa Boris Arvatov den Sinn proletarischer Theaterarbeit verstand.) Dabei ist es dann nicht entscheidend, ob dies *vor* oder *nach* der Revolution geschieht – sofern es nur medial möglich ist: Arbeit gibt's da immer.

Die mediale Möglichkeit ist der Punkt. Und von hierher erklärt sich neben der unzureichenden Konzeption zum anderen die fehlende Relevanz dieser Filmkollektive zu Anfang der dreißiger Jahre. Der *Film* ist nämlich für derartige Unternehmungen nicht das optimale Medium (innerhalb der technisch produzierbaren/reproduzierbaren Medien).
Selbst bei Verwendung des Schmalfilms entstehen noch verhältnismäßig hohe Kosten, so daß die Abhängigkeit von einer zentralen Organisation fast zwangsläufig ist. Zudem erfordert die Produktion immer noch einen großen technischen Aufwand und entsprechende Kenntnisse, was die Anwendung des Mediums in ihrer Quantität wie Mobilität erheblich einschränkt. Weiterhin erleidet die *Aktualität* der Filmarbeit allein dadurch Einbuße, daß zwischen Aufnahme, Entwickeln, Schneiden, Wiedergabe etliche Zeit vergeht; wodurch grundsätzlich der Produktionsvorgang vom Rezeptionsvorgang getrennt bleiben muß; außerdem stehen dann auf Grund dieser technischen Bedingungen zumeist immer nur *fertige* Produkte zur Rezeption zur Verfügung. Ein gemeinsamer Erfahrungszusammenhang in der Filmarbeit ist somit erschwert.
Nicht aber nur die technischen *Beschränkungen* des Mediums stehen einem solchen Einsatz im Wege, vielmehr sind es auch seine technisch-

ästhetischen *Möglichkeiten* – speziell seit der Entwicklung des Tonfilms und später dann der des Farbfilms. Denn auch eine so verstandene Medienarbeit kann nicht haltmachen vor den technisch-ästhetischen Möglichkeiten dieses Mediums, ohne von vornherein zurückstehen zu müssen gegenüber seinem kommerziellen/professionellen Einsatz.*
Infolge dieser Bedingungen beginnt auch hier wieder der nun mehrfach beschriebene Circulus vitiosus von Kapital (Staat) und Kunst.

9

Mit der Durchsetzung des abendfüllenden Tonfilms ist das Medium mit all seinen produktions- wie rezeptionsbedingten Implikationen im wesentlichen bürgerlich bestimmt, was auch das Gros der Filme konsequent zum Ausdruck bringt: Das Proletariat partizipiert damit an etwas ihm letztlich Fremden.
So wird in bezug auf den proletarischen Klassenkampf eine neue Fragestellung akut: Wenn der Film auf Grund seiner medialen Bedingungen der Sache des Proletariats auf Dauer nicht nützen kann, weil sich in ihm und durch ihn keine spezifischen Formen proletarischer Kommunikation reproduzieren und produzieren lassen, so muß man andererseits fragen, ob die Bürgerlichkeit des Mediums der Sache des Proletariats bei massenhafter Rezeption schadet.
Wer das bejaht, verweist in der Regel auf die Inhalte der Filme, die den Klassenkampfgedanken einschläferten.

> «Sehr geeignet dazu ist zum Beispiel jener Film, der in der reichen bürgerlichen Gesellschaft spielt (Schloß, Auto, Flugzeug, St. Moritz, Luxusnachtlokal usw.), in dem ein einfacher, bescheidener Arbeitsmann, in dessen edle Seele sich die Tochter des Millionärs verliebt, schließlich feierlich zu den höchsten Weihen der Bourgeoisie zugelassen wird.
> Solche Filme, nicht wahr, schwächen den Klasseninstinkt des Proletariats. Es beginnt von all diesen Herrlichkeiten zu träumen und vergißt zu handeln.»[62]

* Die elektronische Bildaufzeichnung und Bildübermittlung, speziell dabei die *Video*-Methode, wird dann später das Medium sein, das von diesen Schwierigkeiten nicht entscheidend betroffen ist. Auf Grund des elektronischen Verfahrens sind Simultaneität von Aufnahme und Wiedergabe wie auch Varianten des Produzierten möglich. Eine nicht schwer zu handhabende Apparatur, die mobil ist, erlaubt fast alle technisch-ästhetischen Möglichkeiten, die das Medium kennt. Zudem sind die dazu nötigen Geräte verhältnismäßig billig, da ihre Entwicklung überhaupt nur in Erwartung eines massenhaften Absatzes erfolgte. Mehr noch als beim Film, wird beim Video jener merkwürdige Widerspruch des kapitalistischen Systems offenbar, daß es, um zu funktionieren, Kommunikationsmittel hervorbringen muß, die sich verkaufen lassen, die zugleich aber auch durch ihren massenhaften Gebrauch potentiell systemsprengend sind.

Interessanterweise sind es fast dieselben Filme und in ihnen dieselben Momente, die von rechts als *Verhetzung* zum Klassenkampf erachtet werden. Eine «Kölner Volksgemeinschaft zur Wahrung von Sitte und Anstand» meint:

«Viele Filme wirken direkt sozial verhetzend. Sie spielen in einem unerhörten Aufwand an Luxus und zeigen so die Macht des Geldes. Der untere Stand muß durch diese Darstellungen, die er als glaubwürdig hinnimmt und deren Voraussetzungen er verallgemeinert, durch Vergleich der dargestellten Verhältnisse mit den seinigen zum Haß gegen andere geradezu erzogen werden.»[63]

Hier geht es nicht um eine Relativierung der Standpunkte (die Ideologie dieser Filme ist bürgerlich und schlimm: schlimm bürgerlich), vielmehr soll das Verfahren kritisiert werden, mit dem in beiden Fällen die Beziehung vom Proletariat zu diesem Medium angegangen wird. Hier wird nämlich grundsätzlich immer noch eine bürgerliche Rezeptionsweise des Films vorausgesetzt und damit dem Proletariat unterstellt.

Wer garantiert aber – und das ist der Ausgangspunkt der Frage –, daß die Arbeiter den Film in diesem Sinne rezipieren, ihn gleichermaßen ernst nehmen, dieselben Momente für wichtig halten – und nicht, auf Grund ihrer Erfahrungen, andere Momente registrieren, anderen ihr Interesse entgegenbringen? Das eben ist ein bürgerlicher Traum, der auch noch von linken Intellektuellen geträumt wird, daß das Proletariat so denkt, wie man selbst und so den im Film vorgeführten Kitsch für *wirklich, möglich* und vor allem *wünschenswert* hält. Wie hatte Siegfried Kracauer geschrieben?

«Es mag in Wirklichkeit nicht leicht geschehen, daß ein Scheuermädchen einen Rolls Royce-Besitzer heiratet; indessen ist es nicht der Traum der Rolls Royce-Besitzer, daß die Scheuermädchen davon träumen, zu ihnen emporzusteigen?»[64]

II

Leo Kreutzer

Wie das Leben spielt

Drei Exempel

Anhaltende Filmbeobachtung

Vor Jahren versetzte uns eine Reihe von Arbeiten Sergej Tretjakows in eine bis heute fortwirkende Aufregung, Arbeiten, die nicht zufällig wieder zugänglich gemacht wurden, nachdem uns aus guten Gründen die Frage nach einem sozialen Auftrag für die Arbeit des Schriftstellers sehr zu beschäftigen begonnen hatte. Tretjakow hat, in Bericht und Theorie, Vorschläge gemacht.

Einen seiner Vorschläge nennt er – in seinem Buch *Feld-Herren. Der Kampf um eine Kollektiv-Wirtschaft* – die «anhaltende Filmbeobachtung». Ausgehend einerseits von der These, besser als jede andere Kunst vermöge das Kino den «handgreiflichen Gang der Geschichte» vor Augen zu führen, andererseits von dem Befund, der «gewöhnliche Kulturfilm» fessele «wohl unsere Aufmerksamkeit an *ein* Thema», erfasse aber «eine zu kurze Zeit, um uns mehr zu zeigen als den Inhalt des heutigen Tages», fordert Tretjakow vom Dokumentarfilmer, der möge lernen, «das Wachsen selbst zu erfassen, soziale Prozesse zu kurbeln»: «Man müßte eine Fabrik, ein Dorf, eine Familie, ein Wohnviertel, ein Laboratorium, einen Bürobetrieb vor das Objektiv der Kamera nehmen, dann einen einzelnen Menschen und einen einzelnen Gegenstand, und, ausgerüstet mit besonderen, nach Möglichkeit objektiven Beobachtungsmethoden, müßte man ein solches Material aufnehmen, das uns später (jedoch nicht vor Ablauf von ein bis zwei Jahren), zum Film montiert, nicht allein Wachstum und Veränderung zeigt, sondern auch die Bedingungen, unter denen das Wachstum sich abspielte, die diesem Wachstum im Wege standen oder es begünstigten.»

Der Film mithin als «permanenter Beobachter». Und das bedeute nichts anderes als ein «Filmatelier, das seine Aufnahmen unaufhörlich mitten in den Sturm der Aufbauprozesse verlegt». Tretjakow stellt sich ein System von filmischen Tages-, Wochen-, Monats- und Jahreschroniken vor. «Und endlich, als Fazit von einem, zwei oder mehr Jahren, Filme mit dem mächtigen Radius einer ganzen Epoche.» Auf diese Weise könnten Filme sich aus «bloßen Informationen» in «Operationsberichte» verwandeln.

Nun entwickelt Tretjakow auch diesen Vorschlag, wie die vielen anderen, die er gemacht hat, aus seinem historischen Erfahrungszusammenhang. Wenn er vom «handgreiflichen Gang der Geschichte» spricht, von «Aufbauprozessen», dann sind das keine geschichtsphilosophischen

Größen, dann spricht er damit konkret von seiner Wahrnehmung der Sowjetunion vor ihrer Stalinisierung, seiner überaus engagierten und phantasievollen Teilnahme an diesen Prozessen.
Ist, so haben wir uns gefragt, Tretjakows Konzept einer «anhaltenden Filmbeobachtung» gleichwohl übertragbar? Übertragbar auf eine Gesellschaft, die der Bundesrepublik, deren Aufbau sich als Formierung entpuppt hat? Und die gegenwärtig in ein Stadium offener Abbauprozesse eingetreten ist. Ist es übertragbar auf eine Gesellschaft, in der die Herstellung und Verbreitung von Dokumentarfilmen vorwiegend Fernsehanstalten obliegt, deren Produktion so organisiert wird, daß, mit wenigen Ausnahmen, die entstehenden Produkte im günstigsten Falle auf «bloße Informationen» hinauslaufen?
Mit derartigen Überlegungen zur Übertragbarkeit des Tretjakowschen Modells auf bundesrepublikanische Verhältnisse befaßt, Überlegungen, die sich immer deutlicher auf die Möglichkeiten der Video-Technik konzentrierten, wurden wir am 17. Dezember 1976 durch einen Zeitungsbericht überrascht, mit dem die Bürger von Hannover davon unterrichtet wurden, daß ihre gesamte Innenstadt nach neunmonatiger Installationsarbeit seit dem Vortage einer anhaltenden Filmbeobachtung durch die Polizei unterliege. Voilà: «Den ersten Schritt zur totalen Überwachung des Verkehrs hat Hannovers Polizei gestern getan: Um 10.30 Uhr blitzten in der Fernmelde- und Einsatzzentrale an der Hardenbergstraße die Monitoren von 19 Fernsehkameras auf, die Bilder von ebenso vielen Verkehrsknotenpunkten der City in die Zentrale schicken. [...] Die 19 Fernsehkameras beobachten den Schwarzen Bären, Waterlooplatz, Stadion, Culemannkreuzung Bereich Christuskirche, Königsworther Platz, Kröpcke und Opernplatz, Thielenplatz, Weidendamm, Hamburger Allee/Celler Straße, Raschplatz, Berliner Allee/Schiffgraben und Emmichplatz. Sie sind um 359 Grad schwenkbar und mit Teleobjektiven versehen, so daß bei guter Sicht Autokennzeichen und Menschen auszumachen sind. Die Polizei ist in der Lage, die Kamerabilder aufzuzeichnen. Auch bei Nacht genügen Straßenbeleuchtung und Autoscheinwerfer, um brauchbare Bilder in der Zentrale zu empfangen.»
Der Berichterstatter der am Ort erscheinenden durch und durch allgemeinen Zeitung tut sich sichtlich schwer, seinen Mitbürgern die neue Errungenschaft – eine «Weltpremiere», wie der Direktor der Herstellerfirma hervorgehoben habe – anzudienen. «Die totale Überwachung der City – und damit der sie belebenden Menschen – mag Beklemmung hervorrufen. Man denkt an George Orwell und sein Buch *1984*, in dem der Autor die Vision einer lückenlosen Beobachtung des Individuums beschreibt. Doch soweit ist es (noch) nicht. Hier geht es vielmehr darum, der Polizei schneller Informationen über das Geschehen auf unseren Straßen zu vermitteln und Entscheidungen der Führung zu er-

leichtern. Autofahrer wissen, wie schnell ein kleiner Auffahrunfall den Verkehr in der City lahmlegen kann. Bisher war die Polizei auf Meldungen über Draht und Funk angewiesen, jetzt ist sie sofort informiert und kann rasch handeln. Ähnlich ist es mit Demonstrationen, die den Verkehrsablauf erheblich behindern können, und daß die Polizei auch die Straßenkriminalität besser im Auge hat, muß dem Bürger recht sein.» Demonstrationen und Straßenkriminalität: «dem Bürger» wird die Maßnahme recht sein.

*

Orwells Anti-Utopie hat seit ihrem Erscheinen eine Funktion zu erfüllen, die – Dialektik der Aufklärung – ihre Intention, Warnliteratur zu sein, ins Gegenteil verkehrt: Bemühungen, die Annäherung an von ihr antizipierte Zustände voranzutreiben, werden stereotyp mit dem Hinweis auf sie legitimiert. «Doch soweit ist es (noch) nicht. Hier geht es vielmehr darum ...» Sie wird damit in Dienst genommen für die Gefechte einer Scheinkritik, die den Kern der Sache beflissen verfehlt.
An den Kern der Sache ist nämlich über verschwommene Anspielungen auf eine Anti-Utopie der Herrschaftstechniken *künftiger* Gesellschaften nicht heranzukommen, er hängt vielmehr, und das auf eine sehr genaue Weise, mit der *Tradition* bürgerlicher Herrschaftstechnik zusammen. Knüpft nicht die Installierung eines «Filmateliers» mitten in einer Stadt, von 19 Kameras, die fest mit deren Polizeizentrale verkabelt sind, deutlich erkennbar an den Bau der Pariser Boulevards durch den Baron Haussmann nach der Revolution von 1848 an? Auch damals mußte «dem Bürger» eine seine Stadt demolierende Maßnahme recht sein, als strategische nämlich nach den Erfahrungen eines Bürgerkriegs, in dem erstmals dem Bürger eine Klasse, die ihm in seinen Revolutionen die Kohlen aus dem Feuer geholt hatte, als «rote Gefahr» für seine sich etablierende Herrschaft entgegengetreten war.
«Haussmanns urbanistisches Ideal waren die perspektivischen Durchblicke durch lange Straßenfluchten.» So Walter Benjamin in seinen Bemerkungen über *Haussmann oder die Barrikaden.* Der wahre Zweck von Haussmanns «embellissement stratégique» sei indessen die «Sicherung der Stadt gegen den Bürgerkrieg» gewesen: «Er wollte die Errichtung von Barrikaden in Paris für alle Zukunft unmöglich machen. In solcher Absicht hatte schon Louis-Philippe Holzpflasterung eingeführt. Dennoch spielten die Barrikaden in der Februarrevolution eine Rolle. Engels beschäftigt sich mit der Technik der Barrikadenkämpfe. Haussmann will sie auf doppelte Weise unterbinden. Die Breite der Straßen soll ihre Errichtung unmöglich machen, und neue Straßen sollen den kürzesten Weg zwischen den Kasernen und Arbeitervierteln herstellen.»

Barrikaden haben bei den Vorgängen, die den Bürger in der Bundesrepublik in der jüngsten Vergangenheit zu schrecken geeignet waren, keine Rolle gespielt. Eine Rolle gespielt hat aber die Straße, ihre Wiederbelebung als Ort öffentlicher Auseinandersetzung, als Medium. Haussmanns städtebauliche Maßnahmen hatten in Paris ein für allemal die Erneuerung von Barrikadenkämpfen zu verhindern; sie haben das bekanntlich nicht vermocht. Hat das Aufstellen von Fernsehkameras – der «Weltpremiere» in Hannover, wo in den nächsten Jahren noch dreißig weitere Kameras in Betrieb genommen werden sollen, werden mit Sicherheit bald Premieren in anderen Städten der Bundesrepublik folgen – zur «anhaltenden Filmbeobachtung» unserer Innenstädte ein für allemal zu verhindern, daß deren Straßen neuerlich zu Orten politischer Auseinandersetzung werden können? Hannover, gemeinhin kein Boden für «Weltpremieren», hat als Stadt der «Rote-Punkt-Aktion» Eindruck gemacht; das allgegenwärtige Kamera-Auge hat man sich dort gerade rechtzeitig zu den neuen Fahrpreiserhöhungen zugelegt.

Haussmanns «urbanistisches Ideal», schreibt Benjamin, entspreche der «im neunzehnten Jahrhundert immer wieder bemerkbaren Neigung, technische Notwendigkeiten durch künstlerische Zielsetzungen zu veredeln». Darin sind wir – Diskontinuität in der Kontinuität – heute anders, mit künstlerischen Zielsetzungen lockt man keinen Hund mehr hinter dem Ofen hervor. Urbanistische Maßnahmen werden uns vielmehr unentwegt mit dem Hinweis auf die wieder einmal zu erzielende Verbesserung des Straßenverkehrs nahegebracht.

Der Baron Haussmann, so, noch einmal, Walter Benjamin, habe seinerzeit den Parisern ihre Stadt entfremdet. «Sie fühlen sich in ihr nicht mehr heimisch.» Auch das läuft heute ganz anders. Die Gewalttätigkeit, mit der in der Polizeizentrale einer, die Gummilinse per Knopfdruck fernsteuernd, dein Gesicht in die Großaufnahme zerrt, vollzieht sich unbemerkt. Unsichtbar und lautlos. Die Straßen, durch die du gehst, haben sich scheinbar nicht verändert. Das Entfremdete ist das Heimische.

Der blaue Mann mit dem Mondgesicht und der Million im Koffer

Am Montag, dem 9. Juni 1975, betritt ein unscheinbarer Mann – mittelgroß, mittleren Alters – die Hertie-Filiale am Kölner Neumarkt. Er trägt: einen blauen Popelinemantel, einen blauen Hut, ein blaues Hemd, eine braun-blau gestreifte Krawatte. Er geht zielstrebig zum Regal mit den großen Reisekoffern (70 cm), ersteht dort für 86 Mark einen braunen Kunstlederkoffer. Die Verkäuferin ist ein wenig beleidigt, ihre Bereitschaft zu beraten wird nicht in Anspruch genommen.

Aber der Kunde bedankt und verabschiedet sich sehr höflich, sie wird ihn später nicht beschreiben können.
Der Mann begibt sich sodann in den vierten Stock, wo – Zutritt nur für Personal – in einander benachbarten Räumen Geschäftsführung und Hauptkasse untergebracht sind. Im Gang vor dem Vorzimmer des Geschäftsführers parkt er den Koffer, den beiden Vorzimmerdamen stellt er sich als Kriminalkommissar vor. Im Büro des Chefs zieht er eine Pistole, er steckt dem Geschäftsführer einen Gegenstand in die Tasche, dies sei eine Bombe, und im Erdgeschoß sei eine sechzigfach stärkere Ladung versteckt. Hier habe er noch ein Funkgerät, mit dem könne er die beiden Dinger hochgehen lassen. Der Geschäftsführer veranlaßt, daß bis auf den Hauptkassierer alle Angestellten den Kassenraum verlassen.
Im Kassenraum müssen nun Geschäftsführer und Hauptkassierer die bereits eingelaufenen Tageseinnahmen in den Koffer räumen. Aber der Mann weiß, daß im Tresor noch mehr sein muß, vor allem der Umsatz des langen Samstags; wenige Minuten später, er wird das Kaufhaus gerade verlassen haben, wird, wie üblich an jedem späten Montagvormittag, der Geldtransporter vorfahren, der die Einnahmen vom vergangenen Freitag und Samstag zur Bank schafft. Aber hier sind sie noch: eine runde Million, in den Koffer damit. Der Mann ist genau, eines der Bündel fällt neben den Koffer, es muß aufgehoben werden. Die Koffergröße stimmt exakt, nachmittags läßt der Kölner *Express* sich von der Stadtsparkasse eine Million «in gemischten Scheinen» zusammenstellen. Sie paßt genau in einen 70-Zentimeter-Koffer. «Nur beim Zumachen mußte man den Deckel kräftig herunterdrücken.»
Also den Koffer zugemacht. Der Mann holt den Gegenstand wieder aus der Tasche des Geschäftsführers, hat mit einemmal dazu noch einen zweiten und baut jetzt an der Tür zum Tresorraum eine Lichtschrankenbombe: wenn Sie hier durchgehen, fliegt der Laden in die Luft. Und dann sagt er noch, die Telefonleitung sei angezapft, also bitte im eigenen Interesse die Polizei nicht anrufen, nämlich sonst. Gleich neben dem Ausgang befindet sich ein Taxistand, er läßt sich zum Hauptbahnhof fahren, wechselt dort das Taxi, in Leverkusen-Wiesdorf noch einmal, seine Spur verliert sich am Flughafen Düsseldorf-Lohausen. Unterdessen löst sich im Kaufhaus seine Konstruktion Zug um Zug als großer Bluff auf. Keine Leitung angezapft, keine Bombe gelegt, das Funkgerät kein Funkgerät, die Lichtschrankenbombe zwei mit Zement gefüllte Aluminiumzylinder – war auch seine Pistole nicht zum Schießen?
Bei der Kölner Kripo meint man, wenn, was wahrscheinlich sei, der Mann allein gearbeitet habe und mit dem vielen Geld nicht wie Prinz Karneval leben werde, habe er eine gute Chance, unerkannt zu bleiben. Eine Reihe von Leuten mit einem «typischen Mondgesicht», die

man in den Tagen nach dem Coup verhaftet, muß man jedenfalls wieder laufenlassen.

*

Einige Zeitungsreporter können in ihren Berichten kaum verschleiern, daß sie ihre eigene Kaltschnäuzigkeit vielleicht auch lieber in einen derartig eleganten Millionen-Coup als in Zeitungschreiben umsetzen möchten. Ihre Sympathien etwas mühsam unterdrückend, registrieren und kritisieren sie, daß dem blauen Mann von der Bevölkerung der eben durch die Herstatt-Pleite schwer heimgesuchten Stadt spürbar Sympathien entgegengebracht werden. Einer überliefert das Diktum eines Kripobeamten: «Wenn sich jetzt noch herausstellt, daß die Pistole nicht echt war, ist er fast eine sympathische Figur.» Ein anderer schreibt: «Unverkennbar ist, daß ihm Sympathien entgegenschlagen. Wie ehedem Schinderhannes oder Robin Hood, der die Reichen bestahl, um die Armen zu beschenken. Oder wie in unserem Jahrhundert den englischen Posträubern, jenen smarten Burschen, die längst in abendfüllenden Spielfilmen Titelhelden sind, um deren Gesundheit die Zuschauer bangen. Um es nicht in Vergessenheit geraten zu lassen: dieser Mann hat nicht nur eine Million Mark geraubt. Dieser Mann hat mit dem Tode von Menschen gedroht, wenn seine Forderung nicht erfüllt würde – ein scheußliches Verbrechen, dem keine Achtung gezollt werden darf, nur Verachtung entgegengeschleudert werden muß.»
Mit dem Entgegenschleudern von staatsbürgerlich gefestigter Verachtung, das beweist die Standpauke der Zeitung an ihre Abonnenten, scheint es in diesem Falle mithin Schwierigkeiten gegeben zu haben. Woran liegt das, da es doch mit Sicherheit nicht daran liegen kann, daß Zeitungsmacher über ein feineres sittliches Empfinden verfügen als ihre Leser?
Jemand, offenbar ein Einzelgänger, hat einen Kaufhauskonzern bzw. dessen Versicherung durch eine strafrechtlich erfaßbare Aktion um eine Million gebracht, mit Produktionsmitteln aber, die zum großen Teil, möglicherweise durchweg einen tödlichen Verlauf ausschlossen. Das ist in der Tat der Punkt: eine Aktion, die dem Ausgang, vielleicht sogar der Anlage nach nichts mit wirklicher Gewaltanwendung, dafür aber eine ganze Menge mit Intelligenz und List zu tun hatte, mit der Art List, die den Kleinen in die Lage versetzt, den Riesen gelegentlich doch aufs Kreuz zu legen.
Dieser Punkt scheint dem blauen Mann die Sympathien gesichert zu haben; er hat eine Million geklaut, aber auf eine Weise, daß er damit – vielleicht ohne es zu wollen, aber darauf kommt es dabei gar nicht an – eine alte Geschichte neu erzählt hat. Eine Geschichte, die seit ihrer wohl ältesten Fassung, dem Kampf zwischen David und Goliath, einen

äußerst subversiven Charakter hat. Sie hat seither den Leuten nicht oft genug «erzählt» werden können, wie gesagt: von Robin Hood und dem Schinderhannes, von vielen anderen, auch der Schuster Wilhelm Voigt, der Hauptmann von Köpenick, gehört in diese Tradition. Und nun der blaue Mann mit dem Mondgesicht, es ist gewiß nicht die stärkste Fassung, aber sie zeigt: die Geschichte gefällt immer noch. Das Subversive gefällt immer noch.

Und mit «Literatur» hat der blaue Mann auch in der Weise zu tun, daß er – immer ohne es zu wollen – eine ganze Menge «veröffentlicht» hat, zum Beispiel: wenn heutzutage der Boss zehn Angestellte telefonisch auffordert, den Kassenraum zu verlassen, so tun die das, offenbar ohne sich weiter Gedanken darüber zu machen – er hat's angeordnet. Vor allem aber: mit meinem hastigen Einkauf am zerrüttenden langen Samstag leiste ich einen bescheidenen Beitrag zu Tagesumsätzen in solider Millionen-Dimension. Klar, es gibt die Bilanzen, und die werden auch veröffentlicht. Aber wer kann die lesen? Nun wissen eine Menge Leute Genaueres. Die «Geschichte», die der blaue Mann der Öffentlichkeit erzählt hat, sie hat auch etwas von einer Betriebsreportage, und das nicht nur zum Gebrauch der Unterwelt: in diesen Kaufhäusern lagern an bestimmten Sonntagen Millionenbeträge. Was das betrifft, so haben die Kaufhäuser nach dem Hertie-Coup unverzüglich verlauten lassen, sie würden in Zukunft ihre Wochenschluß-Einnahmen doch noch samstags in die Nachttresore ihrer Banken geben. Aber unsereins hat ja nicht so sehr das Problem, an die Kohlen heranzukommen, das Problem also, daß das mit dieser Maßnahme nun wieder einmal erschwert ist. Wertvoll und nicht korrigierbar ist die Verbreitung der uns wichtigen Information über die Größenordnung von Profiten.

*

Der Hauptmann von Köpenick. Ohne weiteres vorstellbar, daß auch der blaue Mann seinen Zuckmayer finden wird, wahrscheinlich wird es gleich ein Filmautor sein. Nur muß man sehen, daß der Hertie-Räuber seinen Coup seinerseits schon so durchgezogen hat, als inszeniere er einen Film, in dem er gleichzeitig die Hauptrolle spiele, nicht, als agiere er in der Realität.

So fragte man sich bei der Kölner Kripo, ob es sich bei ihm wirklich um einen Profi handle. Ein solcher nämlich hätte, sich die in der Tat große Pannenanfälligkeit des Projekts detailliert vergegenwärtigend, die Sache wahrscheinlich fallenlassen. Also beispielsweise auch ein Geschäftsführer kann ja montags einmal Durchfall haben und sich zufällig für zehn Minuten auf dem Klo aufhalten, wenn man ihn gerade dringend für ein solches Unternehmen benötigt: schon wären die Leute vom Geldtransporter zur Stelle gewesen. Oder der Koffer auf dem

Gang: ein nagelneuer Hertie-Koffer, ein Angestellter, zufällig vorbeikommend, hätte ihn wegräumen können, in so einem Kaufhaus herrscht doch sicher Ordnung; wie hätte der Mann dann in der Eile das viele Geld weggeschafft? Daß nichts, aber auch gar nichts zufällig dazwischenkommt, das gibt es doch nur im Film. Beim Hertie-Raub war es so.

Alle Zeugen sagen aus, der Mann sei völlig sicher aufgetreten. Er hat seine Rolle gespielt und ist davon ausgegangen, daß alle Beteiligten mitspielen würden. Sie haben alle mitgespielt. Wie nach Drehbuch.

«Filmisch» an seiner Produktion ist auch die Art und Weise, wie er sein Gesicht in sie eingebracht hat. Ein Allerweltsgesicht, eben ein «typisches Mondgesicht». In der Realität, das redet mir niemand aus, würde doch ausnahmslos jeder damit seine Probleme haben; über ein solches Gesicht zu verfügen, gesteht sich doch niemand so ein für allemal ein. Der blaue Mann aber hat sein eigenes Gesicht in seine Produktion eingebaut wie ein glänzender Regisseur das Allerweltsgesicht seines großen Hauptdarstellers.

Der Köpenicker Aktion des realen Schusters Wilhelm Voigt ist es nicht gut bekommen, daß sie über den Zuckmayer auf den Rühmann gekommen ist. Freilich war bereits sie widerspruchsvoll gemischt aus klarem Durchblick und barem Dilettantismus. Voigt hat bei seiner Aktion aufs genaueste die wilhelminische Fixierung seiner lieben Mitbürger auf die Uniform des höheren Militärs einkalkuliert, er hat durch seine Aktion diese Fixierung «veröffentlicht». Einen Paß hat er nicht gekriegt, weil er versäumt hatte zu recherchieren, ob das Rathaus von Köpenick auch eine Paßstelle habe. Es hatte keine.

Schon Zuckmayers Stück leitete die Reduzierung seiner historischen Hauptfigur auf den Aspekt «liebenswerter» Schusseligkeit ein, der durch Heinz Rühmann in Käutners Film seine ihm angemessene Verkörperung gefunden hat. Die in der historischen Aktion des Schusters angelegten ästhetischen Qualitäten sind in ihrer Literarisierung eher abgebaut worden. Das Resultat dieses Prozesses gilt als «volkstümlich». Aber noch die Sympathien für den blauen Mann zeigen: volkstümlich, wenn's das gibt, ist eher der genau gelingende Coup, der locker sich durchsetzende David.

Der blaue Mann in Köln war möglicherweise kein Profi, aber mit Sicherheit war er auch kein Dilettant. Sein Professionalismus wirkt nicht wie der eines Gangsters, sondern ist deutlich vermittelt über die träumerisch-exakte Zuversicht, daß zwischen Leben und «Kunst» nicht zu trennen sei. Seiner bereits als Aktion hohen ästhetischen Organisation nach ist der Hertie-Coup nicht darauf angewiesen, in der Gestalt eines traditionell ästhetischen Produkts von der Realität abgezogen zu werden.

Für eine Kommerzialisierung seiner Aktion hat der blaue Mann selbst denn ja auch in der gründlichsten Weise mitgesorgt, und zwar ausschließlich zu seinen Gunsten. Ihn wird an der ganzen Geschichte überhaupt nur interessieren, daß er aus seinem Mondgesicht nun immerzu die Million im Koffer begucken kann.

Justitiale Dichterlesungen

Der Prozeß gegen Peter Brückner fand im Oktober 1975, zur spürbaren Enttäuschung nicht zuletzt der Kollegen von der Presse, ein überzeugend wenig spektakuläres Ende. Mich hat am Verlauf der eintägigen Verhandlung am Hannoverschen Landgericht ein Vorgang stark beschäftigt, der von der Berichterstatterin der Neuen *Hannoverschen Presse* höchst zutreffend als «justitiale Dichterlesung» charakterisiert wurde.

Es ging ja in diesem Prozeß um die ziemlich ominöse Frage der Begünstigung einer kriminellen Vereinigung, um ein Verhalten des Angeklagten, das als schuldhaft nur in Verbindung mit einer voraufgegangenen kriminellen Tat anderer hingestellt werden konnte. Diese «Vortat» – die Befreiung von Andreas Baader am 14. Mai 1970 mit Waffengewalt – wurde in den Hannoverschen Prozeß eingebracht mit Hilfe einer ausführlichen Lesung. Verlesen wurde die Darstellung der Vorgeschichte und Durchführung der Berliner Gefangenenbefreiung, wie sie im Text des im November 1974 vom Berliner Landgericht ergangenen Urteils in dieser Strafsache enthalten ist.

In der Nacht zum 14. Mai 1970 zwischen 0.00 Uhr und 0.30 Uhr beobachtete der gegenüber dem Zentralinstitut wohnende Zeuge H., wie ein Volkswagen vor dem Institut hielt. Drei unbekannte Männer stiegen aus und leuchteten von der Straße mit Taschenlampen das Institutsgebäude ab. Anschließend kletterten zwei Männer über den Zaun und schlichen im Garten umher. Nachdem die Unbekannten die Örtlichkeiten ungefähr zehn Minuten erkundet hatten, stiegen sie wieder in den Volkswagen ein und fuhren davon.

Justitiale Dichterlesung: eine ungemein fesselnde Erzählung, deren Wirksamkeit im Brückner-Prozeß durch eine bestimmte Art des Vortrags noch unterstrichen wurde. Die Art und Weise nämlich, wie der Vorsitzende Richter und seine beiden Beisitzer einander in der Verlesung des Textes abwechselten, verriet mehr als ein Bestreben nach Arbeitsteilung. Der Dramaturgie, die das Richtertrio unter der Regie des Vorsitzenden realisierte, lag eine genaue Analyse der Erzählstruktur des Textes zugrunde. Zwei Handlungsbögen, jeweils einem Höhepunkt zustrebend: zunächst die Vorgänge, die zur Festnahme Baaders am 4. April 1970 führten, dann die Rekonstruktion der Vorbereitung und Durchführung seiner Befreiung während seiner «Ausführung» ins

Deutsche Zentralinstitut für soziale Fragen. Die Regie ließ die Hierarchie der Spannungsakzente mit der Hierarchie der Realisatoren korrespondieren: der Vorsitzende behielt sich die Interpretation der beiden absoluten Höhepunkte vor, die Erzählung der Festnahme und der turbulenten Schlußphase der Befreiungsaktion.

Zwei Maskierte drangen in das Haus ein. Der erste, der sich mit einer über den Kopf gezogenen grauen Wollmaske mit Sehschlitzen unkenntlich gemacht hatte, richtete die erwähnte, schußbereite Beretta-Pistole sofort auf den damals 62 Jahre alten Zeugen Linke und trieb ihn mit der auf den Oberkörper des Zeugen zielenden Waffe zurück in die Diele, während der zweite Maskierte das Haus wieder verließ, um die Befreiung und Flucht des Andreas Baader von außen zu sichern. In der Diele rief der zuerst eingedrungene Maskierte den beiden Mädchen, die sich nun ebenfalls dort befanden, zu: «Los, schnell in den Saal!» Dabei winkte er ihnen mit der rechten Hand, in der er die Pistole hielt, auffordernd zu.

Mir war geläufig, daß, weit über die Genre-Grenze des Krimis hinaus, die Literatur, das Theater, der Film immer wieder gern auf Spannungselemente, auf ästhetische Strukturen zurückgreifen, wie sie der Ablauf kriminalistischer Untersuchungen und gerichtlicher Verfahren gleichsam naturwüchsig produziert. Einigermaßen verblüfft war ich jedoch darüber, wie erkennbar auch umgekehrt im Gerichtssaal auf dramatische Strukturen zurückgegriffen wird, wie deutlich ästhetische Vorstellungen von den Produzenten der Rechtsprechung angewendet werden, ästhetische Vorstellungen, die damit tief in den Prozeß der Rechtsprechung eindringen. Wie bewußt geschieht das, vor allem aber: woher kommt – jeweils – diese Ästhetik, und welcher Art ist sie?

Wenn die Richter am Hannoverschen Landgericht den Text ihrer Berliner Kollegen so zu interpretieren vermochten, daß sich dabei in der Tat deutlich erkennbar Literatur ereignete, dann lag das natürlich nicht zuletzt an diesem Text selbst. Nun ist es ja mittlerweile fast zum Gemeinplatz geworden, daß mit den sogenannten Sachtexten überhaupt auch gerichtliche Dokumente nicht mehr ohne weiteres aus dem Bereich dessen auszugrenzen seien, was uns als Literatur zu gelten und zu beschäftigen hat. Aber was heißt das eigentlich: «Sachtexte»? Es bedarf doch nicht einmal einer bereits wieder zur Konvention gewordenen Erweiterung des Literaturbegriffs, um feststellen zu können, daß zum Beispiel ein Richter, der meint, mit einer Urteilsbegründung einen «Sachtext» zu formulieren, in Wirklichkeit Literatur produziert. Denn, mag er sich dessen auch nicht bewußt sein, er kommt gar nicht ohne die Anwendung spezifisch literarischer Verfahrensweisen aus.

Das Deutsche Zentralinstitut für soziale Fragen ist in einem villenartigen, zweistöckigen Gebäude in Berlin-Dahlem, Miquelstraße 83, untergebracht. Das Erdgeschoß, in dem die spätere Tat geschah, besteht

aus mehreren Räumen. Durch die ohne Schlüssel nur von innen zu öffnende Eingangstür gelangt man in einen als Windfang dienenden Vorraum und von dort aus durch eine Verbindungstür in die Diele. Vom hinteren rechten Teil der Diele aus führt eine Treppe ins obere Stockwerk. Neben der Treppe steht ein runder Tisch mit zwei Stühlen. An diesem Tisch werden von den Institutsbesuchern im allgemeinen die Anmeldeformalitäten erledigt.
An der linken Seite der Diele liegen nebeneinander die zu den Arbeitsräumen Nr. 6 und 7 führenden Türen. Beide Räume sind untereinander durch eine Tür verbunden. An den Raum Nr. 7 schließt sich nach rechts der als Raum Nr. 9 bezeichnete rechteckige Lesesaal an, der zusammen mit dem Raum Nr. 7 die gesamte Breite des Gebäudes einnimmt. Der Lesesaal ist mit der Diele nicht verbunden, sondern kann nur durch eine Tür vom Raum Nr. 7 aus betreten werden. Diese Tür befindet sich an der einen Schmalseite des ca. 10 m langen und 4,50 m breiten Saales. Gegenüber der Tür auf der anderen Schmalseite des Saales liegt ein Erker. Rechts neben dem Vorraum liegt die Toilette, von der aus die Miquelstraße eingesehen werden kann. An die Toilette schließt sich in Richtung auf die Rückfront des Hauses ein Korridor an, von dem aus nach links eine Tür in den Vorraum, geradeaus die Treppe in den Keller und nach rechts eine Tür in den Arbeitsraum Nr. 11 abgehen. Zwischen dem Raum Nr. 11 und dem Lesesaal liegt der Arbeitsraum Nr. 10, der nur von der Diele einen Zugang hat. Eine zwischen dem Raum Nr. 10 und dem Lesesaal befindliche Verbindungstür wird stets verschlossen gehalten.
Er kommt gar nicht ohne die Anwendung spezifisch literarischer Verfahrensweisen aus. Ich bin dieser Beobachtung nachgegangen am Beispiel des Textes, an dem sie sich mir eher zufällig verdeutlicht hat: am Beispiel der Textgrundlage der «justitialen Dichterlesung» am 7. Oktober 1975 im Hannoverschen Landgericht.
Durchgehendes und schon deshalb auffälligstes Kennzeichen des die Gefangenenbefreiung erzählenden Kapitels des Berliner Urteilstextes – es umfaßt mit 45 Seiten genau die Hälfte des gesamten Textes – ist das strenge Bestreben, eben keine Literatur zu produzieren, oder, mit genauerer Betonung: keine Literatur zu *produzieren*. Die heftigste Fiktion dieses scheinbar total nichtfiktionalen Textes besteht darin, er habe sich selbst geschrieben. Auf die ästhetisch nächstliegende Frage – wer erzählt? – suggeriert der Text die Antwort: niemand bzw.: die Fakten erzählen sich selbst. Und warum die Fakten «die Fakten» sind, wird in dem von der Tat-Erzählung abgetrennten, im Gesamt-Urteilstext auf sie folgenden Kapitel der «Beweiswürdigung» dargelegt. Hier wird, so beginne ich diese Text-Konvention zu verstehen, die Arbeit der Ermittlungsbehörden und des Gerichts juristisch durchsichtig gemacht, die Art und Weise, wie die Fakten zu «den Fakten» gemacht

wurden, damit sie in die Erzählung des Tatverlaufs aufrücken konnten.

Also kein Erzähler, weil auf Grund ausgedehnter und transparent gemachter Beweissicherung die Fakten in die Lage versetzt werden konnten, sich selbst zu erzählen. Aus der Art und Weise, wie sie das tun, geht hervor, daß die Fakten streng darauf bedacht sind, sich sprachlich betont unauffällig zu präsentieren. Ich verstehe: was an jedem Deutschaufsatz, geschweige denn an einem Text, der auf dem Markt als Literatur daherkäme, als Sprachdürre negativ sanktioniert würde, ist hier die besondere mediale Qualität, nämlich weitestgehende Annäherung an Un-Sprache als Un-Literatur. Soweit so gut.

Aber die Fakten müssen, um, sich erzählend, zur Erzählung eines Tatverlaufs werden zu können, miteinander Verbindungen eingehen, wozu sie nun wirklich nicht selbst in der Lage sind. Auch hier kommt ihnen die angehängte «Beweiswürdigung» zur Hilfe, insofern nämlich, als diese auch die Sicherung von Tat- und Verhaltensmotiven umfaßt, nach denen sich eine Fülle von Einzelfakten zu Faktenkomplexen organisieren.

Die Zeugin L. führte die Angeklagte Meinhof in den Lesesaal und wies ihr als Arbeitsplatz den Tisch im Erker des Raumes zu. Die Angeklagte lehnte diesen Platz jedoch ab, weil sie erkannte, daß die für die Flucht erforderliche Bewegungsfreiheit im Erker zu sehr eingeengt gewesen wäre. Unter dem Vorwand, die Platz- und Lichtverhältnisse seien an dem Tisch im Erker unzureichend, verlangte sie, zusammen mit Baader an dem großen Tisch in der Mitte des Lesesaals sitzen zu dürfen.

Die Emanzipation der Fakten von einem Erzähler scheint so bereits total geglückt: mit Hilfe einer Fülle betont stereotyper Wendungen, logische und psychologische Ableitungen herstellend, wird die Reihung der Fakten zum argumentierenden Zusammenhang. Kein interpretierender Erzähler, wer ihn trotzdem argwöhnisch vermutet, mag sich im Kapitel «Beweiswürdigung» vom Gegenteil überzeugen: alles hieb- und stichfest, nirgendwo eine Lücke, die durch subjektive Einschätzung hätte geschlossen werden müssen.

Nun stellt sich eine Tat aber nicht nur als logischer und psychologischer Zusammenhang dar, sie hat auch eine Zeitstruktur. Und da steht es so, daß mit der zeitlichen Struktur einer Tat noch lange nicht die Zeitstruktur ihrer erzählerischen Rekonstruktion gegeben ist: letztere ist durchaus vom Erzähler herzustellen, und das gehört sogar zu den wesentlicheren Anforderungen an ihn.

Die Erzählung der Gefangenenbefreiung im Urteilstext des Berliner Landgerichts versucht, die Funktion eines Erzählers in diesem Punkt überflüssig zu machen, indem sie bemüht ist, den zeitlichen Zusammenhang der sich selbst erzählenden Fakten durch deren chronologische

Abfolge sich herstellen zu lassen, die ebenfalls Gegenstand der Beweissicherung war. Aber spätestens hier zerbricht die Fiktion, eine Erzählung ohne Erzähler machen zu können. Denn selbstverständlich steht die Fülle der Fakten, die zu einer einigermaßen komplex organisierten Tat zusammenschießen, keineswegs durchweg im zeitlichen Verhältnis sturer chronologischer Abfolge, und dementsprechend vermag auch die Erzählung der Tat ihre Zeitstruktur nicht im Prinzip der Chronologie allein zu finden.

Der Zeuge Sch. arbeitete zur Zeit des Überfalls im Raum Nr. 10. Als er die Schüsse hörte, wollte er in die Diele eilen. Die von seinem Arbeitszimmer zur Diele führende Tür war jedoch von den Tätern zu Beginn des Überfalls durch Umlegen des Riegels von außen verschlossen worden. Der Zeuge Sch. lief daraufhin in den Raum Nr. 11 und versuchte, von dort aus über den Korridor in die Diele zu gelangen. Die Täter hatten die vom Korridor zur Diele führende Tür aber ebenfalls von außen verriegelt, so daß der Zeuge eingeschlossen war.

Obwohl das eine seiner bemerkenswertesten Anstrengungen ist, schafft es natürlich auch der Text des Berliner Landgerichts nicht, seine Zeitstruktur durchweg nach dem Prinzip der Chronologie, also wiederum auf eine selbsttätige Weise, zu organisieren. Immer dann aber, wenn die Chronologie als Organisationsprinzip versagt, realisiert der Text, hinter seinem eigenen Rücken, doch die Funktion eines Erzählers. Wie sollten die Fakten, von der Chronologie im Stich gelassen, sich auch untereinander darüber verständigen können, welcher Vorgang bei Gleichzeitigkeit den Vortritt haben soll, oder wann und auf welche Weise der nicht selten eintretenden Notwendigkeit Rechnung zu tragen sei, zur Erhellung der Geschichte Fakten aus anderen sachlichen und entlegenen zeitlichen Zusammenhängen einzufügen?

Der Text hat unentwegt Simultanes zu organisieren und notwendige Rückblenden und Vorausdeutungen zu berücksichtigen, und er tut das auch. Wer tut das? Selbstverständlich ein insgeheim vorhandener Erzähler, so verbissen auch die Bemühung ist, dessen Wirksamkeit zu vertuschen. Aber wer anders als er hat, wenn es, sprachlich auch hier betont anspruchslos, immer wieder «inzwischen» oder «mittlerweile» heißt, entschieden, nach welcher Abfolge in der Erzählung tatsächlich gleichzeitig eingetretene Fakten zur Geltung zu bringen waren? Wer anders als er hätte die Technik der Rückblende, und zwar so und nicht anders, gehandhabt? Aus der «Beweiswürdigung», Stütze der «Fakten» und Beleg der unterstellten Motive, leiten sich die immanenten «erzähltechnischen» Entscheidungen des Textes nicht mehr ab, und das bedeutet: spätestens mit ihnen verwandelt sich die Erzählung unweigerlich aus einem sich selbst herstellenden juristischen Sachtext in ein Stück authentischer Literaturproduktion.

Damit wird ein solcher Text aber einer nur juristischen Würdigung

entzogen und einer literarischen Wertung zugänglich. Bei dieser geht es nicht um die Frage, wie kunstvoll im landläufigen Sinne die Literaten in der Richterrobe zu schreiben vermögen, auch nicht lediglich um so etwas wie «kommunikative Kompetenz». Indem sie in ihren Urteilsbegründungen nicht nur ihre Beweiswürdigungen offenlegen, sondern, als die überzeugende Frucht ihrer Arbeit, die Tatverläufe erzählend rekonstruieren, produzieren sie Literatur. Und das heißt: sie tun das, was die Literatur tut, sie machen ein Bild, und sie agitieren; und sie tun das mit den Mitteln der Literatur, mit deren Techniken.
Sie machen Bilder, und sie agitieren, geben aber gleichzeitig vor, das nicht zu tun, indem sie sich so stellen, als handle es sich bei ihren Tat-Erzählungen eben nicht um literarische Produkte, sondern um sich selbst schreibende juristische Texte, ohne alle ästhetische Vermittlung und deren spezifische Wirkungsweisen. Sie bilden und agitieren nach Art der Literatur, entziehen sich aber, anders als die sich offen als solche zu erkennen gebende Literatur, einer kritischen Auseinandersetzung mit ihren Gestaltungs- und Agitationsformen, indem sie der Öffentlichkeit auf alle Weise zu verstehen geben, ihre Erzählungen fielen ihnen, als Lohn sorgfältiger, juristisch einwandfreier Beweiswürdigung, wie reife Früchte fertig in den Schoß.
In Wirklichkeit sind diese Erzählungen gemacht, produziert, und hinter ihnen stehen auch hier Produzenten; sie sind das Resultat nicht nur juristischer, sondern auch ästhetischer Erfahrungen und Bemühungen. Und was hier an Ästhetik anfällt, bleibt nicht ornamental. Sie ist, wie überall, so auch hier, nicht weniger als die Möglichkeit und bestimmte Art und Weise, Wirklichkeit wahrzunehmen und zu verstehen, und das Wahrgenommene und Verstandene anderen zu vermitteln.
Es trifft nun sicher zu, daß auch juristisches Denken, juristische Verfahrensweisen eine Möglichkeit und bestimmte Art und Weise darstellen, Wirklichkeit wahrzunehmen und zu verstehen. Dann beweist aber die Beobachtung, wie ein Richter, indem er in seiner Urteilsbegründung den Schritt von der Würdigung der Beweise zur Erzählung eines Tatverlaufs tut, notwendigerweise aus dem Nur-Juristischen ins Auch-Literarische wechseln muß, daß das Nur-Juristische die Notwendigkeit und das Bedürfnis, Wirklichkeit zu erfassen und verständlich zu machen, entgegen seinem zunehmend geltend gemachten Anspruch nicht autonom zu realisieren vermag.
Auch Richter sind Dichter. Denn Richter sind auch Dichter.

III

Jürgen Peters

Fahr nach Frankfurt Knautschbetty in deinem Patton

Leseerfahrungen mit Alexander Kluges Prosa

Genau. Man muß die Einzelheiten weglassen und sieht das dann im großen.
Sie hatte schon immer von einer Arbeit geträumt, bei der sie nichts als Unterwäsche und einen weißen Kittel anziehen mußte.

1

«Die DDR-Grenzsoldaten trauten ihren Augen nicht, als am Samstagmorgen gegen fünf Uhr ein amerikanischer Panzer vom Typ *Patton* durch den ‹Checkpoint-Charly› an der Friedrichstraße raste, einen Schlagbaum und mehrere Fußgängergitter umriß, dann aber wieder am östlichen Wachtturm kehrtmachte und mit 75 Stundenkilometern in Richtung Süden abbrauste. Erst nach einer Stunde endete die Amokfahrt am DDR-Kontrollpunkt Drewitz. Dort wurde der 22jährige farbige US-Unteroffizier William A. Thompson in Handschellen gelegt und abgeführt. Das Motiv dieses seltsamen Ausfluges ist bisher nicht bekannt. Die amerikanischen Behörden konnten weder Drogen- noch Alkoholmißbrauch feststellen. Zum Glück behielten alle Beteiligten trotz aller Aufregung die Nerven: Weder auf östlicher noch auf westlicher Seite fiel ein Schuß.»
Das ist eine auffällige Geschichte. Auffällig deshalb, weil eine auf der psychisch/individuellen Ebene *sinn*lose Tat – die Motive sind unbekannt, Rauschmittel scheiden aus –, Ausgangspunkt weitreichender politischer Konsequenzen sein kann. Möglicherweise: Am Checkpoint-Charly kann ein Weltkrieg ausbrechen.
Was für eine Lebensgeschichte, kann man fragen, hat bei dem US-Unteroffizier William A. Thompson diese Tat produziert? Hat sie für ihn persönlich einen Sinn? Handelte er als Ehemann, als Farbiger, als Soldat? War es zufällig, daß er mit einem Panzer, einem *Patton*, gegen Grenzen vorstieß? – Gibt es einen Zusammenhang zwischen der individuellen Motivation und den möglichen politischen Folgen?
Ein anderer Fall:
A. Merkl, Beamter des Verfassungsschutzes der BRD, schießt auf den Minister, den er zu beschützen hat. Die Motive für diese – auf den ersten Blick – sinnlose Tat lassen sich in einem Interview mit A. Merkl nicht eindeutig klären.
Eine Antwort lautet: «Ich habe ihn in die Backe geschossen, weil unser Leben überhaupt keinen genauen Sinn hat.»
Eine andere: «Weil ich einen Revolver hatte.» Dazu die Anmerkung

des Kommentators: «Beamte des Verfassungsschutzes tragen während ihres Dienstes keine Waffen. Herr Merkl trug diese Waffe während des Dienstes in seiner privaten Eigenschaft als Mensch.» Die beiden skizzierten Fälle sind möglich. Wirklich passiert ist nur die Amokfahrt des US-Unteroffiziers in Berlin. Nachzulesen in der *Süddeutschen Zeitung* vom 4. März 1974: Tagesaktualitäten. Der Fall des eifrigen Verfassungsschützers A. Merkl ist beschrieben in Alexander Kluges Prosaband *Lernprozesse mit tödlichem Ausgang*, erschienen 1973 in der edition suhrkamp.

Was beide Berichte für den Leser unterscheidet: Im Falle des Panzerfahrers wird die erklärende Analyse nachgereicht, zwei Tage später in derselben Zeitung. Die Auflösung des – wie es heißt – «Rätsels»: Eheschwierigkeiten, Scheidungspläne nebst den einschlägigen Umständen. Ein Rätsel also, ein Drama, vielleicht sogar eine Tragödie: Erklärungsversuche aus dem Geiste der traditionellen Ästhetik. Nichts wird klar. Und auch die Fragen, die man sich während der Lektüre der ersten Meldung stellte – gerade *weil* hier kein Erklärungsversuch unternommen wurde – sind vergessen. Der Fall des Verfassungsschützers Merkl ist gleichfalls möglich, aber fiktiv. Aber hier wird keine Erklärung gegeben, sondern allein die Annäherung an eine mögliche Erklärung. Es stellt sich nämlich heraus, daß die Motivation des Täters Merkl durchaus vielschichtig ist. «Ich wollte zeigen, daß ein Attentäter an den Herrn Minister trotz Absperrung herankommen könnte, daß wir, wenn wir auf der Gegenseite führen dürften, dies jedenfalls fertigbrächten.» – Merkl hat also auch in Wahrnehmung seiner Aufgabe, nämlich den Minister schützen zu sollen, so gehandelt. Er ging also, um seinen Berufsstand zu schützen, ja: um ihn aufzuwerten, das Risiko ein, gefeuert zu werden.

Er wird gefeuert.

Dieser – im Kontext der übrigen Passagen des Prosa-Bandes von Kluge vergleichsweise einfache – Fall hat etwas mit dem *Lernen* zu tun und mit der Frage eines einzelnen nach Sinn. Das Wort *Lernen* taucht ja auch im Titel des Buches auf, der erste Text des Buches – «Vorwort» – beginnt mit dem Wort *Sinnentzug*.

Im Fall Merkl geht es um Sinnentzug: «Wir haben gelernt, gelernt, gelernt und wollen jetzt endlich auch eingesetzt werden.» Und: «Wir brauchen Aufgaben, an die wir glauben können.» Merkl also sieht keinen Sinn in dem, was er beruflich zu tun hat. Aber er glaubt, Anspruch auf Sinn zu haben. Dabei stellt sich ihm das spezifische Dilemma seines Berufes wie folgt dar: «Zunächst wäre erforderlich, daß wir DÜRFEN, WAS WIR KÖNNEN.» Dem aber sind Grenzen gesetzt, die Grenzen des demokratischen Rechtsstaates: Denn die sind ja zugleich auch immer die des Verfassungsschützers. Merkl kann beruflich konsequent sein nur in der Inkonsequenz: «Es ist erfreulich, daß wir im Schutz der

Verfassung und des Lebens der Minister unseren Lebenssinn sehen. Diesen Lebenssinn können wir aber unmöglich im Schutz der geltenden Verfassung oder der zur Zeit amtierenden Minister erblicken.» – So sieht sich A. Merkl als Opfer dieser Gesellschaft, speziell: als Opfer deren Rechtsverfassung. Und er wird, sagt er auf Befragung, nach der Entlassung aus dem Gefängnis politisch als Systemveränderer arbeiten. Ihm geht es – «Wir sind durchaus bereit, vom Gegner zu lernen!» – um einen *Lernprozeß*. Allerdings um einen Lernprozeß mit reaktionärem Ausgang.

Der Fall des (nunmehr) ehemaligen Verfassungsschützers A. Merkl enthält in nuce die Grundproblematik, die in dem Buch von Alexander Kluge ausgebreitet wird. Immer wieder geht es um einzelne, die handelnd etwas Sinnvolles tun wollen, die handelnd ihrem Leben einen Sinn geben wollen.

Und immer denken/handeln sie unangemessen:

Hier werden nicht Fragen der Moral oder der Individualpsychologie untersucht. Gezeigt wird, wie derartiges Denken und Handeln produziert wurde. Es geht um Erfahrungen, um die Produktion von Erfahrungen: Um gesellschaftlich produzierte Erfahrungen. Wie werden derartige Erfahrungsweisen produziert und wie also gelernt? – Dieses Buch handelt von dem Zustand der Gesellschaft, der Handlungen wie die eines A. Merkl oder eines William A. Thompson möglich macht. Es geht um unsere eigenen Erfahrungen.

2

Eisenbahngespräche: Da stehen Leute der DDR deshalb so ungemein positiv gegenüber, weil es dort noch die Todesstrafe gibt. Und weil man mit den Gammlern kurzen Prozeß macht. Und, seitdem die Israelis sich als die wahren Wüstenfüchse erwiesen, mußte man nun wirklich zugeben, daß diese Sache damals mit den Juden wirklich schlimm gewesen war. – Eisenbahngespräche.

Die Protagonisten des Buches von Alexander Kluge versuchen in gleichfalls alltäglicher Weise, Zusammenhänge zu sehen, Erklärungen zu finden, sich der eigenen Situation zu vergewissern. So kommt ein breites Spektrum möglicher Erklärungsversuche zusammen. Dabei wird deutlich, daß diese Modelle dann im logischen Sinne nie stringent sind. Da mischt sich viel Austauschbares, da bleiben Widersprüche ungeklärt. Das alles kann die alltäglichen Erfahrungen deshalb nicht erklären, weil diese Erklärungen mit den gegenwärtigen Erfahrungen kaum noch etwas zu tun haben. Denn es handelt sich um Abstraktionen, die früher einmal auf Grund realer Erfahrungen gebildet und dann verselbständigt tradiert wurden. Wie das gesellschaftlich funktioniert und warum: Das ist Thema des ganzen Buches.

Das gilt, übrigens, auch für bestimmte marxistische Theorie-Versuche. Wenn der Werkschutzbeamte Rieche – ein «Bolschewist des Kapitals» wird er in der Überschrift genannt – sich bestimmte linke Theorien aneignen kann, so deshalb, weil sie abstrakt sind, mit den gegenwärtigen Erfahrungen nichts zu tun haben. Er schult sich als Taktiker, lernt aber nicht als Gesamtperson.

Gemeinsam ist aber auch allen, daß sie das Bedürfnis des Fragens haben, gemeinsam ist allen der «Hunger nach Sinn», um eine andere Überschrift aufzunehmen (S. 47). Was bedeutet, daß bei allen auch ein potentiell richtiges Bewußtsein da ist. – Am Beispiel des Verfassungsschützers A. Merkl: Sein Bedürfnis zu lernen, sein Bedürfnis, Fragen zu stellen, ist ja nicht falsch. Nur ist Merkl wegen seines Modells, mit dessen Hilfe er seine Erfahrungen organisiert, nicht imstande, sachgerechte Schlüsse zu ziehen. Die erfahrenen Widersprüche bedenkend, kommt er zu dem Schluß, *der* Widerspruch dieser Gesellschaft sei der zwischen dem Verfassungsauftrag und der alltäglichen Realität.

Die Erfahrungen der einzelnen also sind beschädigt, sind zerschlagen worden. Das wird etwa deutlich daran, wie eine Reihe von Menschen mit den dienstfreien Ostertagen fertig werden wollen: «Die Ostertage 1971» heißt die Passage. Hier treffen zwei Produktionsstrukturen von Erfahrungen aufeinander, die sich von den einzelnen nicht bruchlos integrieren lassen. Ablesbar ist das daran, wie hier Zeit erfahren wird. Es ist die Rede von einem Cheffahrer und seinem Verhältnis zu den Ferientagen: «Vor Montag abend hat er den Produktionsrhythmus für diese Tage nicht, dann sind sie schon zu Ende» (S. 70).

Es wird deutlich: Alle werden von unterschiedlichen – gesellschaftlich produzierten – Zeiterfahrungen bestimmt, die einander widersprechen, die, zusammengenommen, keinen Sinn geben. Der Wissenschaftler Mutzlaff (S. 79 ff) hat seinen Arbeitsrhythmus, aus dem kommt er erst einmal nicht heraus. Dieser Rhythmus – definiert durch die reale Arbeitszeit und durch die Zeiterfahrung, die sein Arbeitsobjekt ihm aufzwingt – hält Mutzlaff fest: Gründonnerstag bleibt er erst mal im Labor. Seine Arbeit hat auch mit der Zeit zu tun: Mit den Instrumenten seines Arbeitsplatzes kann er 12 Millionen Lichtjahre in den Weltraum hineinhorchen. In seinem Privatleben spielen allerdings diese Raum/Zeit-Strukturen überhaupt keine Rolle, er findet den, wie es heißt, «Absprung» erst am Ostersonntag. «In einer Bar findet er ein Mädchen, das er schon längst näher kennenlernen wollte. Sie kommt mit.
Pünktlich ist Mutzlaff am Dienstag früh in seinem Labor.»

Die Erfahrungen der einzelnen werden also von einer merkwürdigen Ungleichzeitigkeit beherrscht. Das Buch beginnt:

«Sinnentzug. Eine gesellschaftliche Situation, in der das kollektive Lebensprogramm von Menschen schneller zerfällt, als die Menschen neue Lebensprogramme produzieren können.»

Das alles funktioniert gesellschaftlich, ist aber nicht funktional. Die einzelnen können interpretieren, was ihnen widerfährt, sie können das alles aber in ihren Köpfen nicht richtig zusammensetzen: Windschiefe Bilder, entstanden aus Ungleichzeitigkeit der Erfahrungsdimensionen. Und auch das Ganze der Gesellschaft läßt sich offenbar nicht richtig zusammensetzen, auch das Ganze ist dysfunktional. Weil diese Gesellschaft – auch aus Ungleichzeitigkeit – sich mit Hilfe von Interpretationsmodellen fortentwickeln zu können glaubt, die von unterschiedlicher Herkunft sind und – als notwendig unverbunden – nur noch Teilbereiche anpeilen. Gesamtgesellschaftliche Lösungen sind zwar noch denkbar, aber nur unter dem einen Aspekt: *Lernprozesse mit tödlichem Ausgang*.

Und das wird von den einzelnen alltäglich erfahren. So kommen – beispielsweise – im juristischen Bereich gegenteilige: zufällige Urteile zustande:

Staatsanwalt Berg kann erfolgreich nachweisen, daß ein Betrieb giftige Abwässer in einen Fluß ableitet. Er hat eine Probe des Flußwassers in der Hand, aber er kann sie vor Gericht nicht verwenden. «Staatsanwalt Dr. Berg hat übersehen, daß er rechtswidrig den Grund und Boden eines ‹eingerichteten und ausgeübten Gewerbebetriebes› betreten hat. Er hat die Proben an einer Stelle entnommen, an der die Mischung aus Zink, Blei, Farbstoffen [. . .] noch Eigentum des Unternehmens ist. Erst 30 m flußabwärts gehen diese Substanzen in den öffentlichen Bereich über. Die Beauftragten des Werkschutzes, 7 Zeugen, haben den Rechtsbrecher Dr. Berg auf frischer Tat gefaßt [. . .]» (S. 106) – : – Anders die Erfahrung der Schnellöterin Elisabeth Daeneke, genannt «Knautschbetty». Sie macht eine Erfindung und wird so schneller mit ihrer täglichen Arbeit fertig. Sie meint, so für sich freie Zeit geschaffen zu haben, sie verläßt den Betrieb vor dem offiziellen Arbeitsschluß. Ihr wird wegen Disziplinlosigkeit gekündigt. Ihr Freund, ein Rechtsanwalt, findet heraus, daß die Erfinderin Ansprüche an die Firma hat. Durch die Kündigung nämlich hat die Firma eine Rechtslage geschaffen, derzufolge die Erfindung der Elisabeth Daeneke Eigentum seiner Mandantin ist. Da die Firma diese Erfindung betrieblich verwendet, muß sie zahlen. Mit dem Teilbetrag von 800 000 DM eröffnet Frau Daeneke einen Massagesalon. «Sie hat schon immer von einer Arbeit geträumt, bei der sie nichts als Unterwäsche und einen weißen Kittel anziehen mußte.»

3

Ungleichzeitige Erfahrungsstrukturen, ein gesellschaftliches System mit unauflösbaren Widersprüchen. Es geht in diesem Buch um Produktion und Erfahrungen von Ideologie im exakt marxistischen Sinn verstanden, als wahresfalsches Bewußtsein; Ideologie als Alltagserfahrung. So gesehen handelt es sich hier um ein Werk der Ideologiekritik als ästhetische Methode.

Dieses Geschäft der Ideologiekritik soll doch aber, hört man, eine Wissenschaft wie die Soziologie viel besser – weil: exakter – besorgen können. – Auch dieser Komplex kommt im Buch zur Sprache. Der Werkschutzbeamte Rieche – ein Kollege der Kunstfigur Merkl – will lernen, auch er sucht nach Sinn: «Mangelware: Lösbare Aufgaben.» Seine Aufgabe hat allerdings einen Sinn, den er selber nicht kennt. Dazu sein Chef Wilucki:

«Es ist billiger, wenn man den Werkschutz *einspart* und die Verluste durch *Versicherung* abdeckt. Die Versicherungsprämie verringert sich allerdings, wenn das Werk über einen intakten Werkschutz verfügt. Die ist der Grund, warum ich den Werkschutz zur Zeit nicht auflöse. [...] (Rieche meint, die Sicherheit des Werkes zu verteidigen, statt dessen verteidigt er die günstigere Versicherungsprämie» (S. 156).

Rieche also lernt. Von den Linken, deren «Schrifttum» er studiert. «Wie er in den Schriften der Linken recherchiert hat, ‹durchdringen sich Distributions- und Produktionsbereich› auf unübersichtliche Weise; daß der ‹Produktionsbereich das Übergreifende› ist, wirkt sich nach Rieches Feststellung auf der Ebene des Werkschutzchefs nur unmerklich aus» (S. 166).

Daß der Produktionsbereich das Übergreifende ist, kann Rieche zum Beispiel dem Buch *Öffentlichkeit und Erfahrung* entnommen haben, S. 21. Es stammt von Oskar Negt und Alexander Kluge und entstand parallel zu den *Lernprozessen*. Hier heißt es: «Die wirkliche Wechselwirkung zwischen Erfahrung, ihrer Organisierung und dem Öffentlichkeitshorizont ist auch für bürgerliche Produktionsverhältnisse dialektisch und funktioniert *nicht* technisch. Das wird für das Alltagsbewußtsein nicht sichtbar, weil die geschichtliche Produktion von Erfahrung, Organisation und Öffentlichkeit in ihrem Ergebnis, der die Gegenwart bestimmenden Öffentlichkeit, verschwindet. Erfahrbar wird so der Distributionsapparat dieser Öffentlichkeit, aus dem Erfahrung sich wiederum ableitet. Diese distributive Öffentlichkeit ist aber nach wie vor wirklich bestimmt durch die *Produktionsstruktur* als das Übergreifende; diese beruht nicht bloß auf vergangener Produktion, sondern reproduziert sich immer erneut aus den Alltagserfahrungen der Menschen, die ihr subsumiert sind. Wenn man den wesentlichen Zusammenhang sieht, so ist Produktion das die Öffentlichkeit übergreifende. Sie erscheint aber so, als ob sie von diesem Produktionszusammenhang nicht nur getrennt wäre, sondern als etwas Besonderes gegenüber dieser Produktion, als eine eigenständige Sphäre»: So erscheint sie dann auch einem Rieche. Und nicht nur ihm.

Diese Passage von Negt/Kluge kommentiert in zweifacher Weise das ästhetische Verfahren, das die *Lernprozesse* bestimmt. Einmal faßt sie zusammen, wie es kommt, daß das Personal dieses Buches seine Erfahrungen innerhalb einer als «eigenständig» empfundenen Sphäre macht: *Wenn man die wesentlichen Zusammenhänge sieht.* Zugleich aber wird die Grenze des hier gewählten analytischen Verfahrens sichtbar. Oskar Negt und Alexander Kluge können in ihrem Buch nicht zeigen, wie das alles im Alltag, in den Köpfen der einzelnen tatsächlich *funktioniert.* Die traditionell auf Abstraktion – und das heißt: auf Eliminierung der Sinnlichkeit im Prozeß der Produktion der Theorie und in deren Darstellung – abgerichtete Wissenschaft kann – immer noch – allein das beschreiben, was mit Hilfe der Abstraktion überhaupt erfaßt werden kann. Das ist von der wissenschaftsgeschichtlichen Tradition so vorgezeichnet, markiert aber nicht die endgültige Grenze zwischen den Gesellschaftswissenschaften und der Kunst: So wie die Künste in dem Maße gewannen wie sie ihren gesellschaftlichen Charakter ästhetisch begriffen, so werden die Gesellschaftswissenschaften in dem Maße an Wissenschaftlichkeit gewinnen wie sie ästhetisch werden. Denn noch liegt allein bei der ästhetischen Erkenntnisform die Chance, Erfahrungen rational *und* sinnlich zu vermitteln. – Vorläufig allerdings wird es – noch – die Differenz geben zwischen den ästhetischen Möglichkeiten und der Aufgabe der Sozialwissenschaften, das in den Griff zu bekommen, was – *wenn man die wesentlichen Zusammenhänge sieht* –, disspariert von den Erscheinungen, Theorie werden kann.

4

Die beschriebene Differenz von Kunst und Wissenschaft wird vom Schriftsteller Alexander Kluge nicht als gegeben hingenommen. Er macht sie zum Ausgangspunkt seiner literarischen Untersuchung.

Es wird gezeigt, wie Realität von den einzelnen erfahren wird. Wobei der Zusammenhang von Einzelerfahrung und gesamtgesellschaftlicher Dominanz beschrieben wird als Zeit/Raum – Raum/Zeit-Erfahrung.

Das war – als Thema, als ästhetische Methode – Aufgabe der bürgerlichen Philosophie und Literatur von Anfang an gewesen. Und diese Konstellation hatte die Affinität der bürgerlichen Klasse zu dem ihr dann immer mehr entsprechenden Medium geführt, zum Roman. «Um so mehr der Romanendichter RAUM und ZEIT in seinem Werke hat, um so eher wird er uns, an statt von seinen Personen zu erzählen, daß sie lieben oder hassen, HANDLUNGEN der Liebe und des Hasses zeigen; und so mehr wird er dann auch unsere Theilnehmung erregen –»; so Friedrich von Blanckenburg 1774 in seinem Versuch über den Roman. Nur, die Zeiterfahrungen der in den *Lernprozessen* Beschriebenen sind nicht mehr einheitlich und zukunftsbezogen-zielgerichtet: so wie sie bürgerliche Literatur in ihrer emanzipativen Kampfphase modellhaft herstellen konnte. Jetzt sind diese Erfahrungsstrukturen disparat. Individuelle Erwartungen sind zwar noch zukunftsbezogen orientiert, aber diese Zukunft ist im bürgerlichen Zusammenhang nicht mehr organisierbar. – Die letzte Passage des Buches – sie hat ihm den Titel gegeben – spielt in der Zukunft. Es handelt sich um den Abschluß des Lernprozesses, den wir als den der bürgerlichen Klasse zu begreifen haben. Dabei ging es um einen Lernprozeß, der so lange zielgerichtet organisiert werden konnte, solange diese Klasse ihre Zukunft organisieren konnte. Hierin gehört dann auch die traditionelle ästhetische Form, mit deren Hilfe derartige Erfahrungsstrukturen organisiert werden konnten: Die Form des Romans. – Hierhin gehört auch der traditionelle Begriff des Lernens, der den Zusammenhang von Individuum und Gesamtgesellschaft einbezog, der in historischen Prozessen denken konnte, weil er zukunftsbezogen in den gesellschaftlichen Prozessen stand. Dieser Zusammenhang ist heute zerstört. Lernprozesse mit kapitalistischem Ausgang. Aus der Pädagogik wurde die Curriculumforschung: Im Lernschritt – MARSCH!

Das alles sind bürgerliche Erfahrungsstruktuten. Und das Personal dieses Buches ist – wie auch das Publikum, an das es sich wendet – weitgehend innerhalb der Bannmeile der bürgerlichen Öffentlichkeit angesiedelt. In der Sphäre also, in der nicht alltäglich erfahren wird, daß der Produktionsbereich tatsächlich das Übergreifende ist.

Dabei trifft es sich glücklich, daß sich an Hand der Klugeschen Vorlieben – etwa im Interesse für juristische Finessen oder in der Haßliebe zum vielstädtigen Frankfurt – dieser Bereich dieser Gesellschaft weitgehend erschließen läßt. Dies Faible wird nicht kapriziös vorgezeigt sondern benutzt. Intellektuelle zum Beispiel sind in diesem Buch eben nicht Schriftsteller, die dann noch womöglich, mangels Mißerfolges, der innerliterarischen Szene leben und dann nur noch klagen können, es gäbe keine richtigen Themen mehr und nur noch Kollegen.

Festzuhalten bleibt aber auch, daß derjenige Bereich der Gesellschaft, in dem – auch und gerade in der bürgerlichen Teilöffentlichkeit – entscheidende Erfahrungen produziert werden, fast ausgespart bleibt, der Bereich der Familie, der Ehe: Ein Satz wie *Ich nehme keine Rücksicht auf dich, mache dich aber nachher für alles verantwortlich* kommt in diesem Buch nicht vor. Von Arbeitern, von der gegenwärtigen Situation der Arbeiterklasse ist in diesem Buch nur am Rande die Rede. Das ist kein Fehler. Bürgerliche Autoren können eben mit den Mitteln bürgerlicher Literatur nur bürgerliche Erfahrungen beschreiben. So ist in diesem Buch vornehmlich die Rede von denjenigen, die den Raum/Zeit-Zusammenhang deshalb nicht sinnvoll zusammenfassend verstehen können, weil sie nicht mehr die Geschichte in den Griff bekommen können. Deshalb ist gleichwohl die Klasse, die – wie noch das Bürgertum des 18. Jahrhunderts – Raum und Zeit einheitlich als «Jetztzeit» – um

den Begriff Walter Benjamins aufzunehmen – ergreifen und Geschichte *machen* kann, auf jeder Seite des Buches präsent.
Alltagserfahrung als bürgerliche Erfahrung also: Gegenwart als Schnittpunkt von Vergangenem und Zukunft. Gegenwart wird beschrieben unter dem Aspekt des Real-Möglichen.
Das Nicht-Mehr unter dem Aspekt des Noch-Nicht wird hier jeweils immer wieder neu einsetzend ausgefabelt, es geht hier um literarische Experimente, die mit soziologischer Phantasie durchgespielt werden. Es ist dies ein ästhetisches Verfahren, das Gegenwärtiges zum Gegenstand von Science-fiction macht. Man könnte dieses Verfahren «Social Science-fiction» nennen, wenn dieser Begriff nicht bereits schon durch den Schriftsteller Alfred Behrens besetzt worden wäre, von einem Autor also, der dieses Programm nur bedingt verwirklicht. Der zeigt in satirischer Absicht, wie es in den nächsten zehn Jahren mit der Bundesliga kommen kann. Die «Fernsehliga» präsentiert sich – sinnigerweise im Jahr 1984 – als total integriertes Anhängsel der Werbung: Vor zwanzig Jahren wäre das sicher neuartig und amüsant gewesen. Angesichts der heutigen Verhältnisse wirkt das leicht betulich. Heute wäre zu zeigen, was in zehn Jahren tatsächlich passieren wird. Wenn die Bundestagsdebatte, live aus Bonn, mit einer Glocke der Firma Krupp von der Parlamentspräsidentin Schuchardt eingeläutet wird, der Bundeskanzler Roth aber noch zögert – dann erst leuchtet die rote Lampe auf: Großaufnahme –: Vor jeder Regierungserklärung nimmt der Kanzler einen Chivas und das sagt dann auch der Off-Kommentar. Ohne die Aigner-Socke wäre der Hammelsprung eine Qual.
Mit seiner Methode, das Mögliche auszufabeln, steht der Schriftsteller Kluge durchaus in einer literarischen Tradition, der Tradition der Aufklärungsliteratur. Der Roman war ja dadurch definiert worden, daß er mit Hilfe der Fiktion das Mögliche mit dem gesellschaftlich Wahrscheinlichen verband. Kluge stellt diese Frage neu. Er fragt, was gesellschaftlich möglich ist mit dem einzelnen. Dieser «Möglichkeitssinn» bestimmt die soziologische Phantasie des Literaturproduzenten. Diesen Möglichkeitssinn trainiert auch der Leser, lesend. – Man würde sich allerdings hin und wieder wünschen, wenn auf die Vertraktheit der beschriebenen Konstellationen nicht immer so deutlich hingewiesen würde: Man würde lesend mehr von diesem Buch lernen, wenn einem vom Erzähler nicht immer wieder mal das Arbeitsfutter entzogen würde.
Die *Lernprozesse* handeln von einzelnen, aber es wird nicht psychologisiert. Hier folgen die Handlungen nicht aus den psychischen oder moralischen Prädispositionen der einzelnen. Sie denken als gesellschaftlich produzierte Wesen. Die Kollisionen entstehen hier nicht als Konfrontationen zwischen den einzelnen Charakteren – wie noch bei den sogenannten «proletarisch-revolutionären» Erziehungsromanen –,

sondern sind erkennbar als Konflikte zwischen unterschiedlich produzierten Erfahrungsstrukturen unterschiedlicher Lernprozesse. In einer Gesellschaft, in der derartige Unterschiede notwendig zu Konflikten führen.

Hier also werden nicht Geschichten erzählt als Handlungsfiktionen, die schon in sich sinnträchtig sind, manierlich Anfang und Ende haben, sondern es werden *Abläufe* dargestellt; Alfred Döblin hat auf diesem für die moderne Prosa entscheidenden Unterschied von *Geschichten* und *Abläufen* seit 1913 nicht nur als Theoretiker bestanden.

In den *Lernprozessen* also bestimmt nicht die Ästhetik die Abläufe, sondern die Struktur der Abläufe die ästhetische Aufarbeitung dieser Prozesse. Hier wird ästhetisch das aufgenommen, kritisch aufgenommen, was das Bewußtsein der einzelnen bestimmt: Hier wird ästhetische Ideologiekritik geleistet.

— *Kleiner Exkurs über einen banalen Satz.* Daß die Qualität der Literatur gerade darin liegt, wie sie *ästhetisch* die Erfahrung der Realität aufarbeitet – und nicht darin, wie sich einzelne Helden/Erzähler/Autoren jeweils politisch entscheiden – sollte eine banale Feststellung sein: Wenn sich nicht eine Schar sich als Marxisten verstehender Literaturwissenschaftler auch aufgemacht hätte, ganz in der Tradition der «problemorientierten Literaturbetrachtung» (die nicht immer die Literaturwissenschaft, wohl aber den Deutschunterricht bestimmt hat), die Guten und die Schlechten ins Inhalts-Töpfchen bzw. -Kröpfchen zu tun. Ideologiekritisch, versteht sich. —

Gezeigt wird in den *Lernprozessen,* daß jeder Brüche hat in seinem Bewußtsein, Brüche aus Ungleichzeitigkeit. Folgerichtig ist deshalb das primäre ästhetische Prinzip des Buches das der Unterbrechung. Es bestimmt das Buch im großen wie im kleinen. So wird mit Sprachmaterial unterschiedlicher Herkunft gearbeitet, werden sprachlich die unterschiedlichen Aspekte sichtbar: Auch im Kopf ein und derselben Person.

Sprache als Zitat, als gesellschaftliches Zitat. Hier wird – noch einmal – die Innenwelt der Außenwelt zum Thema. Die Außenwelt der Innenwelt: Das war ja die gesprochene Alltagssprache, gleichermaßen gesellschaftlich produziert wie deformiert. Diese Innenwelt präsentiert auch Kluge. Allerdings nicht allein sprachkritisch, sondern bewußt gesellschaftskritisch. Damit hängt – entscheidend – zusammen, daß die Instanz des experimentierenden Organisators – ohne daß der traditionelle Erzähler sich zu Wort meldete: «Ich weiß was!» – permanent gegenwärtig ist. *Seine* gesellschaftliche Position ist die, welche im Buch über «Öffentlichkeit und Erfahrung» formuliert wird, explizit ausgesprochen aber wird das hier nicht. – So wird die skizzierte Differenz zwischen den Möglichkeiten von Wissenschaften und Literatur konstitutiv als der Gegensatz zwischen dem Erzähler, der selber nicht zu Wort kommt, und den beschriebenen Erfahrungen der einzelnen.

Faßbar wird dieses ästhetische Programm im Buch selbst in der Selbstdarstellung der Gegenposition. Ein Ministerpräsident unterhält sich über die offenbar gewandelten Verhältnisse dieses Jahrhunderts. Dazu der persönliche Referent des Ministerpräsidenten zu seinem Dienstherrn: «Sie meinen, Frankfurt steht immer noch am alten Platz und rückt da auch nicht weg.» Daraufhin der MP: «Genau. Man muß die Einzelheiten weglassen und sieht das dann im großen» (S. 119).
So stellt sich dieses Buch als merkwürdig heterogen dar. Es bringt – traditionell – Literatur als Spiel mit dem Möglichen. Aber, entscheidend ist das gesellschaftlich Mögliche. Es wird die spielerische Analyse der Sprache gegeben, aber kein Sprachspiel.
Sprachliche Kritik an den gesellschaftlich produzierten Erfahrungen: Hier berührt sich das politisch/ästhetische Interesse Kluges mit dem ästhetisch/politischen der zeitgenössischen avantgardistischen Literatur. Es ist deshalb kein Zufall, daß dieses Buch esoterisch ist, sich nur an ein kleines Publikum wendet. Ein Schriftsteller wie Kluge kann ja nicht einfach zugunsten einer falsch verstandenen Volkstümlichkeit nach eigenem Belieben Erfahrungen, die gesellschaftlich differenziert – diffus produziert wurden und kritisch im äshetischen Medium aufzuarbeiten sind, literarisch so präsentieren, daß von ihnen nichts anderes mehr übrigbleibt als die Banalität und das Klischee. Der gesellschaftliche Skandal ist ja nicht, daß nur wenige diese Literatur lesen können, sondern: Daß nicht alle so schreiben können. Oder Filme machen.
Oder

5

Es liegt nahe, betrachtet man die beiden vorangegangenen Prosabände des Schriftstellers Alexander Kluge, von einem Personalstil zu sprechen, der sich durchgehalten hat. – 1962 erschienen bei Goverts die *Lebensläufe*, sie wurden 1974 erweitert und überarbeitet im Suhrkamp-Verlag neu herausgebracht. – 1964 erschien bei Walter die *Schlachtbeschreibung*, dies Buch wurde dann 1968 umgearbeitet für die Fischer-Bücherei.
Lebensläufe: Dieses Buch demonstrierte neben den Arbeiten Helmut Heißenbüttels in der westdeutschen Literatur seit Mitte der fünfziger Jahre (und das waren, wenn man derartige Metaphern liebt, nicht gerade Zeiten der Blüte) fast einsam die Methoden avantgardistischer Literatur. Schon in diesem Buch werden Abläufe geschildert, auch hier wird mit Sprachmaterial gearbeitet. Auch hier werden im Zusammenhang einer ästhetisch-gesellschaftlichen Untersuchung Experimente gemacht, wird nach dem gefragt, was möglich ist. Aber – und das ist der entscheidende Unterschied zu den *Lernprozessen* – es stehen immer wieder einzelne im Mittelpunkt; Einzelschicksale. – Was nicht aus-

schließt, daß einzelne Passagen aus dem Kontext der *Lebensläufe* in den der *Lernprozesse* transportiert werden können. Man denke an den unaufhaltsamen literarischen Aufstieg des Unteroffiziers Peikert aus den *Akzenten* (2/1963) in die *Lernprozesse*: Der Kontext ist jeweils ein anderer, also auch die Funktion dieser Passage.
In den *Lebensläufen* wird, wie es im – mittlerweile gestrichenen – Vorwort des Jahres 1962 heißt, die «Frage nach der Tradition» gestellt. Es ist dies zumeist die Frage nach der ideengeschichtlichen Tradition. Wenn der Kriminalrat Scheliha 1945 noch vor der Kapitulation den Versuch unternimmt, trotz der Unordnung um ihn herum, einen Mörder zu fangen, um ihn der Bestrafung zuzuführen, so geht es auch um eine juristische Maxime Imanuel Kants, *Metaphysik der Sitten, Rechtslehre* von 1785: «Selbst wenn sich die bürgerliche Gesellschaft mit aller Glieder Einstimmung auflöste (z. B. das eine Insel bewohnende Volk beschlösse, auseinanderzugehen und sich in alle Welt zu zerstreuen), müßte der letzte im Gefängnis befindliche Mörder vorher hingerichtet werden, damit jedermann das widerfahre, was seine Taten wert sind [...]» – Die vorgeführte Verhaltensweise soll nun die für die Rechtsprechung nicht unwichtige Kant-Maxime belegen und kommentieren. – Die Mehrzahl der geschilderten Lebensläufe ist ähnlich ideengeschichtlich – also überbauimmanent – angelegt; wobei hinzuzufügen ist, daß es sich allerdings beim Personal dieses Buches um einzelne handelt, deren Lebensprozesse in der Tat weitgehend überbaubestimmt sind.
In den *Lernprozessen*, übrigens, taucht die Kant-Passage wiederholt auf. Aber hier wird sie ganz anders eingesetzt, nämlich als Zitat. Der Gangster Gutermuth – *Lernen von der Wissenschaft* – hat dann auch eine andere Antwort als der Kriminalrat Scheliha: «Wir würden selbstverständlich diesem Mörder, wenn er unserer Organisation angehörte, erstklassige Anwälte besorgen. Das würde schwierig, ihn, insbesondere in einem solch unpraktischen Fall, noch kurz vorher zu erledigen» (S. 110). – Und für den Fall, daß bürgerliche Ideologeme auch dann noch weiterbestehen wenn die Realität zerstört ist, hält dann im letzten Teil des Buches das «Kant-Institut» ideologische Wacht: «Wir schreiben das Jahr 2103.»
Hier also ist die Kant-Maxime nicht mehr strukturierendes Prinzip, sondern ein gezielt gesetztes Zitat. Ein Zitat unter vielen, die den ideologischen Zustand einer Gesellschaft markieren. – Was hat diese Entwicklung des Schriftstellers Alexander Kluge möglich gemacht?
In der Geschichte der Anita G. aus den *Lebensläufen* heißt es auf der ersten Seite: «Weshalb ordnet dieser intelligente Mensch nicht seine Angelegenheiten befriedigend?» Was doch impliziert, es läge im Bereich der Möglichkeiten dieser Person, ihre Angelegenheiten befriedigend zu ordnen. Als die Einzelperson, aus deren Perspektive heraus erzählt

wird. Denn die Fragestellung bleibt hier im wesentlichen auf die Hauptgestalt beschränkt. Die Beibringung der unterschiedlichen Aspekte des Falles Anita G. dient immer wieder dazu, dieses eine Objekt einzukreisen, zu umstellen. Es geht – wie in den meisten der übrigen Passagen des Buches – darum, den lebensgeschichtlichen, den historischen, gesellschaftlichen Umkreis der einzelnen zu erhellen. Alexander Kluge arbeitet hier zwar schon – wie Gottfried Just 1967 schrieb – mit der «Fiktion in der Ausdrucksform des Dokumentarischen», aber die Fiktion müht sich an den Lebensgeschichten einzelner, von der Gesellschaft Umstellter ab. – Eine Leseerfahrung, die man auch macht mit jener – gleichfalls nach der Tradition fragenden – Schrift des damaligen Lehrers von Alexander Kluge: Mit den *Minima Moralia* von Theodor W. Adorno.

Kluge hat diese einkreisende und personalisierende Methode dann aufgegeben, allerdings um in die abstrakte Entgegensetzung zu verfallen. Im Stalingrad-Buch ist im wesentlichen nur von den Abläufen dieser Schlacht die Rede. Im ersten Teil – dem «Rechenschaftsbericht» – wird der Verlauf der Ereignisse Tag für Tag in der Sprache des Heeresberichtes protokolliert. In den folgenden Teilen – mit Ausnahme des letzten – wird das Geschehen dann unter verschiedenen Aspekten chronologisch aufgerollt.

Einzelne spielen hier kaum eine Rolle. Abstrakte, formelle Vorgänge. Allerdings ist das dann auch kein DRAMA, wie es – ästhetisch richtig, wenn auch völlig unkritisch – am Ende von Theodor Pliviers Stalingrad-Buch aus dem Jahre 1945 heißt: «Es war nicht das Ende einer Tragödie, aber es war Aktschluß.»

Es handelt sich also um den «organisatorischen Aufbau eines Unglücks»; so heißt es im – mittlerweile gestrichenen – Vorwort zur Erstausgabe. Dieses Unglück wird dann im nachherein literarisch rekonstruiert. Und hierin liegt – wie bei jeder Aufarbeitung *tatsächlicher* Ereignisse – die ästhetische Schwierigkeit. Es kann nur gefragt werden, wie das, was geschehen ist, möglich wurde. Der Ablauf der Tatsachen bestimmt so die ästhetische Struktur des Buches. So hat es teil am Dilemma aller dokumentarischen Literatur, die darauf besteht, daß dies oder jenes *wirklich* so gewesen ist, ohne fragen zu können, ob das Beschriebene im Buch *ästhetisch* wirklich wurde.

«Schlachtbeschreibung»: Das ist der Versuch, sich von der personalisierenden Schreibweise der *Lebensläufe* zu lösen. Und dieser Versuch ist in der Abstraktion steckengeblieben. Stilübung Autobus St.

Alexander Kluge hat in den folgenden neun Jahren literarisch kaum publiziert, hat hauptsächlich Filme gemacht.

Seitdem (dadurch?) hat Kluge sehen gelernt, daß die gesellschaftlichen Prozesse nicht abstrakt einlinig sind, er hat erkannt, daß die Beschreibung einzelner allein im gesellschaftlichen Kontext möglich ist. Hier ist jetzt soziologische Phantasie im Spiel und exemplarisches Lernen. Dabei verändert sich die literarische Methode Kluges gerade dadurch, daß sie beibehalten wird. Die *Lernprozesse* sind so selber Ergebnis eines politisch/ästhetischen, ästhetisch/politischen Lernprozesses: Mit literarischem Ausgang.

Und diese prozeßhafte Aneignung der Realität ist nachvollziehbar, sie ist erlernbar. Deshalb noch einmal zum Problem des Klugeschen Personalstils:

Sicher, man kann die Texte dieses Schriftstellers durchaus von den Texten anderer Autoren unterscheiden, und das nicht zu Kluges Nachteil. Aber – und das hat Alexander Kluge auch mit Günter Wallraff gemeinsam –: Man kann dieses ästhetische Verfahren nicht imitieren. Weil hier nicht ein Originalschriftsteller Unverwechselbares schafft. Diese Texte sind eine Aufforderung an den Leser als möglichen Produzenten. In diesem entscheidenden Punkt ist, übrigens, der Schriftsteller Alexander Kluge dem Filmtheoretiker und Filmemacher voraus. Während *der* als Theoretiker des möglichen, des von ihm gewünschten Rezeptionsverhaltens der Zuschauer auf eine nicht nachvollziehbare Weise diejenigen Bewußtseins-, also Lernprozesse, die er als *Macher* erfahren hat, nur als Produzent erfahren konnte, mit denen der passiv/allein gelassenen Zuschauer gleichsetzen möchte, indem er auf das überkommene Medium setzt, den Film also, und nicht auf die politischen Möglichkeiten des Video-tv baut, faßt der Schriftsteller Kluge implizit seine Leser nicht nur an ihren Rezeptionsfähigkeiten. Wer hier nachahmt wird nicht zum Epigonen, sondern wetteifert mit einem Schriftsteller, schreibend. Diese ästhetische Methode ist auf Sozialisierbarkeit hin angelegt. Man kann hier erkennen lernen, seine Erfahrungen sinnlich zu organisieren. Man lernt anders.

Und: Man liest anders. Die eingangs zitierte Zeitungsmeldung ist mir als Kluge-Leser aufgefallen.

Fahr nach Frankfurt Knautschbetty in deinem Patton.

Leo Kreutzer

Gestaltung Reportage oder?

A. *Die Angestellten* oder *Kleiner Mann – was nun?*

«Ist Kracauers Theorie verraten und verkauft in den Händen Falladas? Oder hat der ‹schreibende Revolutionär aus der Bürgerklasse›, wie Benjamin Kracauer charakterisierte: als einsamer Flaneur im ‹Morgengrauen des Revolutionstages› mit diesem seiner Theorie angemessenen Roman seine Entlarvung gefunden?»

Auf diese Frage spitzt, in seinem Buch über die *Neue Sachlichkeit 1924–1932*, Helmut Lethen seine Kritik an Falladas 1932 erschienenem Roman *Kleiner Mann – was nun?* zu.[1] Ausgehend von der These, Falladas «Roman von der Proletarisierung eines Angestellten» stehe «in direktem Verband mit einem der bürgerlichen Aufklärungsversuche über den Zustand der Mittelklassen», mit Siegfried Kracauers zuerst 1929 in der *Frankfurter Zeitung*, im Jahr darauf auch in Buchform veröffentlichter Studie *Die Angestellten*[2], macht Lethen für die erheblichen ideologischen Mängel, die er in Falladas «Krisenbestseller» aufspürt, am Ende den Kracauer verantwortlich. Da er in dessen Studie die «theoretische Plattform» sieht, «auf der Falladas Roman entworfen wurde»[3], können die «Mängel des Romans» als «Reflex von Kracauers Theorie» erscheinen.[4] In der Tat ist bezeugt, daß Fallada seinen Kracauer gelesen hatte, bevor er sich an den Roman machte.[5]

Nun mag das ja seine Richtigkeit haben, also: daß Fallada gemeint hat, mit Kracauers Text eine «theoretische Plattform» unter den Füßen zu haben, eine Theorie, die es nun in ein Stück Literatur, in einen Roman umzuarbeiten gelte. Nur darf der Literaturkritiker dabei eines nicht übersehen: wie immer richtig oder falsch Fallada dann auch Kracauers Theoreme und Ideologeme verstanden und umgesetzt hätte, in einem entscheidenden Punkt hätte er Kracauers Text mit Sicherheit mißverstanden, nämlich eben darin, es handle sich bei ihm, literaturfern, um nichts anderes als ein Stück soziologischer Theoriebildung. Er hätte ihn so mißverstanden, wie Johannes Mario Simmel die Betriebsreportagen von Günter Wallraff mißverstehen würde, wollte er sie als «theoretische Plattform» heranziehen, um einen Arbeiterroman schreiben zu können. Wie Wallraffs Arbeiten eine literarische Alternative zum Medium Roman darstellen, so verhält sich auch Kracauers Text zu Falladas Roman nicht wie eine «theoretische Plattform» zu ihrer Literarisierung in einem Angestellten-Roman: er ist eine literarische Alternative zu diesem. Als solche ist er wahrzunehmen. Jedenfalls von einer Literaturkritik, die ihre Aufgabe nicht allein im Aufspüren und Kritisieren von Ideologiemomenten zu sehen vermag, weil ihr bewußt ist, daß die spezifische Art und Weise, in der Literatur verdummt oder fördert, sich nicht unmittelbar inhaltlich herstellt, sondern vermittelt durch ästhetische Momente. «Einstellungen» – als Voraussetzung literarischer Produktion, als Realität literarischer Produkte, als möglicher Ertrag literarischer Rezeption – sind im Bereich der Literatur, im ästhetischen Feld nicht allein eine Frage der Wahrnehmungsinhalte, sie sind vielmehr wesentlich die Wahrnehmungs*weisen*, ihr Ausdruck die Darstellungsweisen, die medialen Momente.

Falladas Roman verhält sich zu Kracauers «Studie» wie Döblins *Berlin Alexanderplatz* zu sich selbst. Dieser knüpft, indem er auch die Geschichte vom Franz Biberkopf erzählt, an die Tradition des Bildungsromans an, er nimmt damit eine Spur traditioneller bürgerlicher Ästhetik wieder auf; und bricht doch gleichzeitig mit dieser Tradition, indem er ein Bild der Stadt Berlin montiert, dessen Elemente sich nicht mehr als Funktion der erzählten «Geschichte» legitimieren. Fallada gestaltet, im traditionellen Roman-Medium, die Geschichte vom Johannes Pinneberg, von der Proletarisierung eines einzelnen Angestellten in der Weltwirtschaftskrise. Kracauer hatte in *Die Angestellten* ein Bild der Situation der Angestellten montiert. Sein Verfahren war, wie teilweise das Döblins in seinem Berlin-Roman, das der literarischen Reportage gewesen.

Dagegen ließe sich einwenden, Kracauer selbst habe, gleich zu Beginn seines Buches, mit Vehemenz gegen die Reportage polemisiert und sich damit aufs entschiedenste gegen sie abgegrenzt. Nach dem Versuch, eine erste grobe Skizze der «Wirklichkeit der Angestellten» zu geben, stellt Kracauer da nämlich die Frage, ob diese Wirklichkeit sich der «üblichen Reportage» ergebe, und führt aus: «Seit mehreren Jahren genießt in Deutschland die Reportage die Meistbegünstigung unter allen Darstellungsarten, da nur sie, so meint man, sich des ungestellten Lebens bemächtigen könne. Die Dichter kennen kaum einen höheren Ehrgeiz, als zu berichten; die Reproduktion des Beobachteten ist Trumpf. Ein Hunger nach Unmittelbarkeit, der ohne Zweifel die Folge der Unterernährung durch den deutschen Idealismus ist. Der Abstraktheit des idealistischen Denkens, das sich durch keine Vermittlung der Realität zu nähern weiß, wird die Reportage als die Selbstanzeige konkreten Daseins entgegengesetzt. Aber das Dasein ist nicht dadurch gebannt, daß man es in einer Reportage bestenfalls noch einmal hat. Sie ist ein legitimer Gegenschlag gegen den Idealismus gewesen; mehr nicht. Denn sie verliert sich nur in dem Leben, das dieser nicht finden kann, das ihm und ihr gleich unnahbar ist. Hundert Berichte aus einer Fabrik lassen sich nicht zur Wirklichkeit der Fabrik addieren, sondern bleiben bis in alle Ewigkeit hundert Fabrikansichten. Die Wirklichkeit ist eine Konstruktion. Gewiß muß das Leben beobachtet werden, damit sie erstehe. Keineswegs jedoch ist sie in der mehr oder minder zufälligen Beobachtungsfolge der Reportage enthalten, vielmehr steckt sie einzig und allein in dem Mosaik, das aus den einzelnen Beobachtungen auf Grund der Erkenntnis ihres Gehalts zusammengestiftet wird. Die Reportage photographiert das Leben; ein solches Mosaik wäre sein Bild.»[6]

Genau besehen, handelt es sich bei dieser Polemik aber gar nicht um eine solche gegen *die* Reportage. Kracauer wettert hier vielmehr gegen die Reportage als «Reproduktion des Beobachteten», als «Selbstanzeige des konkreten Daseins», als dessen Verdoppelung, als «mehr oder minder zufällige Beobachtungsfolge», als «Photographie» des Lebens. Wenn dies alles, wie er meint, die «übliche Reportage» charakterisiert, dann handelt es sich bei seinem Text eben nicht um eine übliche Reportage, so wenig wie vier Jahrzehnte später bei den Betriebsreportagen Günter Wallraffs. Der «üblichen Reportage» hält Kracauer entgegen, die Wirklichkeit sei eine «Konstruktion», sie stecke «einzig und allein in dem Mosaik, das aus den einzelnen Beobachtungen auf Grund der Erkenntnis ihres Gehalts zusammengestiftet wird». Kracauers – wie später Wallraffs – Reportageverfahren reproduzieren nicht Wirklichkeit, sie decken ihre Konstruktion auf, das heißt: die Widersprüche, die in ihr stecken. Sie tun das mit dem Verfahren der Montage: sie montieren schriftliche Dokumente und mündliche Berichte gegeneinander und gegen eigene Beobachtungen, die sie der Wirklichkeit abgewonnen haben.

Nur ein Beispiel aus Kracauers «Studie» – auch Wallraff wird später mit diesem Verfahren arbeiten: «‹Jeder werde an den Posten gestellt, den er nach seinen Fähigkeiten, Kenntnissen, psychischen und physischen Eigenschaften, kurz: nach der Eigenart seiner ganzen Persönlichkeit am besten auszufüllen imstande ist. Der richtige Mensch an die richtige Stelle!› – Diese Sätze entstammen einer Verwaltungsmitteilung der O.-Kommanditgesellschaft vom Ende des Jahres 1927 und sollen die kaufmännischen Tarifangestellten auf die damals geplanten Eignungsprüfungen vorbereiten. Ganze Persönlichkeiten, richtiger Mensch und richtige Stelle: die aus dem Diktionär der verblichenen idealistischen Philosophie geschöpften Worte erwecken den Anschein, als handle es sich bei dem inzwischen durchgeführten Prüfungsverfahren um eine wirkliche Auslese von Menschen. Weder in der O.-Kommanditgesellschaft indessen noch in anderen Betrieben versieht die Mehrzahl der Angestellten Tätigkeiten, die eine Persönlichkeit oder gar die Eigenart einer Persönlichkeit erfordern; vom richtigen Menschen zu schweigen.»[7]

Kracauer zieht Fragebogen für schulentlassene Knaben und Mädchen heran, Verwaltungsmitteilungen, die Bundeszeitung des Allgemeinen Freien Angestelltenbundes, Reklame-Broschüren, Betriebszeitungen, die Definition für «Rationalisierung» des «Reichskuratoriums für

Wirtschaftlichkeit», die Zeitschrift des Deutschen Bankbeamtenvereins, des Gewerkschaftsbundes der Angestellten, ein Sammelwerk «Strukturwandlungen der deutschen Volkswirtschaft», eine beim Arbeitsgericht eingereichte Klageschrift, Zeitungsinserate, eine Denkschrift der Vereinigung der Deutschen Arbeitgeberverbände usw. usw. Dazu eine Fülle mündlicher Aussagen, eigenen Augenscheins. All diese Dokumente, Berichte, Beobachtungen werden «auf Grund der Erkenntnis ihres Gehalts» literarisch «zusammengestiftet» – gegeneinandermontiert: zur Erkenntnis des widerspruchsvollen Gehalts der Wirklichkeit und ihrer Ideologisierung.

Das stehe doch schon alles in den Romanen, habe ihm, so berichtet Kracauer zu Beginn des ersten Kapitels, *Unbekanntes Gebiet* überschrieben, eine Privatangestellte erwidert, als er sie gebeten habe, ihm aus ihrem Büroleben zu erzählen. «Es steht nicht alles in den Romanen, wie die Privatangestellte meint. Gerade über sie und ihresgleichen sind Auskünfte kaum zu erlangen. Hunderttausende von Angestellten bevölkern täglich die Straßen Berlins, und doch ist ihr Leben unbekannter als das der primitiven Völkerstämme, deren Sitten die Angestellten in den Filmen bewundern.»[8] Sein «Wunsch», so teilt Kracauer im «Vorwort» mit, sei, «daß dieses kleine Buch wirklich von ihnen spräche, die nur schwer von sich sprechen können»[9].

Nun ist es aber nicht nur so, daß die Angestellten – später in Wallraffs Selbstverständnis: die Arbeiter – «nur schwer von sich sprechen können». Sie können auch nur schwer über sich lesen, wenn so über sie geschrieben wird. Nicht Kracauers Reportage, sondern Falladas Roman haben sie zum Bestseller gemacht. Sie haben nicht die Schreibweise, als ihren Interessen entsprechend, wahrgenommen, die geeignet war, die Widersprüche ihrer Situation als nicht versöhnte darzustellen, vielmehr haben sie die Schreibweise honoriert, die, mit der Geschichte vom Johannes Pinneberg, ein alles in allem versöhnliches Bild ihrer Existenz ausmalte. Das Medium macht die Verdummung.

B. Günter Wallraffs Alternative

Es ist natürlich in Wirklichkeit nicht denkbar, daß heute Johannes Mario Simmel, dem seine Schreibweise konstant honoriert wird, wollte er einen Arbeiterroman schreiben, Günter Wallraffs Betriebsreportagen dazu als «theoretische Plattform» glaubte heranziehen zu können. Selbstverständlich würde er sie als literarische Alternative wahrnehmen. Das macht: die Reportage hat sich als literarische Alternative durchgesetzt. Sie ist als solche voll in den bürgerlichen Literaturbetrieb integriert.

So ist es ja auch gar nicht Wallraffs Problem, als Schriftsteller nicht

anerkannt zu werden, vielmehr: auf eine Weise Anerkennung zu finden, literarisch, daß seine Intentionen, die auf politische Alternativen aus sind, daran zunichte werden. Das ist spätestens durch die Widersprüche seiner Aktion auf dem Athener Syntagma-Platz am 10. Mai 1974 erkennbar geworden.
Seinen Athener Richtern wollte Günter Wallraff in einer Verteidigungsrede entgegenhalten, er sei «sehr erschrocken», daß die Anklageschrift ihm vorwerfe, er habe gegen den Paragraphen 1 der griechischen Verfassung verstoßen, der Militärverfassung vom November 1973. Im Grundgesetz seines Landes laute der Artikel 1 nämlich so: «Die Würde des Menschen ist unantastbar. Sie zu achten und zu schützen ist Verpflichtung aller staatlichen Gewalt.» Dagegen zu verstoßen, würde er allerdings als ein großes Verbrechen ansehen. Gleichsam erleichtert nimmt diese verhinderte Rede dann die Vorstellung der Junta von der ersten Bürgerpflicht zur Kenntnis: «Es ist nicht erlaubt, Propaganda gegen die griechische Nation zu machen, Informationen zu veröffentlichen, die geeignet sind, die griechische Bevölkerung in Unruhe zu versetzen.»[10]
Die Rhetorik, mit der Wallraff hier zu streiten gedachte, ist bewußt simplizianisch. Ich komme aus einem Wald, so wollte Wallraff in wohlkalkulierter Naivität geltend machen, in dem ist die oberste Maxime allen Handelns die Würde des Menschen. Um so schlimmer für euch, wenn man, nach dieser Maxime handelnd, bei euch zum Verbrecher wird.
Simplizianische *Rhetorik*. Denn selbstverständlich war Wallraff nicht aus der Verfassung der Bundesrepublik Deutschland zu seiner Athener Aktion aufgebrochen, wie er vor Gericht vorgeben mochte. Er war aus der Bundesrepublik gekommen. Und auch dort, aber das wollte er aus guten Gründen seinen griechischen Richtern verschweigen, auch dort stand er seit Jahren unter Anklage, ebenfalls wegen Verstoßes gegen eine Art Artikel 1: Es ist nicht erlaubt, über die Wirklichkeit hinter westdeutschen Fabrikmauern zu berichten, Informationen zu veröffentlichen, die geeignet sind, die lohnabhängige Bevölkerung in Unruhe zu versetzen.
Es ist durchaus nicht leichtfertig oder gar zynisch, die handfeste Situation: Wallraff vor einem Athener Militärgericht, zu einer brutalen Haft verurteilt, mit den latenten Kriminalisierungsversuchen zusammenzudenken, denen er seit Jahren in der Bundesrepublik ausgesetzt ist. Oberflächliche Beobachter haben den Zusammenhang nach den Athener Vorgängen, der Aktion auf dem Syntagma-Platz und der anschließenden Verurteilung, auf ein psychologisches Problem zu reduzieren versucht. Wallraff habe in Griechenland endlich das gefunden, was er seit langem gesucht habe: das manifeste Märtyrertum.

Nun spricht tatsächlich vieles dafür, daß Wallraff mit seiner Aktion *auch* die Lösung für Widersprüche suchte, in die seine schriftstellerische Entwicklung und Arbeitsweise ihn zunehmend geführt hatten, daß der Weg nach Athen für ihn persönlich Ausweg aus einem wachsenden psychischen Druck sein sollte. Aber gerade dann wird man diesen Vorgang nicht mit ein paar leicht zu habenden Klischees abtun können.

Mit seiner Athener Aktion hat Wallraff seine Arbeit gleichzeitig fortgesetzt und abgebrochen. Was die Frage betrifft, wieweit Wallraff mit seiner Athener Aktion in aller Bewußtheit seine vorherige Arbeit fortgesetzt hat, so hat er selbst dazu einige Hinweise gegeben. «Es ist», heißt es zum Beispiel in seiner Athener Verteidigungsrede, «mein Handwerkszeug und Ausdrucksmittel als Schriftsteller und Publizist, nicht aus zweiter Hand, vom Hörensagen her zu berichten, sondern vorrangig das in meinen Veröffentlichungen wiederzugeben, was ich zuvor selbst erlebt habe, was ich bezeugen und wofür ich mich verbürgen kann.»[11] Noch charakteristischer für den Autor der Betriebsreportagen erschien die Art und Weise, wie Wallraff die Athener Aktion in einer vorbereiteten Presseerklärung begründete: «Ich habe bei meiner Aktion bewußt den Eindruck erweckt, griechischer Staatsbürger zu sein. [...] Die Aktion wurde mit griechischen Oppositionellen abgesprochen, die dabei ein wesentlich größeres Risiko eingegangen wären, sie steht somit stellvertretend für die Haltung der großen Mehrheit des griechischen Volkes, die durch den Terror des gegenwärtigen Regimes daran gehindert wird, öffentlich gegen die Folterungen und Deportationen politischer Häftlinge zu protestieren.»[12] Genauso aber hatte der Betriebsreporter Wallraff gearbeitet und seine Arbeit verstanden: den Eindruck erweckend, Arbeiter zu sein, aber als der von außen kommend weniger Gefährdete *stellvertretend* für all diejenigen zu sprechen und zu agieren, die durch drohende Sanktionen der Unternehmer daran gehindert werden, öffentlich hervorzutreten.

Mit diesem Anspruch auf «Stellvertretung», dem neben seinem Beharren auf persönlichem Erleiden vielleicht zentralen Moment im Selbstverständnis des Schriftstellers Günter Wallraff, knüpfte die Aktion in Athen ausdrücklich an seine bisherige Praxis an. Hier scheint aber auch der Punkt zu sein, an dem sich die Widersprüche von Wallraffs Arbeitsweise und Selbstverständnis fassen lassen: der Reporter Günter Wallraff hatte zunehmend Grund, daran zu zweifeln, ob seine Arbeit im Sinne einer «Stellvertretung» auch wirklich funktioniere. Die Aktion auf dem Syntagma-Platz versprach, den Anspruch gegen alle Zweifel nachdrücklich zu bestätigen.

Sie hat in Wirklichkeit die Zweifel bestätigt. Und im Lichte dieser Erfahrung lassen sich die Widersprüche der Wallraffschen Arbeitsweise gleichsam rückwirkend genauer bestimmen.

Wallraffs Anspruch, mit der Aktion in Athen stellvertretend dem «Gewohnheits- und Abstumpfungseffekt» gegen bestehendes Unrecht entgegenzuwirken[13], hat nicht funktioniert. Das liegt nicht an Günter Wallraff, ist schon gar nicht seine «Schuld». Ob und wie stellvertretendes Handeln funktioniert, das liegt nun einmal vor allem an der Verfassung der Öffentlichkeit, auf die hin es konstruiert wird. Wallraffs Vorgehen in Athen, die Vorgänge, die es auslöste – dies alles zielte vor allem auf die Öffentlichkeit in der Bundesrepublik. Sie aber hat, soweit sich das an der Reaktion der sogenannten Massenmedien ablesen ließ, Wallraffs Anspruch auf Stellvertretung unterlaufen, sie hat die Dialektik stellvertretenden Handelns zur so oder so zu qualifizierenden Tat eines einzelnen verkürzt, eines Prominenten. Etwas anderes will und darf sie auch gar nicht leisten. Ihr Trick aber, sich dumm und taub zu stellen gegenüber der Intention, nicht auf seine Person, sondern mit seiner Person auf einen totgeschwiegenen Skandal aufmerksam zu machen – dieser Trick wurde obendrein in Wallraffs Trick uminterpretiert, in einen neuen PR-Gag des Erfolgsschriftstellers Günter Wallraff.
Wallraff hat mit seiner Athener Aktion seine Arbeitsweise auf eine Karte gesetzt. Durchaus vorstellbar, daß sein persönliches Motiv, nach Athen zu gehen, mit genau den Gründen zusammenhängt, die dann die Intention dieses Schritts zunichte gemacht haben. Wallraff hatte mit der Veröffentlichung seiner Erfahrungen in westdeutschen Betrieben entschlossen den in unserer zutiefst verunsicherten Literatur einsamen Anspruch stellvertretenden Handelns verknüpft. Man hat ihn aber nur prominent werden lassen. Selbstverständlich nicht ohne zu verbreiten, er habe es nicht anders gewollt. Ist es nun nicht so, als habe Wallraff mit dem Status, auf den die bürgerliche Öffentlichkeit seinen Anspruch heruntergebracht hatte, diese von Athen aus zwingen wollen, sich auf die Dialektik seines stellvertretenden Handelns endlich einzulassen? Sie hat sich nicht zwingen lassen.
Damit ist aber für Wallraff mehr in Frage gestellt worden als die Intention, mit der er nach Athen gegangen war. Wenn es zutrifft, daß das auffälligste Merkmal der Art und Weise, wie die Öffentlichkeit hierzulande auf die Aktion reagiert hat, darin bestand, deren stellvertretenden Anspruch systematisch zu destruieren; wenn es weiter zutrifft, daß Wallraff mit der Konstruktion seiner Athener Aktion den Anspruch stellvertretenden Handelns als die eigentliche Herausforderung seiner Methode auf die Probe gestellt hat: dann ist mit der Intention dieser Aktion seine Methode überhaupt destruiert worden.
«Ich stehe vor der Alternative, nicht immer neue Formen der Darstellung zu finden, bewußtseinsmäßig aufklärend zu wirken, sondern plötzlich die Entscheidung zu treffen, das, was ich bis jetzt innerhalb des Schreibens geleistet habe, innerhalb einer Organisation zu leisten.» Das hatte Wallraff in einem Interview gesagt, das im März 1974 in der

Literaturpolitischen Korrespondenz erschienen war.[14] Ich bin, heißt das, mit meinem Schreiben immer «innerhalb des Schreibens» geblieben, ich will da raus, direkt politisch arbeiten, «in einer Organisation».

Mit seiner Aktion in Athen hat Günter Wallraff in der Tat seine bisherige Arbeit nicht nur fortgesetzt, sondern auch abgebrochen. Denn nach Athen ist er ja gar nicht mehr als Reporter gegangen, vielmehr, im Einverständnis mit einer Gruppe griechischer Oppositioneller, mit dem Ziel, direkt politische Wirkung zu haben. Hat Günter Wallraff vor einer solchen Alternative gestanden?

Lange fragwürdig und nunmehr endgültig destruiert erscheint der viele Jahre von ihm praktizierte Anspruch stellvertretenden Handelns in Richtung einer bürgerlichen Öffentlichkeit. Wallraff ist «innerhalb des Schreibens» geblieben, weil er innerhalb der bürgerlichen Öffentlichkeit geblieben ist, auch gehalten wurde. Mit der Aktion in Athen ist er aus dem Schreiben rausgegangen, nicht aber, wie sich herausgestellt hat, aus der bürgerlichen Öffentlichkeit. Adressatin dieser Aktion wie zuvor Adressatin von Wallraffs Büchern, ist sie mit dieser Aktion verfahren, wie sie zuvor mit den Büchern verfahren war: sie hat ihren Anspruch zunichte gemacht.

Also vielleicht nicht: raus aus dem Schreiben, sondern raus aus dieser Öffentlichkeit? Vielleicht: innerhalb des Schreibens, aber dies innerhalb einer anderen Öffentlichkeit?

Diese Alternative ist in Günter Wallraffs Arbeitsweise angelegt, ihre wichtigsten Elemente hat Wallraff im Prinzip seit jeher praktiziert. Aber immer vermittelt mit der Strategie stellvertretenden Handelns, immer behindert durch deren Folgen.

Mit seiner Aktion auf dem Syntagma-Platz, mit der Aktion, vorher, seiner Enttarnung im Gerling-Konzern hat Wallraff sich in den Augen seiner Kritiker aus allen Lagern insofern eine weitere Blöße gegeben, als er dazu einen Kameramann hinzugezogen hat: Beweis genug, daß der Mann in seiner Publizitätssucht mittlerweile keinen Schritt mehr tun könne, ohne eine Kamera auf sich gerichtet zu wissen. In Wirklichkeit stellt sich hier eine ganz andere Frage. Als Betriebsreporter hat Günter Wallraff *Zustände* an die Öffentlichkeit gebracht, keine *Prozesse,* nicht den Ablauf von Auseinandersetzungen, Kämpfen, nicht die Erfahrungen, die da zu machen und weiterzugeben sind. An den beiden Aktionen im Gerling-Konzern und in Athen war völlig konsequent, daß Wallraff für ihre Veröffentlichung auch mit filmischen Mitteln sorgte. Auffällig war nur, daß hier im Zusammenhang seiner Arbeit mit einemmal Aktionen liefen, aber eben als seine eigenen.

Wallraffs Arbeit hat – darin liegt ihre literarische Qualität und ihre politische Bedeutung – die Notwendigkeit der Herstellung einer proletarischen Öffentlichkeit inhaltlich faßbar gemacht. Wenn sie selbst so wenig dazu wirken konnte, diese Öffentlichkeit auch tatsächlich her-

zustellen, dann liegt das doch auch daran, daß Wallraffs Reportagen Zustandsschilderungen sind und damit prädestiniert für eine Rezeption im Rahmen bürgerlicher Öffentlichkeit. Proletarische Öffentlichkeit ist allemal nur als Vermittlungszusammenhang von Kämpfen und Kampferfahrungen denkbar. Prozesse, nicht Gegebenheiten. Und die Frage nach der Funktion von Schreiben – und Filmen – im Ablauf von Aktionen und Prozessen.
Man hört und liest immer wieder: was zu dieser Funktion von Schreiben und Filmen in der Sowjetunion der zwanziger und des Beginns der dreißiger Jahre von Sergej Tretjakow praktisch und theoretisch erarbeitet worden sei, lasse sich auf unsere Verhältnisse nicht übertragen. Nicht übertragbar ist in der Tat das Pathos des Einverständnisses mit einer nachrevolutionären Gesellschaft im Aufbau, das Tretjakows Arbeit geleitet hat. Was Tretjakow jedoch im einzelnen, in seinem Buch *Feld-Herren* vor allem, darüber mitteilt, wie Kampferfahrungen in ihrem Wandel schreibend und durch «anhaltende Filmbeobachtung» verfügbar zu machen seien, das läßt sich schon zur Lösung des Problems heranziehen, wie aus verstreuten sozialistischen Initiativen der Zusammenhang einer proletarischen Öffentlichkeit sich aufbauen könne. Insbesondere die Kamera ist dabei von einer proletarischen Bewegung für ihre Kampfbedürfnisse wiederzuentdecken.
Es ist heute die Video-Kamera, ökonomisch und in der technischen Handhabung in die Reichweite politisch arbeitender Gruppen gerückt. «Man macht», sagte Jean-Luc Godard 1969 in einem Interview, «einen billigen Film. Hat man erst mal das Magnetoscope [d. h.: die magnetische Bildaufzeichnung; L. K.], kauft man sich sein Material, vierzig Minuten kosten sechzehntausend alte Franc. Die vierzig Minuten kann man wieder löschen, und in vierzig Minuten kann man viel machen. Es muß nicht vielen Leuten gezeigt werden. Ich denke, es wird viel mehr Filme geben, die weniger zirkulieren, als Filme, die viel zirkulieren und nichts bedeuten.»[15] Man hat heute das Magnetoscope, vierzig Minuten Material kosten um einhundert Deutsche Mark.
In einer Auseinandersetzung mit der dokumentarischen Methode in der Literatur und in der Filmarbeit, die sich auch mit Wallraffs Industriereportagen befaßt und ihre Kapitalismus-Kritik als zu wenig wissenschaftlich-analytisch kritisiert, hat Katrin Pallowski sich von einer irrigen Vorstellung von «antiautoritärem Verhalten und Gewährenlassen» zu der Behauptung verleiten lassen, man könne «die dokumentarische durchaus als die ‹antiautoritäre Kamera› bezeichnen», insofern sie nämlich darauf verzichte, «bei den Laiendarstellern eventuelle falsche gesellschaftspolitische Vorstellungen zu korrigieren.»[16] Das ist falsch. «Antiautoritär» ist nicht die Kamera, die darauf zu verzichten sucht, in ihr Objekt interpretierend, «korrigierend» einzugreifen; «antiauto-

ritär» wäre die Kamera, die von denen «geführt» wird, die sie abbildet, in einer Aufhebung der Trennung von Beobachter und Objekt. Tretjakow hat diese Aufhebung und damit das vielleicht wichtigste Merkmal der Konstituierung einer proletarischen im Unterschied zur bürgerlichen Öffentlichkeit beschrieben.

Wallraffs Beharren auf eigenem Erleiden, als unabdingbare Voraussetzung seiner Reportagen, zielte auf die Aufhebung der Trennung von Beobachter und Objekt, aber, vermittelt über seine Strategie stellvertretenden Handelns, im Rahmen bürgerlicher Öffentlichkeit. Die Alternative ist: das Festhalten und Öffentlichmachen von Kampferfahrungen durch diejenigen und für diejenigen, die die Erfahrungen machen.

Aber das ist vielleicht schon nicht mehr Günter Wallraffs Alternative, sondern die Alternative zu Günter Wallraff.

Jürgen Peters

Hier bedient Sie Herr Simmel

1

Wie ist das Leben? – *So ist das Leben. Einer jagt den anderen. Einer tötet den andern, um selber nicht getötet zu werden.*[1]
Was hat die Schokolade mit der kapitalistischen Gesellschaft zu tun? – *In dem Gesellschaftssystem, in dem wir leben, begießen sie dich nicht auch noch mit Schokolade, wenn sie dich ausgebeutet und kaputtgemacht haben und los sein wollen, ach nein, nicht auch noch mit Schokolade.*
Was ist Liebe? – *Unsere Liebe, das ist die Sehnsucht nach einem Paradies geworden, aus dem wir schon längst vertrieben sind.*
Was kann ein intelligenter Mensch heute überhaupt nur sein? – *Ein intelligenter Mensch kann heute ja überhaupt nichts anderes mehr sein als Sozialist.*
Was steht hinter allem? – *Die Zeit wird kommen, da werden Sie sehen, daß eine – nun, keine Gesetzmäßigkeit, aber doch das Gesetz des SCHICKSALS hinter allem steht, was geschehen ist, weil wir alle Menschen sind, hineinverstrickt in die Menschenwelt.*
Woran glaubt die Hälfte der westdeutschen Bevölkerung? – *Die Hälfte der westdeutschen Bevölkerung glaubt an den sechsten Sinn.*
Und wer strukturiert die Handlung des Romans von Johannes Mario Simmel, dem dieses Diktum entnommen ist? – *Elf mysteriös in das Geschehen eingreifende Tote.*

2

Johannes Mario Simmel schreibt Bestseller, seitdem er für den Verleger Droemer produziert, seit 1962. Weltauflage: um achtzehn Millionen Exemplare. Mindestens.
1962: *BIS ZUR BITTEREN NEIGE.* – Die Geschichte eines abgehalfterten Filmstars, der um sein Comeback kämpft. Von Suff und Schuld nebst Inzest befreit er sich schreibend. Das Ergebnis dieser Therapie ist das vorliegende Buch.
1963: *LIEBE IST NUR EIN WORT.* – Im Mittelpunkt dieses 200000-Worte-Buches steht die Liebe eines reichen, schreibenden Sohnes zu einer reifen Frau. Kein Happy-End.
1965: *LIEB VATERLAND MAGST RUHIG SEIN. – Die erregend abenteuerliche Geschichte eines Mannes mit dunkler Vergangenheit, hineingestoßen in die infernalische Welt des Geheimdienstes in Ost und West.*[2]
1967: *ALLE MENSCHEN WERDEN BRÜDER.* – Es geht um den

ehemaligen Schriftsteller Richard Mark und die *Menschen, die unlösbar mit seinem tragischen Schicksal verbunden sind.* Dies Buch ist offenbar Richard Marks Comeback als Schriftsteller.

1970: *UND JIMMY GING ZUM REGENBOGEN. – Luxushotel, Geheimdienstquartiere, ein Nobelbordell und ein Friedhof, Kaschemmen und Polizeidienststellen, unheimliche Laboratorien, Justizpalast, Irrenhaus und Fernzüge – dies sind die Schauplätze von Gewalttat, neuen Morden, immer neuem Grauen.*

1971: *DER STOFF AUS DEM DIE TRÄUME SIND.* – Held des Buches ist ein ehemaliger Schriftsteller, jetzt Serienautor einer Illustrierten. *Um Walter Roland kreist in wildem Wirbel eine Vielzahl von Gestalten ... unschuldige Kinder und brutale Mörder, Ärzte und Zuhälter ... und elf mysteriös in das Geschehen eingreifende Tote.* Roland befreit sich von allem, schreibend.

1973: *DIE ANTWORT KENNT NUR DER WIND.* – Geheimdienste, Inflation. Die Weltwährungskrise, die irgendwie etwas mit der Verschwörung von einem *halben Dutzend der Mächtigsten dieser Erde* zusammenhängt. Die große Liebe, dickes Buch; dann doch kein Happy-End.

Windstille.

1975: *NIEMAND IST EINE INSEL.* – Niemand.

Immer sind es die Geschichten einzelner, die, allein auf sich gestellt, gegen die übrige Welt stehen. Und es ist das über den Zeiten stehende Schicksal, das ihre Taten mißt.

3

Dieser Johannes Mario Simmel ist ein sympathischer Mitmensch und war einmal ein vielversprechender Nachwuchsautor. Seine Novellen, gegen Kriegsende geschrieben, zeigen eine deutliche Begabung für die Form, die dann ja ungemein populär wurde, die short-story. Sein zweiter Roman, 1950 erschienen, *DAS GEHEIME BROT*, zählt zu den interessantesten Publikationen dieses Jahres. Es ist ein böses Gegenwartsmärchen, sarkastisch und schwarz, unpathetisch und fast ohne Affekthascherei geschrieben. Auch wenn die Problematik von Schicksal und Zufall hier schon leicht rumort: Ein Gegenstück zu Kreuders *Gesellschaft vom Dachboden.* – Simmel hätte im Literaturbetrieb der fünfziger Jahre eine Rolle spielen können, er hätte sich in die vorderste Reihe der Zweitrangigen emporschreiben können; für den Literaturnobelpreis hätte es jedenfalls gelangt.

Aber dieser Johannes Mario Simmel – *Zufall? Schicksal?* – hatte keinen Erfolg. Er wurde nicht akzeptiert, er hat sich nicht entwickeln können. Er schrieb dann für den Film, für Illustrierte: Nebbich. Er schrieb, was man von ihm verlangte. Gut verkäufliche Ware. Jahre-

lang. Das hat ihn fertiggemacht.
Simmel selbst hat berichtet, wie er vom Verleger Droemer angeheuert wurde.[3] Der hatte 1961 ein Manuskript des Autors gelesen und sofort zum Telefon gegriffen. In diesem Gespräch vom 6. November 1961 machte er Simmel von vornherein klar, was er mit ihm vorhatte. Er wollte ihn *aufbauen*, einen Bestsellerautor aus ihm machen. Der Autor Simmel, der aufgebrochen war, einen Verleger zu suchen, fand ein Management, das einen Manuskriptproduzenten suchte.
Simmel akzeptierte das.
Simmel hat von diesem Gespräch in dem distanziert-selbstironischen Tonfall berichtet, der seine eigentliche Stärke ist. Wenn es ihm nur gelänge, in diesem Tonfall – und ohne weinerliches Selbstmitleid in Sachen Literaturkritik – seine Autobiographie zu schreiben, *das* könnte ein Buch werden!
Die Etappen des Gesprächs dokumentieren, was dazu gehört, jemanden *aufzubauen*.
1. Der Lektor: *Streicht ein und schreibt um.*
2. Die Reklame: *Ich habe erst einmal sechs Umschlagentwürfe bei drei Graphikern in Auftrag gegeben.* Damit die Ware Simmel auch einen optischen Wiedererkennungswert hat. Wie *Persil*, wie der *Spiegel*.
3. Die maximale Auswertbarkeit der Ware Buch: *Ausländische Verleger* und *Buchgemeinschaften.* – Von der Möglichkeit der Verfilmung war in besagtem Telefonat nicht die Rede. Das hat sich mittlerweile geändert. Jetzt ist auch der Filmproduzent Luggi Waldleitner nebst Drehbuchautor – *streicht ein, schreibt um* – von Anfang an mit von der Partie, das heißt bei den Lektoratskonferenzen dabei. Waren können nur maximal verwertet werden, wenn sie auch maximal auswertbar sind.
Das hinterläßt Spuren.

4

Ein Simmel-Roman kostet an die 30 DM. Die Erstauflage des letzten Buches, das sofort an der Spitze aller Hitlisten stand, betrug 200 000 Exemplare. Wenn so viele Leute soviel Geld auf den Ladentisch legen, dann muß für sie die Ware, die sie erwerben, wenigstens den Schein des Gebrauchswertes, der Nützlichkeit haben. Wer kauft diese 600-Seiten-Schmöker?
Arbeiter lesen den Simmel kaum, für sie ist Simmel «zu hoch». Zu den ganz feinen Autoren der bürgerlichen Leseöffentlichkeit wie Grass oder Böll gehört Simmel auch nicht. Die Wahrheit liegt, wenigstens hier, in der Mitte.
Die Physiognomie des Simmel-Lesers kann man – empirische Untersuchungen liegen nicht vor – aus den Büchern erschließen. Deren Figuren

sind ja als Identifikationsträger angelegt und werden auch lesend als solche akzeptiert.
Hier die Biographie des Lesers als Held der Romane:
1. Station: Kindheit und Jugend. Geborgen im Schoß der Familie waltet Unschuld, Reinheit. Man hat den Traum, sich einmal – als Erwachsener – selber verwirklichen zu können. *Jeder von uns will etwas Großes, Wunderbares im Leben. Jeder jagt einem Traum nach.*[4] Die Träume bleiben, aber:
2. Station: Jähes Erwachen. Erwachsen geworden, findet man sich als Einsamer wieder. Allein gelassen in einer korrupten, ewig unveränderbaren Welt. Man muß Zugeständnisse machen, sein kindliches Ich-Ideal verraten, so ist das. Schuld haben die anderen. *Jeder bekommt seinen Sprung im Leben. Wir sind beide anders geworden. Das, was wir aneinander liebten, das ist das, war wir gestern waren, das ist die Zeit und die Sauberkeit und die Anständigkeit von gestern ... diese ganzen Jahre, in denen wir so arm und glücklich gewesen sind. Wir haben beide unsere Unschuld verloren. Wir waren wie Kinder. Jetzt sind wir erwachsen. Unsere Liebe, das ist die Sehnsucht nach einem Paradies geworden, aus dem wir schon längst vertrieben sind.*[6]
Keine Träume, keine Hoffnung also. Sondern nur noch Suff, Ehebruch, Ekel, Prostitution, Sucht, Perversionen. Und der mörderische Kampf um die eigene Position. Was bleibt, ist Resignation und Anpassung.
Doch dann:
3. Station. Das wiedergewonnene *Paradies,* die *Erlösung.* Am Ende wird das Ideal der Kindheit restauriert. Dem Helden gelingt der Bruch mit der Vergangenheit. Entweder gewinnt er die große Harmonie der durch Liebe geeinten Familie zurück oder er verherrlicht sein Leben durch eine große bis tragische Tat – oder beides.
Wie auch immer, Simmels Helden – und mit ihnen der Leser – besteigen den Zug nach Nirgendwo, um im *Paradies erlöst* zu werden. Und wenn es nur dem Journalisten Roland gelingt, sein verhurtes und versoffenes Leben hinter sich zu lassen, er schafft das stellvertretend für uns alle.
Man liest es und ist bejungfert.

5
Wer also liest Simmel?
Es sind diejenigen, die ihre gesellschaftliche Position nicht zuletzt dadurch definieren, daß sie nicht zu der Klasse gehören wollen, die es übrigens ihrem Verständnis nach heute nicht mehr gibt, zur Klasse der Lohnabhängigen. Es sind diejenigen, die sich in die gutbürgerliche Lesekultur emporlesen wollen, um wenigstens lesend dabei zu sein.
Für sie – Beamte und Angestellte – löst ein Autor wie Simmel ein Di-

lemma. Bücher sind nämlich heute entweder «gute Literatur», also schwer zu lesen, oder sie sind «nur» Unterhaltung. Die Romane Simmels aber sind spannend geschrieben, also konsumierbar und dazu noch mit einer Botschaft versehen. Wie sich das für einen richtigen Dichter gehört.

Kleinbürger und Angestellte finden ihren allseits bedrohten Aufstieg in den Büchern Simmels wieder. Diese Romane lesen sich wie ein Katalog all der Ängste, die Voraussetzung und Folge der Anpassung sind, wie sie von Lohnabhängigen verlangt wird. Es sind diejenigen, deren Individualismus ideologisch hochgelobt wird: Auf den einzelnen kommt es an; damit er schön energisch konkurriert mit den anderen einzelnen. – Sie wissen, daß man sich als einzelner durchsetzen muß, und von den Schicksalen einzelner wollen sie lesen. Und: Solidarität gehört ja zum Erfahrungszusammenhang derjenigen Klasse, der sie – *Zufall? Schicksal?* – mit eigener Tüchtigkeit entronnen zu sein glauben. – Die Bibliothek des Einzelgängers in Millionenauflage.

Es sind diejenigen, die diesen Glauben an die Wundermacht des einzelnen und seines Eigentums verinnerlicht haben und sich so mit den Helden der Simmel-Bücher, den einzelnen, identifizieren. Aber, sagt Brecht, vom Standpunkt des Spielballs aus sind die Bewegungsgesetze auf dem Spielfeld kaum konzipierbar. Geschweige denn veränderbar.

Es sind diejenigen, die diese Gesellschaft für unveränderbar halten. Verändern kann man nur sich selber. Und: «Sich verändern» meint ja in diesem Zusammenhang auch sich, beruflich zu verbessern.

Warum also wird Simmel so massenhaft gelesen?

Sicher deshalb, weil Kolportage immer schon konsumiert wurde, um den Alltag zu vergessen: *Der Stoff aus dem die Träume sind.* Nur, diese Träume sind nicht mehr das, was sie einmal waren. War etwa bei Karl May noch letztlich die Trennung zwischen dem pflichtvollen Alltag und dem verheißungsvollen wilden Kurdistan – Dienst ist Dienst und Schnaps ist Schnaps – Voraussetzung für den massenhaften Erfolg, so ist gerade diese Distanz bei Simmel aufgehoben.

Seine Bücher handeln vom Alltag. Hier wenigstens sind die Handlungen angesiedelt, ihm entstammt das Arsenal der Schrecken. Das sei, betont Simmel, alles wirklich so geschehen, es kann also jedem passieren. *Dieses Buch ist ein Roman, aber dieser Roman beruht auf tatsächlichen Ereignissen.*[7] *Meine Bücher sind zu mindestens 80 Prozent wahr.*[8] – *Klingt wie Roman und ist doch Wahrheit.*[9] – Klingt wie Wahrheit.

Das alles hängt beim Leser damit zusammen, daß er seine Wirklichkeit anders erfährt, als der Kolportagekonsument früherer Zeiten. – Deswegen ist auch die Trivialliteraturforschung derjenigen Germanisten, die die blaue Blume totgeschlagen haben um die Kolportage der Altvorderen rotzufärben, so rührend unbrauchbar. Rührend, weil tradi-

tionell gegenwartsfern.
Mittlerweile ist nicht nur die Arbeitskraft selbst, sondern auch das Bewußtsein der Arbeitskraft in das Verwertungsinteresse des Kapitals einbezogen. Auch die Phantasie wurde enteignet. Sie wird zwar weiterhin von ihren möglichen Objekten – den Konflikten des Alltags – abgezogen und auf Objekte gelenkt, die unmittelbar mit den eigenen Erfahrungen nichts zu tun haben. Aber sie kann sich nicht mehr von dem Verwertungszusammenhang, der sie ausbeutet, lösen. Bücher, wie die von Simmel, nehmen das auf. Sie geben vor, Alltagserfahrung und Phantasie wieder miteinander zu versöhnen. Sie spielen mit der Sehnsucht der Leser, einen konkreten Bezug zur eigenen Realität herstellen zu können, mit dem Bedürfnis, Alltagserfahrungen nicht nur nach den abstrakten Mustern der Bewußtseinsindustrie abstrakt zu organisieren. Aber diese Bücher blockieren dieses Bedürfnis zugleich, trennen es von seinen möglichen Objekten, indem sie das Instrument der Befreiung, die Phantasie, verdächtig machen. Gegen das gehalten, was – nach Simmel – möglich wäre, ist der Alltag immer noch der beste aller möglichen Schrecken.
Simmels Romane brauchen die Phantasie des Lesers, um sie zu vernageln. In den Büchern wird die Realität derartig lückenlos beschrieben, Faktum wird auf Faktum gehäuft, daß die Phantasie des Lesers nicht beschäftigt: produktiv gemacht wird, sondern sich umstellt sieht.
Die Phantasie ist ja derartig diffamiert worden, daß sie als etwas Unerlaubtes erfahren wird. Aber man hat immer noch seine Phantasie, die Lust auf Veränderung. Deshalb muß man Angst vor sich selber haben, Angt vor seinen eigenen Möglichkeiten: Phantasie, die ja zerstörerisch-befreiend ist, wird so zur potentiellen Selbstzerstörung umfunktioniert. Das nehmen Simmels Romane auf.
Ich mußte immer weiter und weiter vorwärts taumeln, hinein in diesen endlosen Tunnel, in der Hoffnung, seinem Ende mit jedem Schritt näher zu kommen und ihn wieder verlassen zu können. Und doch wußte ich, daß dieser Tunnel kein Ende hatte, jedenfalls kein offenes, das ins Freie führte. Es war ein kreisförmig in sich geschlossener Tunnel, in dem ich mich da befand. Und ich wußte auch, daß ich schließlich verrecken würde in ihm.[10] – *Kennen Sie den Traum, daß Sie sich in einem Zimmer befinden, dessen Wände von allen Seiten langsam immer näher auf Sie zukommen, und der Boden hebt sich, und die Decke senkt sich, und die Luft wird immer weniger, immer dünner – und Sie können nichts dagegen tun, nichts, nichts, nichts?*[11] – Der Simmel-Leser kennt offenbar den täglichen Alptraum von der immer enger werdenden Leistungsspirale, kennt das Gefühl, daß der Boden, auf dem er steht – Beruf, Familie – wankt. Und er bildet sich ein, daß er nichts dagegen tun kann sondern nur dafür.
Deshalb sind die Träume so diffus und ambivalent, deshalb sind die

ideologischen Widersprüche in den Simmel-Büchern so simpel: Weil nur der sie durchschauen kann, der sie in der alltäglichen Realität begreift. Denn da kommen sie her.
Diese Träume sind so diffus, weil sie kein reales gesellschaftliches Ziel haben können, es sei denn die Selbstzerstörung. Weil der entscheidende Ort alltäglicher Erfahrung, an dem sie produziert werden, ausgeklammert wird, die Sphäre der Arbeit. So wie sich der Angestellte an seinen gesellschaftlichen Sonderstatus klammert, sich politisch raushält, so soll auch seine Berufswelt aus den Büchern, die er liest, draußen bleiben. Der Schwache sei am mächtigsten allein. – Vom Erfahrungsspielraum des Jet-Set her, im *Lamborghini* sitzend, wie Simmels Helden, kann man seinen Alltag zwar auf eine höhere Ebene hieven und so deuten, aber ihn auch nur ansatzweise durchschaubar machen, das kann man nicht. – Man ist davongekommen und empfiehlt den Simmel unter Kollegen weiter.
Und was ist mit der *Erlösung*, der Chance, der korrupten Alltagswelt zu entkommen? – Davon, von der Auflösung der Widersprüche, handeln schließlich auch einige Bücher von Simmel: Die mit dem Happy-End. Es gibt offenbar eine Chance, jeder kann gewinnen, aber das schafft immer nur einer von Hunderttausenden: wie beim Lotto. Und die *Erlösung* ist derartig abstrakt, wird kaum ausgemalt, daß sie mit den unmittelbaren Erfahrungen der Leser wenig, mit deren unorganisierten Gefühlen alles zu tun hat. *Erlösung* ist gerade dadurch bestimmt, daß sie nicht konkrete Erfüllung meint. Trauben, die hoch hängen, sind wirklich sauer.

6

Es ist immer wieder dieser Malstrom-Moment, der paranoide Sog, der den Leser fesselt. Die anonymen Telefonanrufe, Abhöranlagen, unerklärlichen Verfolgungen, Überfälle, Bedrohungen, Fallen.
Die Angst des Tormanns beim Elfmeter, beim Versagen vom Platz geholt zu werden; der Wunsch des Tormanns, besonders anstellig zu sein. Die Angst, daß der Chef vielleicht gerade mitgehört hat, als man über ihn sprach. Die Angst, gefeuert zu werden. Die Angst, daß es die Frau mit dem Briefträger treibt, oder – noch schlimmer – mit einem Untergebenen.
Die Angst, daß «es» rauskommt: Was auch immer.
Fallen, überall Fallen.
Gerade das Unbedeutende kann das Gefährliche sein. Das Unverdächtige ist das Verdächtige, weil es unverdächtig scheint. Man muß mißtrauisch sein. *Ich vertraute trotz all meiner Erfahrung den falschen Leuten und mißtraute den falschen Leuten.*[12] Und überall kann man durchschaut, entlarvt werden. – Wer so denkt, muß sich permanent für

entlarvbar halten. Es ist wie in dem bösen Psychoanalytikerwitz: «Sie haben keinen Minderwertigkeitskomplex, Sie *sind* minderwertig!» – Genau das meinen Simmels Romane:
Ich spiele keinem mehr den Helden vor, der ich nie war. Ein Stück Dreck bin ich. Ein obermieser Schuft ist es, der Ihnen hier seine Geschichte erzählt, ein richtiges Charakterschwein. Mit Namen Philip Kaven – : – Das Wichtigste ist: Ich bin genauso ein Stück Dreck wie du. Verstehst du? Darum verstehen wir einander so gut. Darum liebe ich dich als ersten Mann wirklich! [13]
Und dabei muß man nicht nur gegen andere mißtrauisch sein, sondern auch gegen sich selbst. Wenn Simmel immer wieder suggeriert, das alles könne jedem passieren, so weiß der Leser das bereits. Er traut sich das Schlimmste zu. Diese Träume sind zerstörerisch, sind aggressiv. Es sind die Träume derjenigen, die sich noch in den Ausscheidungskämpfen befinden. Es sind die Träume davon, das Ziel der Klasse erreicht zu haben, ganz oben zu sein. Solche Typen kommen in den Büchern Simmels häufig vor. An die kann sich die ganze aggressive Phantasie derjenigen binden, die es noch nicht soweit gebracht haben. Denn die da oben, liest er, sind ja gar nicht so glücklich. Deshalb sind ja nur die Nicht-Happy-Ends bei Simmel so beglückend; richtig schön wird es bei Simmel erst, wenn es schlimm ausgeht.
Diese Aggressionen richten sich aber nicht nur nach oben. Simmels Männer treten nach unten. Buchstäblich. *Sie war vollkommen nackt und so schön, wie ich sie in Erinnerung hatte. Sie lächelte und breitete die Arme aus. Ihre Brüste hoben sich. Sie ging auf hochhackigen Pantoffeln. Sie legte die Arme um meine Schultern und küßte mich wieder und preßte ihren Unterleib gegen meinen, und ich strich über ihr schwarzes Haar, das sie nun herabgelassen hatte, und dann packte ich sie an diesem Haar und bog ihren Kopf zurück, und mit der Linken, die ich zur Faust ballte, schlug ich ihr ins Gesicht ... Ich fiel über sie her wie ein wildes Tier, und wie wilde Tiere betrugen wir uns danach beide, lange Zeit.*[14] Frauen sind bei Simmel immer wieder tierhaft, benutzbar. Der Mensch ist dem Menschen ein Mann.
Wie *wilde Tiere:* Sexualität gibt es also nur auf jener Stufe, auf der sie jahrhundertelang von lustfeindlichen Ideologen gehalten wurde. Lust, Ursprung der Phantasie, ist wie sie das Böse, das, was unterdrückt werden muß. Männer haben da – nicht nur bei Simmel – einen Ausweg, auch der ein klassischer Fluchtpunkt bürgerlicher Männermoral: Die große, ihrer Bestimmung nach unerreichbare Liebe: Beatrice. *Ich habe sie nie besessen, aber sie ist mir näher gewesen, ich habe sie mehr geliebt, als irgendeine andere Frau in meinem Leben.*[15] – Mit einem Engel schläft man nicht.
Masochismus/Sadismus und die große bei Strafe des Verlustes unerreichbare Liebe: Alles Nicht-Beziehungen, die den anderen zum Objekt

machen, Beziehungen, die Kommunikation ausschließen. Formen der Isolierung, der Einsamkeit, der Sprachlosigkeit.
Die kindliche Unschuld ist hin. Da kann man nur klagen. Was tun? – Gottlob zeigen Simmels Helden einen Ausweg. Sie vollziehen das nach, was die kritische Psychoanalyse als den Ausweg der kapitalistischen Gesellschaft beschrieben hat. Die Ursache wird als Lösung angeboten: Simmels Helden, jenseits des Lustprinzips, binden ihre Befriedigung an die Leistungszwänge. Und von der Leistung träumen ja auch die Simmel-Leser. Wer Angst hat zu versagen, der muß ja wenigstens lesend davon träumen, selbst unter erschwerten Bedingungen topfit, und unschlagbar, also besser als die Konkurrenz zu sein; wie – im *STOFF AUS DEM DIE TRÄUME SIND* – Walter Roland, der, Synthese von Leistung und Lust, in sturztrunkenem Zustand zwei Nutten dazu bringt, ihre berufsbedingte Distanz zum Freier seinem gottbegnadeten Pimmel jammernd vor Lust aufzuopfern: *Ich schaffte sie, schaffte sie alle beide . . .*[16]
Bleiben die zerstörerischen Träume. Sie werden von Simmel auf die klassischen Orte subalterner Aggression gelenkt und an sie gebunden. Da gibt es den Vorgesetzten, dem man es mal zeigt und die *Wahrheit* sagt. *«Kusch!» sagte ich laut zu meinem Chefredakteur.*[17] – Laut!
Da gibt es, als Symbol aller Hierarchien, die einen in ihrer scheinbaren Undurchschaubarkeit bedrohen, die *Großen*, die *Geheimdienste*, denen der einzelne hilflos ausgeliefert ist. *Hohe und höchste Herren, dachte Groll, und hier sitzt ein kleiner Mann, keiner kennt ihn, ohne Schutz ist er, ohne Hilfe, allein. Groll dachte an die furchtbare Stärke der Starken, die gräßliche Größe der Großen, die schreckliche Hilflosigkeit der Hilflosen und daran, wie das alles zusammengehört, einander ergänzt, einander entstehen läßt.*[18] – *Wie das alles zusammengehört:* Damit sind wir bei der Lebenshilfe angelangt. Es ist bei Simmel die Hoffnung auf eine Instanz, deren Existenz oder Nichtexistenz den aufrechten Leser nicht beunruhigen dürfte, es ist das altehrwürdige Schicksal. *Ich stelle mir vor, daß jedes Blatt in einem Buch, also auch im Buch des Lebens, zwei Seiten hat. Die eine schreiben wir Menschen voll mit Zielen, Überzeugungen, Hoffnungen, Wünschen und Absichten. Die andere Seite schreibt das Schicksal, schreibt der Sinn, der hinter allem steht.*[19] – Den Leser kann das nicht mehr überraschen. Er, der aufgebrochen war, die Höhen der bürgerlichen Lesekultur zu stürmen, ist beim Schicksal der Alten angelangt; er, der seine aggressiven Träume abreagieren, die Kirche aber im Dorf lassen will, findet als Erklärung das, was er braucht: Einen sinnträchtigen Grauschleier, der wohltätig über die wahren gesellschaftlichen Verhältnisse gebreitet wurde. –
Liest es und klappt das Buch zu.
Es kann wieder losgehen.

7

Der Stoff aus dem die Träume sind: Das sind die Träume derjenigen, die ihre Ware Arbeitskraft auch deshalb so günstig zu verkaufen glauben, weil sie sich besser verkaufen als andere. Es sind diejenigen, deren Fühlen und Denken in der Produktion und im Konsum derartig verdinglicht wurde, daß sie sich nur noch im Warenkonsum vergegenständlichen, sich verwirklichen können. Sie finden sich in den Waren wieder, genauer: Sie fühlen sich in deren Tauschwert selbst[20] ein. Dessen Aura ist der Erfolg. Nichts ist so erfolgreich wie der Erfolg.

Zu diesen Waren gehört auch Simmel. Weil er in seinen Büchern von allen erfolgreichen westdeutschen Nachkriegsautoren das Zur-Ware-Werden des Buches am konsequentesten durchexerziert hat: Ein Maximum an Tauschwert, der das notwendige Minimum an Gebrauchswert hat. Denn hier liegt die – für den Erfolg Simmels – entscheidende Wahlverwandtschaft zwischen Leser, Buch und Autor: In den Büchern erkennen sich die in der Warenwelt trainierten Bedürfnisse wieder.

8

Daß das Buch zur Ware, der Autor zum Warenzeichen geworden ist, das ist nicht ungewöhnlich. Ob Rowohlt, ob Fischer, ob Hanser, letztlich entscheidet der Profit. Allerdings zeichnet sich fortgeschrittene avantgardistische Literatur auch dadurch aus, daß und wie sie diesen Sachverhalt darstellend reflektiert und kritisiert. Genau das tut aber der Schriftsteller Simmel nicht. Im Gegenteil: Er unternimmt den erfolgreichen Versuch, die stromlinienförmigperfekte, das heißt allseitig verkäufliche Ware zu liefern.

Dabei ist nicht unwichtig – weil auch das zum Autoren-Design gehört –, daß der Ausgebeutete – wie seine Leser im Alltag, freilich profitabler – auch sich selbst zum Objekt der Ausbeutung macht. Die zentralen Themen seiner Bücher – paranoide Ängste, Suff, Impotenz, Todesängste und so weiter – kehren mit derartig stereotyper Gleichheit wieder, daß man vermuten muß, hier werde auch autobiographische Haut zu Markte getragen.

Wichtiger aber ist der Verkauf. Die Bücher brauchen ein breites Publikum. Deshalb ist jedes Buch wie ein Supermarkt angelegt, der alles hat, was das Herz begehren soll. Sex und Crime, Philosophie, Träume und die Verarbeitung der Ereignisse des gegenwärtigen Alltagslebens; in meines Vaters Haus klingeln viele Kassen. Hier bedient Sie Herr Simmel.

Und jeder muß sich wiederfinden können, jeder Leser will bestätigt werden. Das genau erreicht Simmel mit seinen Büchern. Die sind vieldeutig. Denn so sehen Simmel-Leser ihren Autor: Die Liberalen halten ihn für liberal, die tendenziell Linken für links, die Rechten für rechts.

Die meisten siedeln ihn politisch so rund um die Mitte an; wie sich selbst.
Wie auch immer, letztlich sind es die Hauptgestalten der Bücher, die mit ihren rein persönlichen Schicksalen und Ängsten alles einen. Und diese Helden erscheinen primär als Produkte der bundesdeutschen Gesellschaft. Mit der Bundesrepublik Deutschland sind sie groß geworden. Sie trinken, rauchen, kleiden sich modisch-korrekt, wechseln die Wagen. Man kennt sie, sieht sie täglich alltäglich im Fernsehen: Die Helden der Werbespots. Simmels Helden haben sich – wie wohl auch deren Leser, wenn auch in bescheidenerem Rahmen – emporgetrunken: Von *Johnnie Walker* über *Chivas Regal* zu *Dom Perignon* und *Saint Saphorin.*
Eine erfolgreiche Ware muß mundgerecht sein: Was bedeutet, daß man die Bücher runterlesen können muß. Das verlangen auch die Simmel-Leser. Es gibt allerdings eine Phase in Simmels Schaffen, da wurden derartige Erwartungen auf eine harte Probe gestellt. Im *JIMMY*, im *STOFF* etwa wirbelten die Handlungselemente derartig durcheinander, daß ein Durchkommen – wer mit wem? – nur schwer möglich war. Das blieb spannend, war aber doch ganz schön anstrengend. Die Leser scheint das irritiert zu haben. Sie sollten, meinte offenbar der Verlag, dem Simmel noch eine Chance geben. Deshalb kolportierten Verlagsvertreter bei ihrer Tournee durch die Republik, die letzten Bücher des Meisters seien nur deshalb so verwirrt geraten, weil Simmel sich in persönlichen Schwierigkeiten befunden habe; Details und Hinweise auf das angekündigte Buch folgten. Jetzt sei aber alles wieder perfekt. Simmel kann wieder lieben und schreibt einfache Bücher. *DIE ANTWORT KENNT NUR DER WIND.* Diese neue Einfachheit würde übrigens, meinte Simmel während einer Lektoratskonferenz, die sich im Fernsehen präsentierte, auch den – anwesenden – Filmproduzenten freuen. Anzunehmen.
Und – wichtiges Kriterium für einen Bestseller-Produzenten –: Simmel bedient seine Kundschaft regelmäßig. So schafft er sich eine Gemeinde, so produziert er das Bedürfnis der Nachfrage. Diese Gemeinde hat nachträglich auch die Bücher aus der Vor-Droemer-Zeit zu Bestsellern gemacht. Und sie kann sich jetzt in einem – klar! – spontan gegründeten Simmel-Klub organisieren. Gründer ist ein Buchhändler.
Das ist ja der ewige Ärger, den Verleger mit ihren Autoren haben. Kaum hat man sie *aufgebaut,* da kommen sie womöglich in eine Krise, mehrere Buchmessen gehen ungenutzt ins Land, und der Aufgebaute ist vergessen, also unverkäuflich.
Nicht so Simmel. *Wenn man vom Herbst spricht, meint man Simmel.*[21] Der produziert mit präziser Regelmäßigkeit. Es ist wie mit dem Gilb. Seit der in die Welt gesetzt wurde, muß die saubere deutsche Hausfrau das dazugehörige Waschmittel kaufen. Und der Gilb hat,

das ist sein einziger Sinn, eine Eigenschaft: Er kommt immer wieder. Seitdem Simmel für Droemer schreibt, muß immer dann, wenn die Nachfrage zu stocken beginnt, das neue Buch marktfertig sein.
Und immer der gleiche Markenname, gleicher Umschlag, gleiche Dicke, gleiche Reklame und nur leicht variierter Inhalt. – «Welchen Simmel wollen Sie denn?» fragte in Hamburg eine Buchhändlerin routiniert, «den von 1973, den von 1971, 1970 oder früher?»

9

Auflage um die achtzehn Millionen. Das heißt, daß einige Millionen Leser in der Bundesrepublik Deutschland Simmel-Fans sind. Leute, die auf eine besondere, angepaßt-aggressive Weise träumen wollen. Muß man sie deshalb politisch abschreiben? Ich meine nicht. Denn in ihrer Vorliebe für Simmel signalisieren sie auch Bedürfnisse, die – würden sie praktisch begriffen – die Verhältnisse ändern könnten.
Ich meine damit nicht den Antifaschismus, der bei Simmel immer wieder dabei ist. Das bleibt an der Oberfläche: Es nützt ja nichts, die angebliche Verschwörung des Weltjudentums durch andere Verschwörungen zu ersetzen; bleiben die alten paranoiden Erfahrungsstrukturen, die bestätigt aus der Lektüre hervorgehen. – Mit seinem Antifaschismus habe der Simmel überhaupt – heißt es in der Branche – eine Macke. Und so taucht er bei der Verfilmung der Bücher – *streicht ein, schreibt um* – auch gar nicht erst auf.
Ich meine auch nicht die Tatsache, daß Simmel sich immer wieder als Anwalt der *kleinen Leute* hinstellt: *Der Effekt, den ich erzielen will durch die Schilderung der Welt der Reichen, ist der, daß die Leute, die nicht zu den Reichen gehören, die Lebensgewohnheiten, die Unarten und Sitten und Unsitten und Arten dieser Gesellschaft kennenlernen.*[22] – Subjektiv stimmt das sicher. Objektiv aber – halten wir uns an die Romane – schreibt er für und über die kleinen Leute des großen Kapitals. Weil er die gesellschaftlichen Verhältnisse als unveränderbar darstellt.
Da ist etwas anderes.
Es ist ja nicht so, daß man Simmel-Leser bleiben muß sein Leben lang. Ich habe mich auch mit vielen Nicht-mehr-Simmel-Lesern unterhalten. Sie alle hatten die Romane Simmels zu einer Zeit gelesen, als sie sich einsam fühlten, nicht wirklich kommunizieren konnten; außer nach dem Motto: Laß das Büchlein deinen Freund sein. Im Prozeß ihrer Lebensgeschichte hatten sie sich dann von den in der Familie produzierten Verhaltensformen lösen können: Indem sie in der politischen Arbeit, im solidarischen Handeln, andere, gesellschaftlich bestimmte Orientierungsmuster erlernten. Mittlerweile haben sie erkannt, daß die einsame Zwiesprache mit dem Buch nicht ausreicht, daß man in seiner Phantasie nicht passiv leiden muß, sondern daß man die erfahrene Isolation

durchbrechen kann. Dazu braucht man auch Phantasie. Dabei haben die Nicht-mehr-Simmel-Leser zwei Eigenschaften beibehalten, die als Ansatzpunkte für eine Strategie einer emanzipativen Massenliteratur zu bedenken wären.

Einmal ist da die Lust auf Tatsachen. Denn das, was Simmel beschreibt, soll sich ja wirklich – *zu mindestens 80 Prozent* – so zugetragen haben. Das ist mehr als eine Marotte, das ist verkaufsfördernd.

Wer Erfahrungen nur aus zweiter Hand kennt – Politik nur aus der Tagesschau, Erotik nur aus dem *Playboy* – hat die Sehnsucht nach Authentizität, will *dabei* sein, nämlich *NIEMAND IST EINE INSEL: Eintausendzweihundert der mächtigsten, genialsten, schöpferischsten, reichsten Männer und Frauen in elegantesten und teuersten Roben, mit kostbarstem Schmuck behangen. Oberhäupter von Staaten aus Ost und West, Würdenträger von Kirchen verschiedenster Konfessionen, Könige.* Und so weiter. *Da war Staatspräsident Podgorny auf dem Bildschirm. Da war Nelson Rockefeller. Da waren die Begum, Sammy Davies, Jean-Paul Sartre, der Vertreter des Vatikans, die Mutter John F. Kennedys, Pompidou, Prinzessin Anne von England, Königin Wilhelmine der Niederlande, die drei Astronauten von Apollo 10, eine dunkle Schönheit, ein Chinese in weißer Uniform.*

Und icke: Immer mittenmang dabei (Ganz abgesehen von *Tante Romy und Tante Claudia*).[23]

Nicht-mehr-Simmel-Leser können weiter *dabei* sein. Wenn sie dort politisch arbeiten, wo die wirkliche Authentizität ist, wo die wichtigsten und faszinierendsten gesellschaftlichen Ereignisse stattfinden, dort, wo der Konflikt von Lohnarbeit und Kapital täglich erfahren wird, an der Basis. – Der Tatsachenhunger, die Sehnsucht der Simmel-Leser nach Realität kann umfunktioniert werden.

Zweitens. Immer wieder sind die Simmel-Romane als Autobiographien ihrer Helden angelegt. Die Erzähler berichten zwar mit dem Gestus des geretteten Pietisten, der voller Abscheu – und deshalb mit aller zur Verfügung stehenden nachschmeckenden Wollust – seine Verfehlungen beichtet. Aber sie erzählen immer von sich selbst, schreibend verwirklichen sie sich. Wer das immer wieder gern liest, möchte auch selber schreiben können.

Diese Einheit von Selbstverwirklichung und der Fähigkeit, seine eigenen Interessen formulieren zu können, ist kein verächtliches Bedürfnis: Schreiben und Verändern können, so gesehen, auch politisch zusammengehören.

Nur, auch dieses Bedürfnis müßte von der Blockierung, die Simmel immer gleich mitliefert, befreit werden. Denn die Helden Simmels können ja nur deshalb schreiben, weil sie all diese unglaublichen Sachen mitmachen. Simmel-Leser müßten sich klarmachen können, daß ihre alltäglichen Erlebnisse noch viel unglaublicher sind.

Leo Kreutzer / Jürgen Peters

Vom Schreiben und vom «Schreiben», welche Unterscheidung hier freilich naiverweise als aufhebbar betrachtet wird

Eine Art Hörspiel

Sechs Stimmen *kommen vor:*
Zwei Männer sprechen miteinander über wirkliche und mögliche Erfahrungen mit dem Schreiben.
Am Gespräch der beiden nimmt eine Reihe von Experten teil: Schriftsteller vom 18. Jahrhundert bis zur Gegenwart. Deren Aussagen sind ziemlich widersprüchlich, werden aber von einer weiblichen Stimme *vorgetragen.*
READIE und WRITEY *stören dagegen nur.*
Die sechste Stimme ist die eines AUSRUFERS. Er macht sich wichtig, *aber vielleicht auch ein wenig nützlich, indem er jeweils ankündigt, was als nächstes kommt.*

: In diesem Land kann jeder schreiben
: Schreiben lernt man in der Schule
: In diesem Land muß jeder schreiben können
: Gesuche schreiben
: Aufsätze schreiben
: Prüfungsarbeiten schreiben
: Dienststundennachweise schreiben
: Berichte schreiben
: Gutachten schreiben
: Briefe schreiben
: Lebensläufe schreiben
: Manche Leute schreiben, weil sie dazu aufgefordert werden
: Von Eltern, Lehrern, Behörden, vom Ehepartner
: Manche Leute schreiben, weil sie sich etwas davon versprechen
: Journalisten, Wissenschaftler, Schriftsteller
: In diesem Land kann jeder schreiben

AUSRUFER: Damen und Herren!

Sie haben sich vor dem Radioapparat eingefunden, um ein Spektakel über das Gewohnte und das Schwierigste zu verfolgen: über das Schreiben.

Sie werden Neuigkeiten erfahren, und Sie werden eine Menge zu verdauen haben. Achten Sie auf die Stärke Ihres Magens. Und achten Sie auf die Ordnung in Ihrem Kopf. Aber verachten Sie nicht die Unordnung: sie kommt den Dingen oft näher.

Sie werden seltsame Neuigkeiten erfahren, Neuigkeiten über eine Ihrer Fähigkeiten. Vernehmen Sie mit Erstaunen: Sie schenken ihr nicht die ihr zukommende Beachtung.

Damen und Herren!

Sie können lesen, Sie sind Leser, Sie sind Kenner!

Sie können schreiben, ja, Sie können schreiben.

Sind Sie Schreiber, sind Sie Kenner?

Sind Sie, frage ich Sie, Schriftsteller?

Sie sind, werden Sie sagen, klar, keine Schriftsteller.

Sie können schreiben, Sie können nicht schreiben.

Lenken Sie Ihr Interesse auf diesen Widerspruch.

Sie sind aufgefordert, den Gesprächen zweier Individuen zu folgen, die übrigens nicht ungestört bleiben werden.

Die beiden stoßen auf diesen Widerspruch. Bilden Sie sich Ihr eigenes Urteil.

Zerbrechen Sie sich aber nicht den Kopf, was die Sprechenden für Menschen sind, lenken Sie Ihr Interesse auf die geäußerten Ansichten.

Beurteilen Sie unparteiisch und entspannt den Austausch der Meinungen.

Vergleichen Sie das Gehörte aufmerksam mit Ihren eigenen Erfahrungen und Einsichten.

Trommelwirbel.

Lenken Sie zunächst Ihr Interesse auf die erste Abteilung unseres Spektakels.

Sie werden erfahren, wie einem das Schreiben beigebracht wird.

Sie werden erfahren, auf welche Weise einem das Schreiben ausgetrieben wird.

Und Sie werden einiges mehr erfahren.

Damen und Herren!

Lassen Sie sich verwirren. Und unterhalten.

Wir beginnen mit dem

Trommelwirbel.

LEBENSLAUF EINES, DEM MAN DAS SCHREIBEN BEIGEBRACHT HAT

A: In den Sommerferien, früher, sind wir immer an den Strand gefahren. Einmal – ich war vielleicht fünf Jahre alt – habe ich zum erstenmal gemerkt, was das ist: Sich selbst zusehen. Ich sah mir zu: Wie ich mit einem Ast in den Sand zu schreiben versuchte. Wörter.

Als ich eingeschult werden sollte, meinte mein Vater, ich müsse doch wenigstens e i n e n einzigen Buchstaben schreiben können. Für den ersten Schultag. Einen Buchstaben oder wenigstens eine Zahl. Wir haben dann einen ganzen Nachmittag lang geübt. Mein Vater war sehr geduldig mit mir, aber ich kriegte es einfach nicht hin. Da wurde mein Vater ärgerlich. Ich heulte. Meine Mutter hat mich dann erlöst. Das Schreiben habe ich dann trotzdem gelernt. Erst auf der Schiefertafel. Dann mit Tinte und Stahlfeder. Das war unangenehm immer mit der Tinte an den Fingern. Wenn man die abgescheuert hatte, waren die Finger immer so merkwürdig rot und es prickelte. Es gab auf den Zeugnissen eine Zensur für Schrift und Sauberkeit. Mein Vater sagte, wenn ich auf die Oberschule wollte, müßte ich das mit Schrift und Sauberkeit lernen.

Auf der Volksschule haben wir zum Schluß richtig schöne Aufsätze geschrieben. Lange Geschichten, einmal sogar reichte bei mir das Heft nicht aus, ich mußte ein neues anfangen. Das war eine lange Geschichte, mit einer Sturmflut, Landunter, Krachen und Heulen und berstende Nacht, Rettung aus Seenot. – Ich hatte gerade einen Film gesehen über den Seenotrettungsdienst.

Der Aufsatz war sehr lang und ich hatte viele Fehler gemacht. Die Lehrerin fand ihn toll. Ja: Toll. Das stand wörtlich drunter. Und die Zensur: Eine Eins.

Mein Vater sagte mir, auf der Oberschule dürfe man nicht so viele Fehler machen. Und die Sauberkeit!

An diesen Aufsatz denke ich noch immer gerne. Wie ich ihn geschrieben habe.

Auf der Oberschule haben wir dann die richtigen Ausdrücke gelernt. Das richtige Wort zur richtigen Zeit. Da konnte man nicht so einfach drauflosschreiben, wie einem der Schnabel gewachsen war. Auf der Oberstufe lernte ich dann das Aufsatzschreiben. Besinnungsaufsatz hieß das dann. Man mußte ein Thema erörtern und zu einer Antwort kommen.

Ich erinnere mich noch ganz genau an einen heißen Sommertag. Und an diesen Schulgeruch: Diese Mischung aus billigem Bohnerwachs, Schulbrot und Schülerschweiß.

Besinnungsaufsatz. Ich hatte die Stoffsammlung abgeschlossen.

Ich hatte die Gliederung gemacht. Ich war mitten drin in der Reinschrift, es war eine Stunde vor Schluß. Da merkte ich, beim Schreiben, daß ich mittlerweile eine ganz andere Meinung hatte, in meinem Kopf. Genau das Gegenteil von dem, was ich gerade schrieb.

Der Gedanke war unheimlich schnell da und ganz voll im Kopf. War wohl beim Schreiben gekommen.
Da war guter Rat teuer. Konnte ich es riskieren, ohne Kladde die neue Konzeption gleich in Reinschrift zu schreiben? Fehler, Schrift: Das spielte für die Zensur immer noch eine Rolle. Ich tat dann das einzig Richtige: Ich hielt an der alten Fassung fest. Für den Aufsatz habe ich eine meiner wenigen Einsen gekriegt. In Deutsch.
Nebenbei, zu Hause, habe ich dann auch Tagebuch geschrieben, habe ich es auch mit Gedichten versucht – «O wenn Tage wie dieser nie endeten» –: Aber das war wohl alles nichts.
Als das Studium begann, habe ich das dann schlagartig aufgegeben. Als Student habe ich nur noch wissenschaftlich gearbeitet. Wenn ich mir meine Referate – Semester für Semester – heute noch mal durchsehe, kann ich erst ermessen, was für Fortschritte ich gemacht habe. Damals. Am Anfang war, was ich schrieb, doch noch sehr subjektiv gefärbt. Irgendwie unernst. Nach und nach habe ich dann aber gelernt, lernen dürfen, muß ich wohl sagen, daß man sich selbst völlig raushalten muß. Man muß die Dinge objektiv sehen, wenn man ernst genommen werden will. Und: Wer ist man eigentlich, als Anfänger. Und wer sind die anerkannten Fachleute. Mit denen muß man sich ja als Student auseinandersetzen. Mit deren Gedanken, mit deren Formulierungen. Die machen einem ja vor, was das heißt: Objektiv, wissenschaftlich zu arbeiten.

AUSRUFER: WAS SO VON SCHRIFTSTELLERN GEDACHT WIRD

Z: Schriftsteller schreiben Bücher.
Schriftsteller sind anders.
Schriftsteller verdienen viel Geld.
Eigentlich sollten Schriftsteller ganz arm sein.
Und die D i c h t e r müssen es sogar sein.
Nicht jeder Schriftsteller ist auch ein Dichter.
Dichter – Schriftsteller: das ist doch dasselbe.
Dichter haben lange Haare.
Schriftsteller haben überhaupt keine Moral.
Schriftsteller müssen zu allem etwas s a g e n können.
Schriftsteller müssen auch zu a l l e m was sagen.
Schriftsteller sollten über der Tagespolitik stehen.
Frauen stehen auf Schriftsteller.
Die großen Dichter sind alle schon tot.
Dichter tragen zur Ehre der Nation bei.
Dichter kann nicht jeder sein.

READY: Hast du mal ein Buch geschrieben, Writey?
WRITEY: Natürlich, aber nicht persönlich.

AUSRUFER: LEBENSLAUF EINES, DEM MAN DAS SCHREIBEN ABGEWÖHNT HAT

B: In der ersten Schulklasse kam mir das Schreiben vor wie die Fortsetzung meiner Baukasten-Spiele. Das große B war die Marktfrau, das kleine i ein Junge mit Pudelmütze, das große sein Vater.
Als sich dann herausstellte, daß die Buchstaben nur Zeichen waren, Zeichen für anderes, hat mir die Sache bald keinen Spaß mehr gemacht. Lernen, meinte der Lehrer, sei das eine, Spielen das andere. Die Buchstaben durften nicht mehr purzeln, sie mußten strammstehen. Wer nicht gerade schreiben kann, sagte der Lehrer, kann auch nicht gerade leben. Ihr müßt in einer geraden Linie schreiben und nicht über den Rand, wer über den Rand schreibt, übertritt auch die Gesetze.
Natürlich habe ich dann Schreiben gelernt, ich hab das schon so weit mitgemacht, daß ich nicht zurückblieb hinter den andern.
Bin auf die Oberschule gekommen, obwohl Rechtschreibung nie meine Stärke war. Und auf der Oberschule hat sich dann ja auch einiges verändert, nicht mehr nur die ewigen Diktate, da fingen wir bald an, richtige Aufsätze zu schreiben. «Mein schönster Ferientag», «Der erste Schnee» und so. Da bin ich der Sache wieder nähergetreten, das hatte wieder mit Spielen zu tun. Seine Phantasie spielen lassen, wie man so sagt. Da fand ich das ganz prima, etwas über mich schreiben zu können. Ich galt da auch ganz schnell als phantasievoller Schüler, bekam gute Noten, Angst hatte ich eigentlich nur immer vor den Diktaten. Ja, und dann bekamen wir einen anderen Deutschlehrer, der hatte seine eigenen Vorstellungen, was in so einem Aufsatz zu stehen hatte. Ich erinnere mich noch ganz genau, wo ich den Knacks bekam. Da sollten wir etwas über den Herbst schreiben, ich fand das ein schönes Thema, mit dem ich viel anfangen konnte. Mir kam der Herbst ganz lustig vor, da wurde alles ganz bunt und der Wind blies einen manchmal fast vom Fahrrad. Das habe ich alles aufgeschrieben und fand, es war ziemlich gelungen. Als wir die Aufsätze zurückbekamen, behielt der Lehrer mein Heft bis zuletzt. Dann hat er meine Arbeit vorgelesen. Als ein Beispiel dafür, wie ein Herbst-Aufsatz nicht sein darf. «Der Herbst ist die Zeit, da die Natur sich zu sterben anschickt.» Man kennt das. Also Thema verfehlt, mangelhaft.
Da hab ich begriffen, daß das mit dem «selbst schreiben» ein riesiger Schwindel war. Hier ging's wieder einmal nur ums Rechtschreiben, also lernen zu treffen, was andere einem vorschreiben, genau darauf achten, auf der Linie und nicht über den Rand zu schreiben. Nur, daß Linie und Rand nicht mehr, wie beim Schreibenlernen in der Volksschule, in die Hefte eingezeichnet waren. Man mußte raus-

finden, wo sie im Kopf des Deutschlehrers verliefen. Und das war ja auch lächerlich einfach, das rauszukriegen, wenn man das Problem einmal geschnallt hatte, es gab genug Typen, die hatten das genau raus und sahnten die guten Noten ab. Was mich betrifft: ich hab halt wieder geschaut, daß ich immer so gerade durchkam. Und wenn ich einmal etwas für mich festhalten wollte, was man so ein Erlebnis nennt, dann hab ich das in so eine Art Tagebuch geschrieben. Nicht regelmäßig. Manchmal lese ich das heute noch mal nach. Dabei fällt mir immer auf, daß ich auch ziemlich viel Sachen aufgeschrieben habe, mit denen ich damals nicht klarkam.
Vielleicht schreibe ich noch einmal eine Geschichte. Einen Roman oder so. Für mich. Nur so: Muß ja nicht immer alles gleich veröffentlicht werden.

Z: James Joyce, Ulysses. 1922
Müde?
Er ruht. Er ist gereist.
Mit?
Sindbad dem Seefahrer und Tindbad dem Teefahrer und
Findbad dem Feefahrer und Rindbad dem Rehfahrer und
Windbad dem Wehfahrer und Klindbad dem Kleefahrer und
Flindbad dem Flehfahrer und Drindbad dem Drehfahrer und
Schnindbad dem Schneefahrer und Gindbad dem Gehfahrer und
Stindbad dem Stehfahrer und Zindbad dem Zehfahrer und
Xindbad dem Ehfahrer und Yindbad dem Sehfahrer und
Blindbad dem Phthefahrer.

B: Neulich habe ich das in der Sesamstraße wiedergesehen: wie die mit diesen Buchstaben-Klötzen hantierten. Da sind die Buchstaben erst mal wie Personen, haben ein eigenes Leben, und wenn sie sich zusammentun, kommen Wörter dabei raus. Unheimlich lustig.

AUSRUFER: Damen und Herren!
Sie können schreiben. Sie können nicht schreiben.
Sie sind keine Schriftsteller.
Pause.
Warum eigentlich sind Sie keine Schriftsteller?

Z: Hermann Hesse, Kurzgefaßter Lebenslauf. 1925
Die Sache war so: von meinem dreizehnten Jahr an war mir das eine klar, daß ich entweder ein Dichter oder gar nichts werden wolle. Zu dieser Klarheit kam aber allmählich eine andre, peinliche Einsicht. Man konnte Lehrer, Pfarrer, Arzt, Handwerker, Kaufmann, Postbeamter werden, auch Musiker, auch Maler oder Architekt, zu allen Berufen der Welt gab es einen Weg, gab es Vorbedingungen,

gab es eine Schule, einen Unterricht für den Anfänger. Bloß für den Dichter gab es das nicht! Es war erlaubt und galt sogar für eine Ehre, ein Dichter zu sein: das heißt als Dichter erfolgreich und bekannt zu sein, meistens war man leider dann schon tot. Ein Dichter zu werden aber, das war unmöglich, es werden zu wollen, war eine Lächerlichkeit und Schande, wie ich sehr bald erfuhr. Rasch hatte ich gelernt, was aus der Situation zu lernen war: Dichter war etwas, was man bloß sein, nicht aber werden durfte.

B: Ich meine das ganz ernst: Warum bist du eigentlich kein Schriftsteller geworden?

A: Ein Schriftsteller?

B: Hast du dir niemals vorgestellt, das als Job, als Beruf zu machen?

A: Man wird nicht Schriftsteller wie man Taxifahrer wird.
Oder Bademeister. Das kann man sich doch nicht einfach aussuchen.
Oder vornehmen. Das ist man, oder man ist es nicht.

B: Aber bevor einer so was ist, ist er es doch g e w o r d e n.

A: Ich denke mir, daß man das eines Tages bemerkt: Daß man berufen ist.

B: In meiner Klasse war so einer. Ein Dichter. Hat er gesagt. Ich war so um fünfzehn. Du weißt ja: Als man damals anfing, mit den Mädchen vom Lyzeum rumzugondeln, auf den Mopeds ... Unser Dichter hatte kein Moped. Mit Absicht. Der hat sein Geld bei den Buchhändlern gelassen. Und das war keine Fehlinvestition, stellte sich heraus. Der hat nicht nur gelesen, sondern auch gedichtet. Aber Genaues konnte man damals nicht erfahren. Uns hat er nichts gesagt. Aber auf dem Lyzeum gab es einige, die hatten da genauere Vorstellungen. Es hieß, er liest denen seine Gedichte vor. Abends ...
Heute macht er in der Zeitung den Lokalsport.

A: Sag ich ja: Gehört mehr dazu, zum Dichter, als Backfische anhimmeln.

B: Der hat dann sogar noch ein Buch geschrieben, einen Roman. Ist sogar gedruckt worden. Und dann haben die Zeitungen zugeschlagen. Negativ, absolut negativ. Aus war's.

A: Sag ich doch. Das war eben kein richtiger Dichter. Höchstens ein Schriftsteller. Und auch das ist nicht mal. Sonst hätte der sich doch durchgesetzt, auf die Dauer. Hätte sich nicht nur mit dem Journalismus begnügt. Wenn da wirklich was gewesen wäre, was Echtes. Der hätte sich hingesetzt, unbeirrt, und hätte sein zweites Buch geschrieben, sein drittes. Und: Auf die Dauer setzt sich ein Dichter dann auch durch. Wir haben schließlich eine Literaturkritik, im Fernsehen gibt es die Magazinsendungen mit den Interviews. Die Buchmessen-Sondersendungen.

B: Du sagst es. Ist alles wie bei meinem Schulfreund. Nur daß er das

nicht gehabt hat: Die Reklame. Das ist doch wie im Geschäftsleben. Das ist doch Geschäftsleben.
Wer die bessere Reklame hat, der verkauft besser. Und kann dann weiterproduzieren.

Z: Levin L. Schücking, Soziologie der literarischen Geschmacksbildung. 1923
Mit der schlichten Weisheit, daß das Gute sich durchsetzt, mit der sich so viel verkannte Leistung tröstet, ist der wahre Verlauf der Dinge nur sehr unzureichend gekennzeichnet. Dieser Grundsatz erinnert vielmehr an jenen, daß, wo die Not am größten, Gottes Hilfe am nächsten ist, der zur Rückenverstärkung in verzweifelten Lagen einen hohen praktischen Wert haben mag, aber dessen logische Gültigkeit recht zweifelhaft ist – trotz aller rührenden Fälle, die sich in alten Schullesebüchern finden. Dem schaffenden Künstler wird der Besitz dieses Glaubens an den Endsieg des Guten von Nutzen sein, dem literarhistorischen und soziologischen Betrachter aber, der sich einschränkungslos zu ihm bekennt, fehlt es an Kritik. Er kann dem Glauben daran, daß das Gute sich durchsetzt, nur zweifelnd entgegenhalten, ob es nicht oft eher umgekehrt ist, das heißt, daß das, was sich durchsetzt, hernach als das Gute betrachtet wird.

A: Die Frage, ob man ein Dichter ist oder nicht, das hat mit dem – wie man heute sagt – Kulturbetrieb überhaupt nichts zu tun. Überhaupt nichts. Das ist eine Frage der Begabung.
B: Das weißt du ganz genau? – Woher?
A: Von mir selbst. Ich weiß nämlich, wovon ich spreche.
B: ?
A: Ich muß noch einmal auf meinen Deutschunterricht zurückkommen, tut mir leid. – Da ist einem doch der ganze Abstand bewußt geworden, wenn man gerade einen Aufsatz geschrieben hatte, einen Erlebnisbericht, wie das hieß. Und die Woche darauf las man im Unterricht den «Homo faber» von Max Frisch. Oder den «Tonio Kröger» von Thomas Mann, der hat mir überhaupt viel bedeutet. Da ist einem dann schon klargeworden, wie bescheiden die eignen Fähigkeiten waren. Und daß es schon viel war, an der Literatur als verständiger Leser teilhaben zu dürfen. Man kann sich ja auch in dem wiederfinden, was andre geschrieben haben. Und schreiben.

Readie: Bist du getrennt von Bett und Tisch,
greifst schnellstens du zu Maxe Frisch –
Writey: Wer fürchtet sich vor Böll und Himmel,
der liest gemütlich seinen Simmel –
Readie: Wer Krimis haßt, schwelgt gern auf Eichendorfs Auen ohne blut'ge Leichen

WRITEY: Aua!

A: Da ist einem dann schon klargeworden, wie bescheiden die eignen Fähigkeiten waren.

B: Und das war genau der Punkt, wo du aufgehört hast, für dich selbst zu schreiben?

A: Eigentlich: ja. Obwohl ich noch einige Versuche gemacht habe, dann so etwas wie Literatur zu schreiben. Aber ich kann von mir sagen, immerhin, daß ich eine flüssige Feder schreibe. Briefe, Gutachten, mal eine kleine Rede.
Es ist doch klar, daß es zwischen einem richtigen Schriftsteller und jemandem, der, wenn das mal anfällt, ganz leidlich schreiben kann, einen gewaltigen Abstand gibt.

B: Und dazwischen, zwischen den beiden, ist nichts?

A: Doch, ein Abgrund.

READIE: Die Geschichte von dem Kanarienvogel, der mit dem Kopf durch die Wand wollte. – Erzähl mal, Writey.

WRITEY: Eine ganz traurige Geschichte. Ich kann nicht, mir kommen die Tränen ...

AUSRUFER: Zur allgemeinen Entspannung, Damen und Herren, und um Ihre Tränendrüsen nun doch nicht zu kurz kommen zu lassen, folgt nun, in der dritten Abteilung, eine wahre Geschichte: der – *Trommelwirbel* –
TELEFONZELLEN-BLUES

A: Ich war noch Student und mußte abends telefonieren gehen. Ich hatte kein eignes Telefon. Um zehn Uhr, wenn das Telefonieren billiger wurde, standen immer viele Leute vor der Telefonzelle. Einige kannte man schon. Man mußte warten. Und man sah, wie die anderen, die vor einem dran waren, in der Zelle standen und redeten. Man verstand kein Wort von dem, was sie sagten, und ich fragte mich manchmal, was denn da gesprochen wurde.
Ich erinnere mich besonders genau an einen Mann, der sehr lange telefonierte. Es war ein heißer Sommertag gewesen, man sah, wie der in dem Kasten, der ja unheimlich heiß sein mußte, immer mehr ins Schwitzen kam. Einmal mußte er sogar sein Taschentuch nehmen und den Hörer abwischen. Und das war gar nicht so einfach für ihn. Er durfte ja nicht den Moment verpassen, wo das nächste Markstück fällig wurde. Die Markstücke lagen gestapelt oben auf dem Telefonkasten. Daneben die Groschen, zur Reserve. Was die Sache kompliziert werden ließ, war, daß er einen Packen Zettel in der Hand hielt. Er s p r a c h nicht mit seinem Gegenüber, er las ab. Man sah, wie er sprach und sprach, in den Hörer rein, und das alles ablas.

Es schien um Wichtiges zu gehen. Man sah das an seinem Rücken. Der verkrampfte sich immer mehr. Und man sah es daran, daß er immer röter wurde im Gesicht. Aber das kann auch an der Hitze gelegen haben.
Manchmal legte er die Papiere aus der Hand. Wenn er zahlen mußte oder wenn er das, was er sagte, durch Gesten unterstreichen mußte. Es waren hilflose Gesten.
Er kam immer mehr in Schwierigkeiten. Immer häufiger klemmte er den Hörer zwischen Kopf und Schulter ein, um die Hände frei zu kriegen. Er suchte immer hektischer in seinen Zetteln rum. Es war offenbar so, daß er das Gespräch ungeheuer genau vorgeplant hatte. Er hatte nicht nur das aufgeschrieben, was e r sagen wollte. Er hatte sich auch überlegt, was der andere – ich nehme an, es war seine Freundin oder seine Frau, vielleicht waren es auch die Eltern, die das Geld gestoppt hatten, vielleicht ging es auch um den Kauf eines Autos, aber das glaube ich nicht –, er hatte sich also offensichtlich überlegt, was der andere am anderen Ende der Leitung mutmaßlich sagen würde.
Und er hatte sich das, was er dann darauf spontan antworten würde, gleichfalls notiert. Auf seine vielen Zettel.
Man konnte durch die Scheibe der Telefonzelle sehen, daß sie, auf der anderen Seite der Leitung, ihn immer mehr in die Enge trieb. Die Suche nach den Zetteln wurde immer hektischer. Der Rücken immer gespannter.
Dann fiel ein Zettel auf den Boden der Zelle, er merkte es nicht. Und es schien gerade dieser Zettel zu sein, den er jetzt gerade so unendlich notwendig brauchte.
Das alles war dann ganz schnell zu Ende, ich weiß nicht wie und weshalb. Vielleicht war auch das Münzgeld ausgegangen. Vielleicht hatte sie einfach aufgehängt.

AUSRUFER: Eine wahre Geschichte, Damen und Herren!
Aber vernehmen Sie nun, in der vierten Abteilung, einige sehr beherzigenswerte Ansichten über die hochwichtige Frage –
Trommelwirbel –
WIE LESEN ZUM SCHREIBEN BILDET UND SCHREIBEN ZUM LESEN

Z: Martin Walser, Eine Zelle Öffentlichkeit. 1975
Die meisten Bücher, Stücke und Filme werden gemacht, weil die Macher nicht so genau wissen, wer sie sind und ob sie so sein dürfen, wie sie gern wären. Jedem wird das Selbstbewußtsein schwergemacht.

B: Literatur im Deutschunterricht, jetzt fange i c h noch mal an, also wenn das losgeht, daß da so Texte von Dichtern gelesen werden, das wird einem ja erst mal so erklärt, daß man da lernen kann, wie man über was schreibt. So mit elf oder zwölf, nach meiner Erinnerung, da wurden im Unterricht Stücke aus dem Lesebuch durchgenommen, also meinetwegen eine Naturbeschreibung, sagen wir von Conrad Ferdinand Meyer. Dann konnte man fast totsicher wissen, daß das Thema des nächsten Deutschaufsatzes eine Naturbeschreibung war.

READIE: Schreibe freier mit C. F. Meyer.
WRITEY: Bann deine Nöte mit J. W. Goethe.
READIE: Argumentierst du wie Brecht,
wird die Note nicht schlecht.
WRITEY: Führst fleißig Thomas Mann du an,
dirs am Erfolg nicht fehlen kann.

B: Der Deutschlehrer war immer hinterher ganz wütend und traurig, wenn er meinte, man hätte für den Aufsatz aus der Beschäftigung mit dem Dichter-Text nichts gelernt.
Später hat sich das dann ganz merkwürdig verändert. Als die großen Werke an die Reihe kamen. Wanderers Nachtlied, oder Wilhelm Tell, der Faust. Das wurde einem eher als etwas nahegebracht, das ganz weit weg ist, oder: Ganz hoch, unerreichbar. Da ging's gar nicht mehr darum: Wie ist das g e m a c h t , und was kann man d a v o n lernen? Was will der Dichter uns sagen, das war hier die Frage. Meisterwerke, aber von einer Meisterhaftigkeit, die nicht als erlernbar galt.

Z: Arthur Schopenhauer, Über Bücher und Lesen.
Keine schriftstellerische Eigenschaft, wie zum Beispiel Überredungskraft, Bilderreichtum, Vergleichungsgabe, Kühnheit oder Bitterkeit, oder Grazie, oder Leichtigkeit des Ausdrucks, noch auch Witz, überraschende Kontraste, Lakonismus, Naivität und dergleichen mehr können wir dadurch erwerben, daß wir Schriftsteller lesen, die solche haben. Wohl aber können wir hierdurch dergleichen Eigenschaften, falls wir sie schon als Anlage besitzen, in uns hervorrufen, sie uns zum Bewußtsein bringen, können sehen, was Alles sich damit machen läßt, können bestärkt werden in der Neigung, ja, im Muthe sie zu gebrauchen, können an Beispielen die Wirkung ihrer Anwendung beurtheilen und so den richtigen Gebrauch derselben erlernen. Dies also ist die einzige Art wie Lesen zum Schreiben bildet, indem es nämlich uns den Gebrauch lehrt, den wir von unsern eigenen Naturgaben machen können, also immer nur unter Voraussetzung dieser.

Ohne solche hingegen erlernen wir durch Lesen nichts, als kalte, todte Manier, und werden zu seichten Nachahmern.

B: Ich meine: Natürlich kann man lesend schreiben lernen. Wenn man nämlich danach sieht, w i e der das gemacht hat, wie er diese und jene Schwierigkeit gelöst hat. Also nicht: Meister Goethe, sondern: Goethe, der schreibende Kollege.
Und sicher, man kann schreibend lesen lernen.
Wenn man nämlich danach sieht, wie man selbst das macht, wie man an diese oder jene Schwierigkeit herangeht, die eine oder andere Lösung ausprobiert. Da kriegst du richtig einen Blick dafür, welche Kniffe die Kollegen drauf haben, die's soweit gebracht haben, gedruckt zu werden.
Da erliegst du dann auch nicht mehr so schnell der Macht des Gedruckten. Weil du hinter dem fertigen Buch deutlicher die Arbeit des Entstehens siehst. Da war nämlich zuerst nichts, dann ein erster Entwurf, da hat dann vieles noch nicht gestimmt, also wieder ran, wer weiß wie oft, irgendwann das fertige Manuskript. Nun ist es gedruckt. Aber alles wird auch da noch nicht stimmen.

Z: Hans Reimann, Die Dame mit den schönen Beinen. 1916
Die Achtung vor dem Gedruckten ist groß. Wenn jemand eine faustdicke Unwahrheit auf gesunde Beine bringen will, so braucht er sie bloß drucken zu lassen, und jedermann hat vor der nunmehr gedruckten W a h r h e i t Respekt.
Es verhält sich so.
Wenn ich einen Satz niederschreibe und ihn sodann in Druck gebe, so lest ihr den g e d r u c k t e n Satz mit anderen Augen als denselben Satz u n g e d r u c k t , von meiner Hand mit Tinte geschrieben. Manuskripte zu lesen ist reizvoll. Angenehmer ist es, gedruckte Manuskripte zu lesen; dann sind sie freilich keine Manuskripte mehr. – Selbstverständlich liest nur derjenige ein Druckwerk als gedrucktes Manuskript, der um den Vorgang weiß – das heißt derjenige, der sich in Manuskripten auskennt. Die übrigen – die Naiven – unterscheiden nicht zwischen G e d r u c k t e m und gedrucktem M a n u s k r i p t. Gott sei Dank nicht.
Der Leser, das heißt einer, der mit berufsmäßigem Lesen, mit Manuskripte-Lesen nichts zu tun hat, liest ein Buch mit ähnlich ungetrübtem Gefühl wie einer, der mit dem Theater nichts zu tun hat, sich ein Theaterstück ansieht.
Woran liegt es, daß ihr Gedrucktes respektiert, Geschriebenes hingegen – u n g e d r u c k t – minder? – D a s l i e g t d a r a n, d a ß i h r a l l e s c h r e i b e n k ö n n t, a b e r n i c h t g e d r u c k t w e r d e t!

Ein Glück, daß ihr nicht alle gedruckt werdet!
Übrigens: warum werdet ihr nicht alle gedruckt? – Ihr habt keine Beziehungen.
Ihr alle lest mit gläubigem Ernste, was ich euch auftische, und denkt, es sei Wunder was.
Es ist aber gar nichts.
Es ist bloß gedruckt.
Das ist der Witz.
Ja, ja, der Respekt vor dem Gedruckten ist groß.
Ich werde mich drum hüten, euch mein Manuskript hinzuzeigen.

Ausrufer: Damen und Herren!
Verfolgen Sie jetzt den dramatischen Vorgang: wie der Floh ins Wasser springt und so sein Leben aufs Spiel setzt.
In der folgenden – der fünften Abteilung – wird Ihnen demonstriert, daß derjenige, der schreibt, zwar allein ist – beim Schreiben – aber daß er nicht für sich allein schreibt.
Sondern für das zahlende Publikum.
Erfahren Sie, wie es jemandem ergeht, der das nicht bedachte.
Richten Sie Ihre Aufmerksamkeit auf die Ausgangssituation: sie ist nicht so ungewöhnlich!
Sie werden sodann die Reise eines einzigen Satzes miterleben.
Es wird Ihnen nicht entgehen, daß er sich verfärben wird wie ein Chamäleon.
Der Satz handelt, soviel sei schon verraten, von einem Mann und einer Frau.
Die Frau heißt Gisela, vorläufig wenigstens.

A: Eigentlich habe ich ja was ausgelassen in meinem Lebenslauf vorhin. Ich meine die Frage, wann ich mit dem Tagebuch-Schreiben aufgehört habe.
Mir ist nämlich was Peinliches passiert, damals. Es war auf der Oberschule, kurz vor dem Abitur. Da hat ein Klassenkamerad mein Tagebuch rausgefischt aus meiner Aktentasche. Und hat in der Pause Sachen daraus vorgelesen. Das war offenbar sehr komisch: Für die anderen. Mir war's peinlich, sehr peinlich. Ich fand das roh.

B: Das w a r auch roh. Nicht nur menschlich, sondern auch ästhetisch. Was du da in dein Tagebuch notiert hast, und wie du das geschrieben hast, das war ja nicht für irgendeine Öffentlichkeit bestimmt. Wenn du deinen Klassenkameraden hättest etwas schriftlich vermitteln wollen, dann hättest du doch beim Schreiben schon eine andere, eine angemessenere Form gewählt, eine andere Sprache gesprochen.

A: Nein, die Peinlichkeit und das Gelächter hingen damit zusammen, daß es schlecht geschrieben war, damit, daß ich eben kein Schriftsteller bin. Wäre ich einer, dann hätten die das auch gut gefunden, was da stand.

Genaugenommen war mit diesem Tage meine «Karriere» als Schriftsteller zu Ende.

B: Weil du die Eigenart des von dir benutzten Mediums nicht begriffen hast.

A: Mein Tagebuch ein Medium? – Was hat das mit Tischrücken zu tun? Oder mit dem Fernsehen?

B: Nicht nur das Fernsehen ist ein Medium. Medien, das sind alle Transportmittel für Mitteilungen. Wie Briefe, wie Zeitungen, wie Romane. Oder wie dein Tagebuch. Da hast du dir selbst etwas mitteilen wollen.

Genaugenommen war deine Karriere als Schriftsteller damals deshalb beendet, weil du aus der Sache nichts gelernt hast: Als Schreibender.

Du hast die Reaktion deiner Klassenkameraden für den Beweis genommen, daß du nicht schreiben kannst. Was sie wirklich bewiesen hat, ist die Tatsache, daß nicht jedes Medium für jeden Gegenstand und für jede Art der Verbreitung geeignet ist. Themen brauchen i h r e Medien, Medien formen ihre T h e m e n. Man kann nicht alles in jedem Medium sagen, man kann nicht in jedem Medium alles sagen. –

Brillantfeuerwerk im Radio geht eben nicht.

A: Nun mal langsam, eins nach dem anderen. Das würde ich mal gern Punkt für Punkt mit dir durchdiskutieren.

B: Ich schlage vor, wir untersuchen das Problem praktisch. Es geht um folgendes: Du willst etwas sagen. Und du willst Mißverständnisse vermeiden. Du möchtest, daß das, was du sagen willst, genauso beim andern ankommt, wie du das gemeint hast.

A: Selbstverständlich. Das ist doch selbstverständlich.

B: Im Alltagsleben: Ja. Das hat man die vielen Jahre lang langsam gelernt. Aber für das Schreiben hat man das nicht so genau gelernt. Oder, man weiß es nicht, daß man es zum Teil, in bestimmten Bereichen, doch ganz gut beherrscht. Beim Briefschreiben zum Beispiel.

AUSRUFER: ICH LIEBE DICH, GISELA

A: Der eine Satz aus meinem Tagebuch, damals, hieß: «Ich liebe dich, Gisela.» Und das stimmte auch.

B: Und wie gut kanntet ihr euch denn, du und deine Gisela?

A: Sie ging mit unserem Klassensprecher. Wir hatten noch nicht mal miteinander gesprochen. Und nach dieser Tagebuch-Panne war das schon ganz unmöglich.

B: Und wenn du Gelegenheit gehabt hättest, sie doch irgendwo mal zu treffen, und sie hätte, nehmen wir mal an, nichts von deinem Satz aus dem Tagebuch gehört, hättest du das dann so ausgesprochen?

A: Natürlich nicht. Wir hätten dann nicht über so verfängliche Dinge geredet. Ich hätte dann versucht, meinen Satz irgendwie zu übersetzen. Vielleicht hätte ich ihr eine Rose geschenkt, keine rote, und gesagt: Rosen liebe ich ganz besonders. Es sind meine Lieblingsblumen.

B: Die Rose als Medium?

A: Ja, richtig. Ein Medium ohne Sprache.

B: Nun will ich mal einen großen Schritt machen in dieser Geschichte. Nehmen wir mal an, ihr hättet euch näher kennengelernt. So daß dieser Satz nicht so aufgefallen wäre: «Ich liebe dich, Gisela!»

A: S o hätte ich das aber nicht ausgesprochen.
Ich hätte das irgendwie anders betont, einen anderen Tonfall dringehabt. Passend für die Situation. Der Ton macht die Musik. Ich hätte dabei eine Geste gemacht, vielleicht hätte ich sie dabei berührt oder in die Arme genommen, je nachdem.

B: Und wenn du ihr das durchs Telefon gesagt hättest?

A: Sicher, da hätte ich auch eine Geste gemacht. Aber wohl mehr für mich selbst. Weil ich sie in dem Moment gern berührt hätte. Und das nicht konnte. Aber ich hätte gewußt, daß es jetzt nur auf den Tonfall ankäme.

B: Und im Brief würde der Satz genauso gelautet haben wie in deinem Tagebuch?

A: Vielleicht. Vielleicht auch nicht. Kommt darauf an. Vielleicht würde ich das im Brief irgendwie begründet haben. Im Tagebuch braucht man das ja nicht. Ich wußte ja, als ich das m i r schrieb, wie sehr ich sie liebte. Im Brief würde ich das wahrscheinlich sagen. Genauer sagen. Aber, muß ich sagen, mir ist es immer fremd vorgekommen, solche Sätze in Briefen zu schreiben. Weil eben der Tonfall fehlt. Das sagt man doch lieber persönlich. Und man weiß überhaupt auch nie, was so dazwischenkommen kann. Ich habe da mal was Komisches erlebt. Es war ein verregneter Sommer, ganz kalt, und da habe ich in einem Brief mal so ein paar unglückliche Vergleiche gewagt. Sie sei die Sonne, die fehlt. Zwei Tage später kam der Brief bei ihr an, da hatte bereits der Sommer des Jahrhunderts zugeschlagen. Alles schwitzte wie eine Sau.

B: Das lag eben daran, daß du deinen Satz nicht wetterfest gemacht hast. – Briefe können manchmal sein wie der Nikolaus.

A: Wie das??

B: Ach, ich denke da an eine fatale Geschichte, die mir mal passiert ist. Ich wollte meine Freundin als Nikolaus überraschen. War gar nicht so einfach zu bewerkstelligen. Ich habe Tage damit verbracht, die Klamotten zu besorgen, Geschenke auszusuchen, für meinen Sack, klar: 'ne Rute auch. Ich hab mich da immer mehr reingesteigert.

Dann war der große Abend da. Ja, und als ich dann hinkam, da war sie gerade beim Haarewaschen, hatte auch Kopfschmerzen, ihr war gerade alles irgendwie zu viel. Na ja, das ging also ziemlich in die Hose.

A: Ah ja, ich verstehe. – So kann's halt gehn mit dem Briefeschreiben. Da hast du etwas geschrieben, in 'ner besonderen Stimmung, und dann liest das jemand, der gerade ganz woanders ist. Also in der Regel telefoniere ich deshalb lieber. Und noch ein Vorteil: Telefongespräche kann man nicht aufbewahren, und Jahre später fällt einem dann alles in die Hände. Das kann manchmal ganz schön peinlich sein, was man da einmal alles geschrieben hat.

B: Da gehört man dann plötzlich zu den Klassenkameraden, die übers Tagebuch lachen!

A: Lachen tut man ja nicht gerade. Ich wenigstens nicht. Aber man sieht, daß da doch was gefehlt hat, sprachlich.

B: Ich glaube nicht, daß da was gefehlt hat. Diese Briefe sind ja für einen Adressaten geschrieben gewesen, damals. Sie waren ja nicht dazu bestimmt, heute gelesen zu werden. Oder in eine Briefsammlung aufgenommen zu werden, die dann später einmal gedruckt wird.

A: Da hätte man dann doch ganz anders geschrieben. So wie man einen Aufsatz schreibt, oder einen Leserbrief an die Zeitung.

B: Man hätte versucht, die Sache wetterfest zu machen.

Readie: Die Geschichte von dem Kapitän und seinem ersten Offizier, erzähl mal, Writey.

Writey: Der Kapitän hat Bordwache, der Offizier hat frei. Den freut das, und er besäuft sich.
Als er am nächsten Tag die Wache übernimmt und das Bordbuch, findet er dort die Notiz des Kapitäns:
Heute war der Offizier stinkbesoffen.
Am nächsten Tag übernimmt der Kapitän wieder die Wache.
Er schlägt das Bordbuch auf und liest:
Der Kapitän war heute nüchtern.

A: Ich erinnere mich da an eine Geschichte, die auf der Oberschule passiert ist, wir lasen den Faust von Goethe. Da sagt doch das Gretchen, nachdem sie den Faust kennengelernt hat: «Wenn ich nur wüßt, wer heut der Herr gewesen ist.» Eine Klassenkameradin hat sich dabei verheddert, war wohl auch nicht vorbereitet, hat jedenfalls den Sinn der Sache nicht mitgekriegt. Sie las: «Wenn ich nur wüßt, wer h e u t der Herr gewesen ist.» Das war sehr komisch. Wir haben sehr gelacht, wochenlang noch.

B: Über Goethe?

A: Nein, über das Mädchen. Das ist doch klar. Ohne den Versprecher wäre man nie darauf gekommen, dem Satz einen Nebensinn zu unterlegen. Man kann ja so einen Satz nicht isolieren. Da kommt es doch ganz entscheidend auf den Kontext an.

B: Und auf das Medium. Das kalkuliert man ja immer ein, wenn man schreibt. Man weiß ja schon, ungefähr wenigstens, wie das dann beim Adressaten ankommt. Bei einem Brief. Oder bei einem Gutachten. Wenn du deinen Satz «Ich liebe dich, Gisela» in einem Roman bringst, so steht da dann ja nicht nur: «Er sagte: ‹Ich liebe dich› ...», sondern du beschreibst ja auch, wer er ist und wer sie. In welcher Situation das gesagt wird. Im täglichen Leben brauchst du das ja nicht extra zu sagen, das ist da ja selbstverständlich gegeben.

A: Bei einem Theaterstück kannst du das aber nur in die Bühnenanweisungen schreiben.

B: Beim Theaterstück kannst du von vornherein damit rechnen, daß dort Menschen aus Fleisch und Blut auf der Bühne stehen. Deren Anwesenheit mußt du ja nicht erst – wie im Roman – in die Köpfe der Leute zaubern. Und die Sprache selbst ist dann auch nicht so wichtig wie im geschriebenen Buch. Auf der Bühne kann man das mit Gesten alles viel deutlicher machen. Der gesprochene Satz kommt dann irgendwie nur hinzu.

A: Ich mag F i l m e nicht, wo der Sprecher immer sagt, was die Menschen, die man sieht, gerade denken. Verhinderte Romanautoren sollten keine Filme machen. So wie ich im Roman kaum noch Landschaftsbeschreibungen lese. Da gehe ich lieber ins Kino.

B: Aber es gibt doch auch noch Ausnahmen?

Z: Bertolt Brecht, Der Dreigroschenprozeß. 1931
Die alten Formen der Übermittlung bleiben durch neu auftauchende nicht unverändert und nicht neben ihnen bestehen. Der Filmesehende liest Erzählungen anders. Aber auch der Erzählungen schreibt, ist seinerseits ein Filmesehender. Die Technifizierung der literarischen Produktion ist nicht mehr rückgängig zu machen. Die Verwendung von Instrumenten bringt auch den Romanschreiber, der sie selbst nicht verwendet, dazu, das, was die Instrumente können, ebenfalls können zu wollen, das, was sie zeigen (oder zeigen könnten), zu jener Realität zu rechnen, die seinen Stoff ausmacht, vor allem aber seiner eigenen Haltung beim Schreiben den Charakter des Instrumentebenützens zu verleihen.
Es ist zum Beispiel ein großer Unterschied, ob der Schreibende an die Dinge herangeht wie mit Instrumenten, oder ob er die Dinge «aus sich herausstellt». Was der Film selbst tut, das heißt, wie weit er seine Eigenart gegen die «Kunst» durchsetzt, ist dabei nicht gleichgültig. Es ist denkbar, daß die Schreibenden anderer Kategorien, also die

Dramatiker oder die Romanschreiber, zunächst filmischer arbeiten können als die Filmleute. Sie sind zum Teil unabhängiger von Produktionsmitteln. Aber sie sind eben doch abhängig vom Film, seinem Fortschritt oder Rückschritt, und die Produktionsmittel der Filmschreiber sind durchkapitalisiert.

WRITEY: Mit?
Sindbad dem Seefahrer und Tindbad dem Teefahrer und
Findbad dem Feefahrer und Rindbad dem Rehfahrer und
Windbad dem Wehfahrer und Klindbad dem Kleefahrer und
Flindbad dem Flehfahrer und Drindbad dem Drehfahrer und
Schnindbad dem Schneefahrer und Gindbad dem Gehfahrer
und Stindbad dem Stehfahrer und Zindbad dem Zehfahrer und
Xindbad dem Ehfahrer und Yindbad dem Sehfahrer und
Blindbad dem Phthefahrer.

AUSRUFER: Das kann ich auch, werden Sie, Damen und Herren, jetzt sagen.
Stimmt!
Das können Sie auch, Damen und Herren, sage ich!
Sie können lesen, Sie können schreiben.
Warum eigentlich sollten Sie nicht schreiben können?

Z: Johann Georg Sulzer, Allgemeine Theorie der Schönen Künste. 1773
Wären die schönen Künste eben so genau an die natürlichsten und nothwendigsten Bedürfnisse des Menschen gebunden, als die Kraft des Gehens, so würde die Natur ohne Zweifel jedem Menschen das Genie zu diesen Künsten eben so mildthätig gegeben haben, wie die zum Gehen nöthigen Fähigkeiten. Gehörte es so zu den Bedürfnissen der Menschen, daß jeder ein Dichter wäre, wie es dazu gehöret, daß jeder gehen könne, so wären wir alle gute Dichter, die wenigen ausgenommen, die durch Verwahrlosung oder andere Zufälle am Genie lahm wurden, wie einige Menschen an den Schenkeln gelähmt sind. Nun ist offenbar, daß nicht alle Menschen, deren Genie sonst ganz gesund ist, Dichter oder Mahler oder Tonkünstler sind.

Z: Sergej Tretjakow, Die Kunst in der Revolution und die Revolution in der Kunst. 1923
Erinnern wir uns: Jeder Mensch zeichnet in seiner K i n d h e i t, tanzt, denkt sich treffende Wörter aus und singt. Warum dann aber genießt er, wenn er erwachsen ist, selbst extrem ausdrucksarm geworden, nur manchmal die «Schöpfung» eines Künstlers? Hat diese Erscheinung nicht ihre Wurzel in den Bedingungen der kapitalistischen Arbeit, wo der Arbeitsprozeß ein Fluch ist und der Mensch nur auf die Minuten der Muße versessen ist? Ist denn der Verlust des ak-

tiven künstlerischen Instinkts des Menschen, der ihn aus einem aktiven Produzenten in einen Zuschauer und Konsumenten verwandelt, als normal anzusehen?

A: Es bleibt nun aber doch noch das Problem, wie macht man das, daß das, was man sagen will, sozusagen mediengerecht wird?

B: Die Leute müssen das, was man schreibend ausdrücken wollte, wieder in ihren Köpfen zusammensetzen können. Daß sie nicht einfach Worte lesen, sondern daß sie die Sachen sehen, hören, fühlen, schmecken, verstehen können. Wenn du für Leser schreibst, mußt du die Handikaps, die dieses Medium hat, mit in Kauf nehmen. Und du mußt mit ihnen fertig werden.

A: Den Tonfall kriege ich nicht mit aufs Papier, richtig. Ich kann das, was ich sage, nicht mit Gesten unterstreichen, richtig. Ich kann keine Geräusche machen und auch kein Feuerwerk. Ich habe nur die Wörter.
Und die sind ja irgendwie unsinnlich – abstrakt.
Ein Satz wie – «Ich liebe dich» – steht ja auf dem Papier ziemlich dumm da. Bestellt und nicht abgeholt. Oder er liest sich wie eine Phrase. Sagt keinem etwas. Das Drumrum fehlt. Das müßte ich dann wohl beschreiben. Aber so, daß andere das auch nachvollziehen können.
Auch der Name Gisela sagt ja erst mal keinem was. Aus dem Namen muß auf dem Papier ja eine Person werden. Der Name muß auf dem Papier sozusagen wieder versinnlicht werden. Gisela muß aufhören – auf dem Papier –, eine Person nur in m e i n e m Leben zu sein.

WRITEY *schnell*: Je stiller der Frisch, desto frischer der Stiller.

READIE: Noch mal, aber ganz langsam.

WRITEY *langsam*: Je stiller der Frisch, desto frischer der Stiller.

A: Gisela muß aufhören, auf dem Papier, eine Person nur in meinem Leben zu sein. Für den Leser wäre sie ja nur eine Figur in dem Buch. Sie muß also im Buch ihr eignes Leben gewinnen. Dabei macht dann das Wort «Gisela» eine lange Reise. In meinem Leben war sie ganz gegenwärtig, als Wort auf dem Papier sah sie dann ganz abstrakt aus, ohne Leben. Hat nichts bedeutet. Und wenn ich sie dann mit Worten beschrieben habe, dann lebt sie wieder.

B: Und was hindert dich daran, mit dem Schreiben anzufangen?

AUSRUFER: UNTERHALTUNG ÜBER ZWEI ROMANFIGUREN, DEREN AUSSEHEN AN KEINER STELLE DES BUCHES BESCHRIEBEN WIRD

A: Das ist nun wirklich eine ganz hervorragende Stelle in dem Krimi, wie der Filmstar da bei den Außenaufnahmen in New Mexico und die Drehbuchautorin – kurz bevor sie sich kriegen – sich noch einmal richtig in die Haare geraten.

B: Fabelhaft, ja. Der Höhepunkt des ganzen Buches.

A: Wie er ihr noch einmal richtig Saures gibt, sie zur Schnecke macht, diesen Alice Schwarzer-Typ!

B: Er sie? – Sie ihn! Das ist's doch.

A: Nun hör mal auf! – Er sagt zu ihr: «Du vertrittst diese ganzen Emanzen-Thesen, weil du so aussiehst, wie du aussiehst.» Das stimmt doch auch. Das haut nun aber wirklich hin. Völlig.

B: Und sie antwortet: «Du siehst mich doch nur so, wie du mich siehst, weil ich diese Thesen vertrete!»

A: Sag ich doch: Ein ganz mieser Abgang! Retourkutschen sind ungezogen. Unter Männern wenigstens hat sich das mittlerweile rumgesprochen ...

B: Aber das ist doch wirklich ein unheimlich starker Abgang von ihr! Das Gesicht von diesem Typ da, diesem Jack Nicholson, wie die da abrauscht.

A: Mit Jack Nicholson hat der überhaupt keine Ähnlichkeit. Schon die Nase. Und außerdem guckt der nicht blöd, und wenn, dann nur, weil er staunt, was für einen Mist diese Blondine da verzapft hat. Du siehst das ja nur anders als ich, weil du mit diesen Weiber-Typen sympathisierst.

B: Du nicht?

A: Bestimmt nicht.

B: Aha.

A: ?–?–

B: Und außerdem, wo steht denn geschrieben, daß die Drehbuchautorin blond ist?

A: Die sieht aus wie Ursula Andress. Und die ist blond, naturblond, oder nicht?

B: Aber die Andress ist doch viel zu alt, die Drehbuchautorin ist doch viel jünger.

A: Ich habe neulich gelesen, in der «Bild-Zeitung», daß die Andress so Mitte Dreißig ist. Stimmt also genau!

B: Die Andress ist doch älter, viel älter.

A: Hast du die «Bild-Zeitung» gelesen oder ich?

B: Gelesen! – Was heißt das schon! In Wirklichkeit sind die doch alle viel, viel älter. In dem Alter. Als ich jung war, war Rex Gildo, der Schlagersänger, viel älter als ich. Ein richtiger Erwachsener. Dann waren wir ein paar Jahre lang gleich alt. Jetzt wird der immer jünger. Wie deine Andress! Und außerdem paßt sie nicht zu Jack Nicholson. Schon vom Typ her. Außerdem ist das nie der Nicholson, eher schon Dustin Hoffmann.

A: Denk doch mal an «Chinatown», den Film, als der Nicholson da durch den Garten geht, zum Springbrunnen hin ... Das kann doch nicht der Dustin Hoffmann machen. Höchstens Belmondo.

B: Der würde dann wenigstens ganz gut zu deiner Ursula Andress passen! Aber die ist blond ...

A: Aber wo steht denn, daß die n i c h t blond ist, die Drehbuchautorin?

B: Ich habe das Buch schließlich gelesen.

A: Ich auch.

AUSRUFER: DER MYTHOS VON PYGMALION

Z: Pygmalion verliebte sich in Aphrodite, die Göttin der Liebe. Da aber die Göttin für ihn unerreichbar blieb, schnitt er ihr Bild in Elfenbein, legte es zu sich in sein Bett, und flehte es an, ihn zu erhören. Gerührt von soviel Sehnsucht, schlüpfte Aphrodite in ihr Abbild, belebte es mit menschlicher Wärme. Sie gebar ihm zwei Kinder.

AUSRUFER: Eine unglaubliche Geschichte, Damen und Herren!
Kleine Pause.
Die letzte Abteilung unseres Spektakels spielt in der Möglichkeit.
Also vielleicht in der Zukunft.
Wir präsentieren Ihnen hier noch eine unglaubliche Geschichte: einer unserer beiden Freunde – ein Leser, kein Schriftsteller – hat etwas geschrieben.
Er hat sich verändert.
Beurteilen Sie unparteiisch: ist das wirklich so unglaublich? Sie werden hören, wie unsere Freunde ihr Gespräch über Gisela fortsetzen.
Auch sie hat sich verändert.
Sie hören *Trommelwirbel.*
DAS GESPRÄCH ÜBER VERÄNDERUNG:
ERIKA, ICH LIEBE DICH.

B: Ist das in deinem Text eigentlich noch dieselbe Gisela wie in deinem Leben?

A: Nein, die hat sich irgendwie geändert. Sie hat seit jener Tagebucheintragung damals ein Eigenleben bekommen. Deshalb habe ich sie bald auch Erika genannt, in meinem Manuskript.
Als ich das Buch geschrieben habe, mit so was wie einer Handlung und so, da ist sie mir manchmal richtig davongerannt. Manchmal, allerdings, muß ich zugeben, konnte ich sie beim Schreiben auch nicht von der Stelle bringen.

B: Die Gisela, pardon: Die Erika war also jetzt eine Kunstfigur?

A: Ja und nein. Kunstfigur war sie als Erika im Text, für einen Leser.

Für mich war sie noch etwas anderes. Ich hatte die Gisela, als die zur Erika geworden war, beschrieben als mögliche Gisela. Ich hatte Phantasie entwickelt und mir vorgestellt, was sie tun, was sie denken und fühlen könnte. Dazu war ich schon deshalb gezwungen gewesen, weil ich ja nicht alles von ihr wußte. Ich mußte also was hinzu erfinden. Was ging in ihr vor, wenn sie, was sie häufig tat, mit dem kleinen Finger der linken Hand gedankenlos ihre rechte Augenbraue massierte? Was hatte es mit diesem – wie sie selber zugab – furchtbar kitschigen Fingerring mit dieser furchtbar billigen Emaillearbeit auf sich; sie trug ihn seit ihrem siebzehnten Lebensjahr.

Ich mußte also was hinzu erfinden. Für mich stellte sich dann bei der Arbeit heraus, daß ich auch über die tatsächliche Gisela eine Menge lernte. Ich hatte sie immer so gesehen, wie sie sich gab, wie sie gern gesehen werden wollte. Und, so wie ich sie gern sehen wollte.

Jetzt hatte ich eine Menge Neues über sie erfahren, über sie erfahren können, indem ich über sie schrieb. Als sie selbständig geworden war, als aus Gisela Erika geworden war, als ich sozusagen nicht mehr persönlich auf sie reagieren mußte, sah ich die ganze Geschichte komplexer, ich konnte, übrigens auch mich distanzierter sehen als im Alltag. Ich hatte, stellte sich heraus, schreibend etwas klarmachen wollen.

Mir ist schreibend etwas klargeworden.

Ich habe mich verändert, schreibend.

READIE: Gisela – Erika. Und was hat er nun davon gehabt, real?
WRITEY: Die Königin ist tot. Es lebe die Königin!
READIE: Auf dem Papier!

A: Mir ist dann noch etwas aufgefallen. In meinem Manuskript standen auch Sachen drin, die ursprünglich gar nicht drinstehen sollten, von mir aus.

Ich habe Teile aus dem Manuskript hin und wieder mal Bekannten vorgelesen. Die sprachen darüber, und ich hatte manchmal den Eindruck, sie hätten mich verwechselt. Die reden ja über ein ganz anderes Buch, dachte ich. Die setzten aber ganz selbstverständlich voraus, ich wüßte, wovon die Rede war, redeten auf mich ein. Wenn ich verständnislos guckte, dachten sie, ich wolle sie verscheißern. Die hielten mich dann für arrogant.

Ich ließ mir dann die Stelle im Manuskript zeigen. Und dann stellte ich fest, daß die das ganz anders verstanden hatten, als ich wollte.

Anfangs dachte ich, das seien Mißverständnisse, und ich müßte die Passagen umschreiben. Aber, als mir dann die Leute Dinge über Erika, über Gisela sagten, die stimmten und die ich vorher nicht gewußt hatte, wurde mir klar, daß in so einem Buch dann auch mehr

stecken kann, als unmittelbar von dem beabsichtigt, der es geschrieben hat.
Das war so beim Schreiben gekommen.

Z: Martin Walser, Wer ist eigentlich ein Schriftsteller? 1974
Selbst wenn unsere Tätigkeiten mehr uns als etwas verändern, kann man ja nicht sagen, man sei ohne Wirkung geblieben. Das heißt, wer sich schreibend verändert, der ist ein Schriftsteller.

AUSRUFER: Nun wird es traurig, Damen und Herren!
Zücken Sie Ihre Taschentücher.
Unser Spektakel ist zu Ende. Nun kommen Sie!
Mich selbst hindern internationale Verpflichtungen, Sie von dieser Stelle aus weiterhin sachkundig anzuleiten. Ich sage nur noch eins: Bleiben Sie, Damen und Herren, Leser, bleiben Sie Kenner. Schreiben Sie doch mal.

: In diesem Land kann jeder schreiben
: Schreiben lernt man in der Schule
: In diesem Land muß jeder schreiben können
: Gesuche schreiben
: Aufsätze schreiben
: Prüfungsarbeiten schreiben
: Dienststundennachweise schreiben
: Berichte schreiben
: Gutachten schreiben
: Briefe schreiben
: Lebensläufe schreiben
: Manche Leute schreiben, weil sie dazu aufgefordert werden
: Von Eltern, Lehrern, Behörden, vom Ehepartner
: Manche Leute schreiben, weil sie sich etwas davon versprechen
: Journalisten, Wissenschaftler, Schriftsteller
: In diesem Land kann jeder schreiben

WRITEY: Das muß ich doch schon irgendwo gehört haben.

READIE: «Der Kreis schließt sich.»

WRITEY: Und was jetzt, Readie?

READIE: Oh Writey, was werd ich schon machen?! Wenn man Readie heißt ...

WRITEY: Oh Readie, schreib doch ein bißchen ...

Anmerkungen

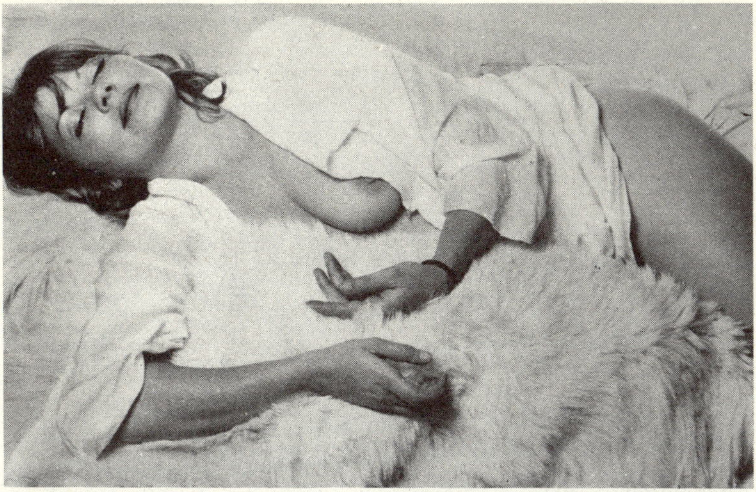

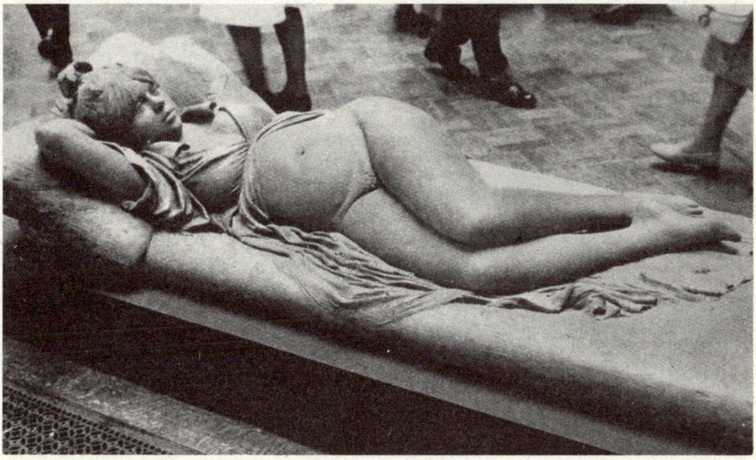

Das Biest ist kalt

Vom Nabel abwärts ist die Schöne nackt; einladend liegt sie auf einer Matratze. Zu nahe kommen kann man dem Prachtweib freilich nicht: Die Dame ist aus Stein. Dennoch hat die «Figur im Bett» bei der diesjährigen Sommer-Ausstellung der Royal Academy in London die meisten Besucher. Niemand erinnert sich, daß es in der 206jährigen Geschichte des ehrwürdigen Kunstvereins je einen so erfreulichen Anblick gegeben hat. Die 25jährige Angie Berry, die dem Londoner Kunstlehrer James Butler als Vorbild für sein Liegestück diente, war auf soviel Zulauf nicht gefaßt. Bei den meisten Sitzungen für das Werk hat sie geschlafen. (*stern* vom 22. 5. 1974)

Die schöne Leiche aus der Rue Bellechasse

1 Die Autoren der, zum Teil in sich gekürzten Zitate: Guillaume Apollinaire, Johannes Baader, Bertolt Brecht, Georg Büchner, Joachim Heinrich Campe, Miguel de Cervantes Saavedra, Tilla Durieux, Gustave Flaubert, Leonhard Frank, Johann Wolfgang von Goethe, Léon Gozlan, Peter Handke, Paul Hazard, Georg Wilhelm Friedrich Hegel, Heinrich Heine, Johan Huizinga, Alexander Kluge, Siegfried Kracauer, Karl Kraus, Oscar Levant, Georg Christoph Lichtenberg, Karl Marx, Hans Mayer, Karl Philipp Moritz, Oskar Negt, Edgar Allan Poe, Marcel Proust, Walter Serner, STERN, Paul Valery, Andy Warhol, Oscar Wilde

2 Vgl. «Frankfurter Rundschau» vom 13. Dezember 1976 und den «stern» vom 23. Dezember 1976

3 Vgl. Johann Georg Sulzers Allgemeine Theorie der Schönen Künste, Stichwort Natur

4 «stern», Heft 46 (1976), Editorial

5 «Frankfurter Rundschau» vom 6. Mai 1976

6 Friedrich Schiller: Über naive und sentimentalische Dichtung. Stuttgart 1960, S. 4

7 Vgl. Alfred Neumeyer: Der Blick aus dem Bilde. Berlin 1964

8 Vgl. dagegen Peter Bürger: Theorie der Avantgarde. Frankfurt a. M. 1974. Hier heißt es auf S. 105: «Die Einfügung von Realitätsfragmenten in das Kunstwerk verändert dieses grundlegend. Nicht nur verzichtet der Künstler auf die Gestaltung des Bildganzen [*die ‹Realitätsfragmente› sind ja vom Himmel gefallen*;] das Bild erhält auch einen anderen Status, denn Teile des Bildes stehen zur Wirklichkeit nicht mehr in dem für das organische Kunstwerk charakteristischen Verhältnis: Sie verweisen nicht mehr als Zeichen auf die Wirklichkeit, sie *sind* Wirklichkeit.» – Man faßt es nicht. Immerhin, um nicht in der Negation steckenzubleiben: Das Buch Bürgers hat das Verdienst, wieder einmal deutlich gemacht zu haben, daß es keinen zwingenden Zusammenhang gibt zwischen feingetüftelten erkenntnistheoretischen Vorreden und dem Wert der daraus abgeleiteten Ergebnisse. Es gibt Leute, die schleifen die Klinge des Begriffs so lange bis sie nur noch den Griff in der Hand halten. Und damit säbeln sie dann fröhlich los.

9 Léon Gozlan: Balzac in Pantoffeln. München 1969. – Die referierten Passagen wurden zum Teil von mir gekürzt und auch sonst verändert.

10 Ach, die Kunst! – Setzt die Leute aus dem Theater auf die Gasse; die erbärmliche Wirklichkeit! – Sie vergessen ihren Herrgott über seinen schlechten Kopisten!

11 N. G. Tschernyschewskij: Die ästhetischen Beziehungen der Kunst zur Wirklichkeit. Mit einem einführenden Essay von Georg Lukács. Berlin 1954

Dem Leser wird aufgefallen sein: Es wird hier nicht der Wandel des Gegensatzpaares Natur–Kunst zu Realität–Kunst erörtert. – Es ist deutlich, daß sich im Laufe des 18. Jahrhunderts die ursprüngliche Fragestellung verschoben: zur bürgerlichen Kenntlichkeit verändert hat. Bei Goethe und Schiller etwa ist Natur nicht mehr allein Natur. Zunehmend ist statt *Natur* auch *Gesellschaft* zu lesen. Aber das ist ein anderes Thema.

12 Felix Dahn wurde dem Kaiser vorgestellt. Dieser sprach begeistert über

den „Kampf um Rom". Schließlich äußerte er: „Die Goten hätten jedoch siegen müssen! Wie konnten Sie diesen Schluß schreiben?" – „Aber Majestät, sie sind doch unterlegen!" – „Ach was, darauf kommt es nicht an!"

13 Vgl. Arnold Hauser: Der Ursprung der modernen Kunst und Literatur. München 1964

Die von mir angeführten Begriffe wie *Avantgarde* und *Moderne* bezeichnen diejenigen Kunst-Formen, die sich gegen Ende des 18. Jahrhunderts – als Alternative zur offiziellen Aufklärungskunst, bewußt anknüpfend an die manieristischen Traditionen – herausgebildet haben und die, wie Walter Benjamin in seiner Dissertation herausgearbeitet hat, bewußt darauf angelegt sind, erst in der fortwährenden Reflexion des Rezipienten vollendet zu werden.

14 So der Regisseur Steven Spielberg, als das Meer bei den Dreharbeiten zum *Weißen Hai* nicht so wollte wie er. Ergebnis: Eine Million zusätzlicher Drehkosten. – «Der Spiegel», Nr. 51 (1975), S. 120

15 Marcel Proust: Auf der Suche nach der verlorenen Zeit. Frankfurt a. M. 1967, S. 3432

16 Ebd., S. 3444

17 „Jeh in Dir!" – „War ick schon, is ooch nischt los."

18 Marcel Proust: Tage des Lesens. Frankfurt a. M. 1974, S. 104

19 «Frankfurter Rundschau» vom 17. Juli 1974

Mittlerweile hat Richter William Taylor in Dallas/Texas entschieden, daß Hinrichtungen im Fernsehen übertragen werden dürfen. Noch nicht live, aber immerhin! Und auch das kann sich ändern. Henry Schwarzschild, der als Vertreter der «American Civil Liberty Union» den richterlichen Spruch durchgesetzt hat, dazu: «Man kann hier nicht über Ästhetik streiten.» Er sagt das als erklärter Gegner der Todesstrafe, der auf den (aristotelischen) Katharsis-Effekt vertraut («Frankfurter Rundschau» vom 8. Januar 1977)

20 MEW, Ergänzungsband 1, S. 517

Spielen statt Vorspielen

1 Alexander Tairow: Das entfesselte Theater (1923), Köln und Berlin 1964, S. 123

2 Platon M. Kerschenzew: Das schöpferische Theater, dt. Hamburg 1922, S. 110

3 Paul Pörtner: Spontanes Theater. Köln 1972, S. 93

4 Kurt Schwitters: Die Merzbühne (Sturm-Bühne, 8. Folge). Berlin 1919, S. 3

5 Vgl. Friedrich Lach: Der Merz-Künstler Kurt Schwitters. Köln 1971, S. 160

6 Oskar Schlemmer: Mensch und Kunstfigur. In: Schlemmer, Moholy-Nagy, Molnar: Die Bühne im Bauhaus/Neue Bauhausbücher. Hg. v. Hans M. Wingler. Mainz und Berlin 1965, S. 13–15

7 Ebd., S. 18

8 Edward Gordon Craig: Der Schauspieler und die Übermarionette (1907). In: E. G. C., Über die Kunst des Theaters. Berlin 1969, S. 52–54

9 Ebd., S. 61, 66 f

10 St. Petersburg 1908. Ewreinows theoretische Texte liegen bisher nur in russischer und französischer Sprache vor.

11 Vgl. Pörtner, a.a.O., S. 102 ff

12 Vgl. Kerschenzew, a.a.O., S. 54 f

13 So schreibt zum Beispiel V. T. Kirillow 1914 in einem Gedicht: «Verbrennen wir Raffael im Namen unseres Morgen / Zerstören Museen und zertreten die Blüten der Kunst.» In: Proletarische Kulturrevolution in Sowjetrußland 1917–1921. Hg. v. Richard Lorenz. München 1969, S. 78

14 Jakob Levy Moreno: Die Gottheit als Komödiant. In: Der neue Daimon. Hg. v. J. L. Moreno, 3–4 (1919), S. 56

15 Jakob Levy Moreno: Das Stegreiftheater. Wien 1924, S. 22 f

16 Vgl. Pörtner, a.a.O., S. 115

17 Jakob Levy Moreno: Narrentheater des Königsnarren. Zitiert nach Pörtner, a.a.O., S. 121

18 Pörtner, a.a.O., S. 114

19 Schlemmer, a.a.O., S. 11

20 Béla Balázs: Theater auf der Straße (1949). In: Ludwig Hoffmann/Daniel Hoffmann-Ostwald, Deutsches Arbeitertheater 1918–1933, zweite erw. Aufl. München 1973, 2. Bd., S. 453

21 Vgl. Erwin Piscator: Das Politische Theater (1929), Faksimileausgabe, Berlin (DDR) 1968, S. 120

22 Leo Trotzki: Literatur und Revolution (1924). Berlin 1968, S. 157 ff

23 Ebd., S. 163

24 Lu Märten: Wesen und Veränderung der Formen/Künste. Frankfurt a. M. 1924, S. 260

25 Zum Theater der Russischen Revolution vor allem Joseph Gregor / René Fülöp-Miller: Das russische Theater. Zürich/Leipzig/Wien 1928; und neuerdings Joachim Paech: Das Theater der russischen Revolution. Kronberg 1974

26 Vgl. Kerschenzew, a.a.O., S. 172 ff

27 Trotzki, a.a.O., S. 174

28 Gregor/Fülöp-Miller, a.a.O., S. 105

29 Zum Proletkult vgl. vor allem bereits zitierte Anthologie: Proletarische Kulturrevolution . . ., a.a.O., und: Ästhetik und Kommunikation – Beiträge zur politischen Erziehung 5–6 (1972); dort in Sonderheit den Beitrag von Eberhard Knödler-Bunte (S. 64–69)

30 N. Osinskij: Über den Aufbau des Sozialismus (1918). Zitiert nach: Proletarische Kulturrevolution . . ., a.a.O., S. 8

31 Vgl. Richard Lorenz: Vorwort zu: Proletarische Kulturrevolution . . ., a.a.O., S. 8–12

32 P. I. Lebedev-Poljanskij: Die ersten Maßnahmen der Sowjetmacht auf dem Gebiete der Kunst (1957). Zitiert nach: Proletarische Kulturrevolution . . ., a.a.O., S. 10

33 In: Proletarische Kulturrevolution . . ., a.a.O., S. 129

34 Kerschenzew, a.a.O. Zitat-Montage aus dem Kapitel die «Schaffung des proletarischen Theaters», S. 61–81

35 Kerschenzew, a.a.O., S. 69

36 Vgl. Lorenz, a.a.O., S. 14 f

37 Knödler-Bunte, a.a.O., S. 64

38 Kerschenzew, a.a.O., S. 60

39 Ebd., S. 70

40 Ebd., S. 66 f

41 Ebd., S. 81

42 Ebd.

43 Ebd., S. 184

44 Oskar Negt/Alexander Kluge: Öffentlichkeit und Erfahrung – Zur Organisierung von bürgerlicher und proletarischer Öffentlichkeit. Frankfurt a. M. 1972, S. 310

45 Trotzki, a.a.O., S. 179

46 Zum proletarisch-revolutionären Theater in Deutschland während der zwanziger Jahre vgl. vor allem: Ludwig Hoffmann/Daniel Hoffmann-Ostwald: Deutsches Arbeitertheater, 2 Bde., zweite und erweiterte Aufl. München 1973; und: Friedrich v. Knellesen: Agitation auf der Bühne – Das politische Theater der Weimarer Republik. Emsdetten 1970

47 Vgl. zum Beispiel die Polemik der «Roten Fahne» gegen Piscators «Proletarisches Theater» (Piscator, a.a.O., S. 42 f)

48 Hoffmann/Hoffmann-Ostwald, Einleitung zu: Deutsches Arbeitertheater 1919–1933, a.a.O., I. Bd., S. 43

49 Ebd., S. 32 f

50 Erwin Jahn: Das Massenfestspiel zur Gewerkschaftsfeier, Leipziger Volkszeitung vom 5. 8. 1924. In: Hoffmann/Hoffmann-Ostwald, a.a.O., I. Bd., S. 96

51 Hoffmann/Hoffmann-Ostwald, a.a.O., S. 38

52 Friedrich Wolf: Schöpferische Probleme des Agitproptheaters (1933). In: Hoffmann/Hoffmann-Ostwald, a.a.O., 2. Bd., S. 439

53 Kerschenzew, a.a.O., S. 53–65 f

54 Ebd., S. 75 f

55 Piscator, a.a.O., S. 42

56 Wolf, a.a.O., S. 433

57 Negt/Kluge, a.a.O., S. 78 ff

58 Wolf, a.a.O., S. 435
59 Anton Bogdanov: Kritik der proletarischen Kunst (1918). In: Proletarische Kulturrevolution . . ., a.a.O., S. 41
60 Piscator, a.a.O., S. 128
61 Wolf, a.a.O., S. 440
62 Erwin Piscator: Über Grundlagen und Aufgaben des proletarischen Theaters. In: E. P. – Aufsätze, Reden, Gespräche (Schriften II). Hg. v. Ludwig Hoffmann, Berlin (DDR) 1968, S. 9
63 Piscator: Das Politische Theater, a.a.O., S. 60 f
64 Ebd., S. 122
65 Ebd., S. 36
66 Ebd., S. 70; im Original gesperrt
67 Erwin Piscator: Bühne der Gegenwart und Zukunft. In: Schriften II, a.a.O., S. 33
68 Ebd., S. 28
69 Ebd., S. 62
70 Ebd., S. 28
71 Vgl. Rudolf Leonhard: Denkschrift über ein proletarisches Theater für den Bund proletarische Kultur. In: Die neue Schaubühne 2 (1920), S. 22–24
72 Bertold Viertel: Das Theater der Zeit. In: B. V., Schriften zum Theater. Hg. v. Gert Heidenreich. München 1970, S. 450
73 Vgl. Max Frisch: Der Autor und das Theater. In: M. F. – Öffentlichkeit als Partner. Frankfurt a. M. 1967, S. 73
74 Hoffmann, a.a.O., S. 44
75 Sergej Tretjakow: Die Kunst in der Revolution und die Revolution in der Kunst (1923). In: S. T., Die Arbeit des Schriftstellers. Aufsätze, Reportagen, Porträts. Hg. v. Heiner Boehncke, Reinbek 1972, S. 12
76 Vgl. Alexander Tairows Bemerkungen über die Uraufführung von Aubers Oper «Die Stumme von Portici» (1830). Tairow, a.a.O., S. 165
77 Balázs, a.a.O., S. 454 f
78 Ebd., S. 455 f
79 Dazu Boris Arvatov: Kunst und Produktion. Hg. und übersetzt v. Hans Günther und Karla Hielscher. München 1972
80 Arvatov, a.a.O., S. 86
81 Ebd., S. 80 ff
82 Ebd., S. 85 f
83 Zitat-Montage. Zitiert nach Asja Lacis: Revolutionär als Beruf. München 1971, S. 26–31
84 Negt/Kluge, a.a.O., S. 464 ff
85 Bertolt Brecht: Zur Theorie des Lehrstücks. In: B. B., Gesammelte Werke (Werkausgabe), Bd. 17, S. 1024
86 Bertolt Brecht: Anmerkung zur «Maßnahme». In: Schriften zum Theater, 2. Bd. Berlin und Weimar 1964, S. 146
87 Arvatov, a.a.O., S. 85
88 Bertolt Brecht: (Die große und die kleine Pädagogik). Quelle: Bertolt-Brecht-Archiv 521/96; zitiert nach: Alternative 78/79, S. 126
89 Tretjakow, a.a.O., S. 14
90 Trotzki, a.a.O., S. 165
91 Ebd., S. 158

Stadt erzählen: Roman Film Hörspiel *Berlin Alexanderplatz*

1 Die Kunst der Massen ist eine Idee der Kapitalisten. Gespräch mit Jean-Luc Godard. In: Film. April 1969, S. 25

2 Siegfried Kracauer: Die Angestellten. Frankfurt a. M. 1971, S. 9

3 Alfred Döblin: Aufsätze zur Literatur. Hg. v. W. Muschg. Olten und Freiburg i. B. 1963, S. 21

4 Walter Benjamin: Krisis des Romans. Zu Döblins «Berlin Alexanderplatz». In: W. B., Ges. Schriften III. Hg. v. H. Tiedemann-Bartels. Frankfurt a. M. 1972, S. 232 und 236

5 Albrecht Schöne: Alfred Döblin, Berlin Alexanderplatz. In: Der deutsche Roman. Hg. v. B. v. Wiese. Bd. 2. Düsseldorf 1963, S. 325

6 Ebd., S. 320

7 Ebd., S. 324

8 Hans-Peter Bayerdörfer: Der Wissende und die Gewalt. Alfred Döblins Theorie des epischen Werkes und der Schluß von «Berlin Alexanderplatz». In: Deutsche Vierteljahrsschrift für Literaturwissenschaft und Geistesgeschichte. 44. Jg. (1970), H. 2, S. 348 f

9 Ebd., S. 348

10 Hans Henny Jahnn: Alfred Döblin, Berlin Alexanderplatz. In: Materialien zu Alfred Döblin. «Berlin Alexanderplatz». Hg. v. Matthias Prangel. Frankfurt a. M. 1975, S. 78

11 Döblin, a.a.O., S. 42

12 Ebd., S. 17

13 Ebd.

14 Ebd., S. 19

15 Ebd., S. 46

16 Ebd., S. 20

17 Ebd., S. 18

18 Ebd., S. 20

19 Ebd., S. 21

20 Ebd., S. 43

21 Ebd., S. 21

22 Ebd., S. 114

23 Herbert Ihering: Döblins Heimkehr. «Berlin Alexanderplatz». In: Materialien zu Alfred Döblin. «Berlin Alexanderplatz», a.a.O., S. 73

24 Peter Bächlin: Der Film als Ware. Basel 1945, S. 176

25 Herbert Ihering: Der «Alexanderplatz»-Film. In: Materialien zu Alfred Döblin. «Berlin Alexanderplatz», a.a.O., S. 241

26 Béla Balázs: Der Film sucht seinen Stoff. In: Hätte ich das Kino! Die Schriftsteller und der Stummfilm. Hg. v. Deutschen Literaturarchiv im Schiller-Nationalmuseum Marbach. München 1976, S. 376

27 Döblin, a.a.O., S. 125

28 Vgl. dazu L. Kreutzer: Alfred Döblin. Stuttgart 1970, S. 46 ff

29 Döblin, a.a.O., S. 126 f

30 Ebd., S. 127

31 Ebd.

32 Walter Ruttmann im Illustrierten Film-Kurier. Jg. 9, 1927. Abgedruckt in: Hätte ich das Kino!, a.a.O., S. 378 f

33 Klaus Wildenhahn: Über synthetischen und dokumentarischen Film. Zwölf Lesestunden. Hg. v. Kommunalen Kino Frankfurt. Frankfurt a. M. 1975, S. 5

34 Ebd., S. 79

35 Ebd., S. 81 f

36 Ebd., S. 80

37 Ebd., S. 81

38 Ebd., S. 85

39 Ebd., S. 81

40 Wsewolod Pudowkin: Über die Montage. In: Theorie des Kinos. Hg. v. Karsten Witte. Frankfurt a. M. 1972, S. 121

41 Ebd., S. 123

42 Nachgedruckt in: Hätte ich das Kino!, a.a.O., S. 379

43 Siegfried Kracauer: Film 1928. In: S. K., Ornament der Masse. Frankfurt a. M. 1963, S. 308

44 Alfred Döblin: Literatur und Rundfunk. In: Hans Bredow. Aus meinem Archiv. Probleme des Rundfunks. Heidelberg 1950, S. 317

45 Heinz Schwitzke: Nachwort zu: Alfred Döblin. Die Geschichte vom Franz Biberkopf. Hörspiel nach dem Roman «Berlin Alexanderplatz». Stuttgart 1976, S. 62

46 Ebd., S. 67

47 Döblin, Literatur und Rundfunk, a.a.O., S. 313 und 316

48 Hans Richter: Köpfe und Hinterköpfe. Zürich 1967, S. 155 f

49 Hans Richter: Der politische Film. In: Witte, a.a.O., S. 73

50 Ebd., S. 66

51 Ebd., S. 69 f

Film / Kino und Proletariat?

1 Lenin über den Film. Dokumente und Materialien. Hg. v. Günther Dahlke und Lilli Kaufmann. München 1971, S. 138

2 Ebd., S. 171

3 Vgl. Herbert Kleye: Film und Lichtbild im Dienste der deutschen Arbeiterbewegung 1919–1933. In: Deutsche Filmkunst I (1956)

Willi Lüdecke: Der Film in Agitation und Propaganda der revolutionären deutschen Arbeiterbewegung (1919–1933). Berlin 1973

Film und revolutionäre Arbeiterbewegung in Deutschland 1918–1932. Hg. v. d. Hochschule für Film und Fernsehen der DDR. 2 Bde. Berlin (DDR) 1975

4 Zitiert nach Eberhard Wächtler: Aus der Frühzeit des deutschen Films und der Geschichte der Arbeiterbewegung vor 1914. In: Zeitschrift für Geschichtswissenschaft 10 (1956), S. 1240 f

5 Hans Richter: Der Kampf um den Film. Hg. v. Jürgen Römhild. München 1974, S. 25 und 48

6 Walter Benjamin: Das Kunstwerk im Zeitalter seiner technischen Reproduzierbarkeit. Frankfurt a. M. 1963, S. 53

7 Béla Balázs: Der Film – Werden und Wesen einer neuen Kunst. Wien 1972, S. 285

8 Ebd., S. 285

9 Siegfried Kracauer: Das Ornament der Masse. Frankfurt a. M. 1963, S. 279 f

10 Siegfried Kracauer: Theorie des Films. Frankfurt a. M. 1964, S. 55

11 Dazu Emilie Altenloh: Zur Soziologie des Kino. Jena 1914; Dieter Prokop: Soziologie des Films. Neuwied und Berlin 1970

12 Balázs, a.a.O., S. 29 (vgl. auch die folgenden Seiten)

13 Vgl. Richter, a.a.O., S. 50

14 Vgl. Oskar Negt/Alexander Kluge: Öffentlichkeit und Erfahrung – Zur Organisationsanalyse von bürgerlicher und proletarischer Öffentlichkeit. Frankfurt a. M. 1972, S. 78 ff

15 Vgl. Benjamin, a.a.O., S. 13 ff

16 Vgl. Richter, a.a.O., S. 57

17 Vgl. Ebd., S. 28

18 Zitiert nach Arnold Hauser: Soziologie der Kunst. München 1974, S. 671

19 Vgl. Balázs, a.a.O., S. 238 f

20 Richter, a.a.O., S. 112 ff

21 Vgl. Marshall McLuhan: Die magischen Kanäle. Düsseldorf und Wien 1968

22 Vgl. Hauser, a.a.O., S. 656

23 Vgl. Willi Münzenberg: Erobert den Film. In: W. M.: Propaganda als Waffe. Hg. v. Til Schulz. Frankfurt a. M. 1972, S. 50

24 Vgl. Münzenberg, a.a.O., S. 48

25 Vgl. S. Drucker: Das Kinoproblem und unsere politischen Gegner. In: Die neue Zeit I (1915), S. 912

26 Vgl. Adolf Sellmann: Der Kinomatograph als Volkserzieher. Langensalza 1912; Karl Brunner: Der Kinematograph von heute – eine Volksgefahr. Berlin 1913

27 Vgl. Gustave LeBon: Psychologie der Massen [Stuttgart 1961]

28 Zitiert nach Curt Moreck (d. i. Konrad Haems): Sittengeschichte des Kinos. Dresden 1926, S. 69 f

29 Kracauer, Das Ornament der Masse, a.a.O., S. 311

30 Vgl. Siegfried Kracauer: Die Angestellten [Bonn 1959]

31 Kracauer, Das Ornament der Masse, a.a.O., S. 302

32 Vgl. Dieter Prokop: Soziologie des Films. Neuwied und Berlin 1970

33 Vgl. Friedrich Engels: Brief an Franz Mehring vom 14. Juli 1893

34 Georg Lukács: Die Eigenart des Ästhetischen. 2. Bd. Neuwied und Berlin 1963, S. 491

35 Balázs, a.a.O., S. 237

36 Richter, a.a.O., S. 56 f

37 Kracauer, Das Ornament der Masse, a.a.O., S. 316

38 Balázs, a.a.O., S. 220

39 Rudolf Arnheim: Film als Kunst [München 1974], S. 280

40 Hauser, a.a.O., S. 673 f

41 S. M. Eisenstein, W. I. Pudowkin, G. W. Alexandrow: Manifest zum Tonfilm. In: Dieter Prokop, Materialien zur Theorie des Films. München 1971, S. 83 f

42 Balázs, a.a.O., S. 181

43 Gertrud Alexander: Proletarisches Theater. In: Die Rote Fahne, 17. Oktober 1920

44 Richter, a.a.O., S. 102

45 Vgl. Max Horkheimer und Theodor W. Adorno: Dialektik der Aufklärung. Amsterdam 1944, S. 124 f

46 Durus: Der erste deutsche proletarisch-revolutionäre Film. In: Die Rote Fahne, 1. Januar 1930

47 Lüdecke, a.a.O., S. 72

48 Klaus Kreimeier: Das Kino als Ideologiefabrik. Berlin 1971 (Kinemathek, Heft 45), S. 37

49 Vgl. Sergej Eisenstein: Vom Theater zum Film. In: S. E., Vom Theater zum Film. Zürich 1960, S. 34

50 Kracauer, Theorie des Films, a.a.O., S. 391

51 Ebd.

52 Dziga Vertov: Schriften zum Film. Hg. v. Wolfgang Beilenhoff. München 1973, S. 44

53 Ebd., S. 42–44

54 Richter, a.a.O., S. 28

55 Vertov, a.a.O., S. 47

56 Ebd., S. 25

57 Vgl. Ulrich Gregor, Enno Patalas: Geschichte des Films. München, Gütersloh, Wien 1973, S. 58

58 Korea Senda und Heinz Luedecke: Agitpropisierung des proletarischen Films. In: Arbeiterbühne und Film 5 (1931), S. 10

59 Vgl. Korea Senda: Proletarische Film-Bewegung in Japan. In: Arbeiterbühne und Film 2 (1931), S. 26 f

60 Senda/Luedecke, a.a.O., S 11

61 Gabriele Ricke: Die Arbeiter-Illustrierte-Zeitung. Hannover 1974, S. 19/20

62 Werner Illing: Filmkritik in der sozialistischen Presse. In: Film und revolutionäre Arbeiterbewegung in Deutschland 1918–1932, a.a.O., 1. Bd., S. 90

63 Zitiert nach Moreck, a.a.O., S. 111

64 Kracauer, Ornament der Masse, a.a.O., S. 280

Reportage Gestaltung oder?

1 Helmut Lethen: Neue Sachlichkeit 1924–1932. Studien zur Literatur des «weißen Sozialismus». Stuttgart 1970, S. 165

2 Ebd., S. 156 f

3 Ebd., S. 157

4 Ebd., S. 165 ff

5 Jürgen Manthey: Hans Fallada in Selbstzeugnissen und Bilddokumenten (rowohlts monographien. 78). Reinbek 1963, S. 88

6 Siegfried Kracauer: Die Angestellten. Aus dem neuesten Deutschland. Frankfurt a. M. 1971, S. 15 f

7 Ebd., S. 19

8 Ebd., S. 10 f

9 Ebd., S. 8

10 Günter Wallraff/Eckart Spoo: Unser Faschismus nebenan. Griechenland gestern – ein Lehrstück für morgen. Köln 1975, S. 56

11 Ebd.

12 Günter Wallraff: Presseerklärung. In: Frankfurter Rundschau vom 14. Mai 1974

13 Ebd.

14 Tita Henke-Gaehme/Rolf Henke: Schwierigkeiten beim Befahren der Linkskurve. Ein Interview. In: In Sachen Wallraff. Berichte, Analysen, Meinungen und Dokumente. Hg. v. Christian Linder. Köln 1975, S. 43

15 Die Kunst der Massen ist eine Idee der Kapitalisten. Gespräch mit Jean-Luc Godard. In: Film. April 1969, S. 25

16 G. Katrin Pallowski: Die dokumentarische Mode. In: Literaturwissenschaft und Sozialwissenschaften 1. Grundlagen und Modellanalysen. Stuttgart 1972, S. 270

Hier bedient Sie Herr Simmel

Soweit es möglich war, wurde nach einer Taschenbuchausgabe (= tb) zitiert. Die Zitate sind zum Teil in sich gekürzt.

1 Die in diesem Abschnitt zitierten Aussagen entstammen folgenden Simmel-Romanen: Es muß nicht immer Kaviar sein, München 1972 (tb), S. 196. – Die Antwort kennt nur der Wind. München 1973, S. 534. – Alle Menschen werden Brüder. München 1972 (tb), S. 356. – Der Stoff aus dem die Träume sind. München 1973, S. 291. – Und Jimmy ging zum Regenbogen. München 1970, S. 369. – Der Stoff aus dem die Träume sind. S. 329. – Der Stoff. Waschzetteltext.

2 Bei den Zitaten dieses Abschnitts handelt es sich sämtlich um Waschzetteltexte

3 Johannes Mario Simmel: Wie das ist, wenn Willy einen aufbaut. In: Grüße und Wünsche zum sechzigsten Geburtstag und fünfundzwanzigsten Bestehen der Droemerschen Verlagsanstalt. Hg. von Johannes Mario Simmel. München 1971

4 Lieb Vaterland magst ruhig sein. München 1971 (tb), S. 540

5 Die Antwort kennt nur der Wind, S. 54

6 Alle Menschen werden Brüder, S. 354 ff

7 Vorspruch zu: Alle Menschen werden Brüder

8 Autobiographische Skizze 1973 (unveröffentlicht)

9 Insel, S. 412

10 Insel, S. 395 f

11 Liebe ist nur ein Wort, S. 153

12 Der Stoff, S. 419

13 Niemand ist, S. 28, 216

14 Alle Menschen werden, S. 347

15 Ich gestehe alles. München 1972 (tb), S. 176

16 Stoff, S. 149

17 Stoff, S. 644

18 Und Jimmy ging, S. 51 f

19 Die Antwort kennt nur, S. 405

20 So Walter Benjamin in einem Brief an Theodor W. Adorno. In: Scholem/Adorno (Hg.), Walter Benjamin: Briefe. Frankfurt a. M. 1966, Bd. 2, S. 798

21 Verlagswerbung

22 Im ZDF am 14. Oktober 1973

23 Niemand ist, S. 98 ff, S. 112

Nachweise

Spielen statt Vorspielen
Für dieses Buch eingerichteter Auszug der noch unveröffentlichten Habilitationsschrift *Der Bürger und sein Theater.*

Wie das Leben spielt
Teilweise veröffentlicht in Adam Seides Zeitschrift *Der neue Egoist.*

Fahr nach Frankfurt Knautschbetty
Erschienen in *Der neue Egoist,* Band 2. Revidiert.

Gestaltung Reportage oder?
Erschienen in: In Sachen Wallraff. Hg. v. Christian Linder. Köln 1975. Neufassung.

Hier bedient Sie Herr Simmel
Erschienen in der Zeitschrift *Die Horen,* Band 95. Auf den letzten Stand gebracht.

Vom Schreiben und vom «Schreiben»
Erweiterte Fassung eines für das «Funkkolleg Literatur» geschriebenen Sendetextes (Sendung: Oktober 1976).

das neue buch rowohlt

Herausgegeben
von Jürgen Manthey

Peter Rühmkorf
Die Jahre die Ihr kennt
Anfälle und Erinnerungen [1]

Das Mädchen aus der
Volkskommune
Chinesische Comics [2]

Sergej Tretjakov
Die Arbeit des Schriftstellers
Aufsätze, Reportagen,
Porträts [3]

Hans Christoph Buch
Kritische Wälder
Essays, Kritiken, Glossen [4]

Tom Wolfe
Radical Chic und Mau Mau
bei der Wohlfahrtsbehörde [5]

David Cooper
Der Tod der Familie [6]

Peter Gorsen
Sexualästhetik
Zur bürgerlichen Rezeption von
Obszönität und Pornographie [7]

Velimir Chlebnikov
Werke. I Poesie [8]
II Prosa, Schriften, Briefe [9]

Philip Roth
Unsere Gang. Die Story von Trick
E. Dixon und den Seinen [10]

Karla Fohrbeck
Andreas J. Wiesand
Der Autorenreport [11]

Elfriede Jelinek
Michael. Ein Jugendbuch für die
Infantilgesellschaft [12]

R. Buckminster Fuller
Bedienungsanleitung für
das Raumschiff Erde
und andere Schriften [13]

Ed Sanders
The Family
Die Geschichte von
Charles Manson und seiner
Strand-Buggy-Streitmacht [14]

Parteilichkeit der Literatur
oder Parteiliteratur?
Materialien zu einer
undogmatischen marxistischen
Ästhetik. Hg.: H. Chr. Buch [15]

Hermann Peter Piwitt
Rothschilds
Roman [16]

Carl Einstein
Die Fabrikation der Fiktionen
Gesammelte Werke
in Einzelausgaben [17]

Peter Turrini
Erlebnisse in der Mundhöhle
Roman [18]

Nicolas Born
Das Auge des Entdeckers
Gedichte. Zeichnungen von
Dieter Masuhr [21]

James Baldwin
Eine Straße und kein Name [23]

Gruppe Cinéthique
Filmische Avantgarde und
politische Praxis [24]

Ronald D. Laing
Knoten [25]

Michael Schneider
Neurose und Klassenkampf
Materialistische Kritik der
Psychoanalyse [26]

Paul Nizan
Für eine neue Kultur
Aufsätze zu Literatur und Politik in Frankreich [27]

John Barth
Ambrose im Juxhaus
Fiktionen für den Druck, das Tonband und die menschliche Stimme [28]

Ronald Fraser
Im Versteck [29]

Lu Hsün
Der Einsturz der Lei-feng-Pagode
Essays über Literatur und Revolution in China [32]

Heinz Brüggemann
Literarische Technik und soziale Revolution. Versuche über das Verhältnis von Kunstproduktion, Marxismus und literarischer Tradition in den theoretischen Schriften Bertolt Brechts [33]

Ron Padgett
Große Feuerbälle [34]

Hartmut Lange
Die Revolution als Geisterschiff
Massenemanzipation u. Kunst [36]

Günter Wallraff / Jens Hagen
Was wollt ihr denn, ihr lebt ja noch
Chronik einer Industrieansiedlung [37]

Literaturmagazin I
Für eine neue Literatur – gegen den spätbürgerlichen Literaturbetrieb
Hg.: Hans Christoph Buch [38]

Renate Rasp
Chinchilla, Leitfaden zur praktischen Ausübung [39]

Klaus Staeck
Die Reichen müssen noch reicher werden. Politische Plakate [40]

Wolfgang Harich
Jean Pauls Revolutionsdichtung
Versuch einer neuen Deutung seiner heroischen Romane [41]

Thomas Pynchon
Die Versteigerung von N° 49
Roman [42]

Gustav von Wangenheim
Da liegt der Hund begraben und andere Stücke. Aus dem Repertoire der ‹Truppe 31› [44]

John Berger
Glanz und Elend des Malers Pablo Picasso [45]

Rolf Hochhuth
Lysistrate und die Nato
Komödie [46]

Joris Ivens
Die Kamera und ich
Autobiographie eines Filmers [47]

Burkhard Driest
Die Verrohung des Franz Blum
Bericht [48]

Literaturmagazin 2
Von Goethe lernen?
Fragen der Klassikrezeption
Hg.: Hans Christoph Buch [49]

Proletarische Lebensläufe
Autobiographische Dokumente zur Entstehung der Zweiten Kultur in Deutschland
Band 1: Anfänge bis 1914 [50]
Band 2: 1914–1945 [61]
Hg.: Wolfgang Emmerich

Jürgen Theobaldy
Blaue Flecken. Gedichte [51]

Günter Seuren
Der Jagdherr liegt im Sterben
Gedichte [53]

Walter Fähnders / Martin Rector
Linksradikalismus und Literatur
Untersuchungen zur Geschichte

der sozialistischen Literatur
in der Weimarer Republik
2 Bde. / Bd. 1 [52], Bd. 2 [58]

Sozialisation der Ausgeschlossenen
Praxis einer neuen Psychiatrie
Hg.: Agostino Pirella [54]

Literaturmagazin 3
«Die Phantasie an die Macht»
Literatur als Utopie
Hg.: Nicolas Born [57]

Politische Karikatur in der BRD
Hg.: Thomas Fecht [59]

Louis-Ferdinand Céline
Rigodon. Roman [60]

Michael Schneider
Die lange Wut zum langen Marsch
Aufsätze zur sozialistischen
Politik und Literatur [62]

Rolf Dieter Brinkmann
Westwärts 1 & 2. Gedichte [63]

Elfriede Jelinek
Die Liebhaberinnen. Roman [64]

Peter Rühmkorf
Walther von der Vogelweide,
Klopstock und ich [65]

Literaturmagazin 4
Die Literatur nach dem
Tod der Literatur
Bilanz der Politisierung
Hg.: Hans Christoph Buch [66]

Johannes Schenk
Jona [67]

Rolf Hochhuth
Tod eines Jägers [68]

Harold Pinter
Niemandsland
Fünf Theaterstücke [69]

Jan Christ
Asphaltgründe. Erzählungen [70]

Hermann Peter Piwitt
Boccherini und andere Bürger-
pflichten. Essays [71]

Literaturmagazin 5
Das Vergehen von Hören und
Sehen. Aspekte der
Kulturvernichtung [72]

Kenneth Koch
Vielen Dank
Gedichte und Spiele [73]

Thomas Pynchon
V.
Roman [74]

Rolf Haufs
Die Geschwindigkeit eines
einzigen Tages. Gedichte [75]

Konrad Bayer
Das Gesamtwerk
Hg.: Gerhard Rühm [76]

Literaturmagazin 6
Die Literatur und die
Wissenschaften
Hg.: Nicolas Born und
Heinz Schlaffer [77]

Jean-Paul Sartre
Der Idiot der Familie
Gustave Flaubert 1821–1857
I. Die Konstitution [78]

Louis-Ferdinand Céline
Kanonenfutter [79]

Reiner Kunze
Sensible Wege
Achtundvierzig Gedichte
und ein Zyklus [80]

Tom Stoppard
Travesties. Schauspiel [81]

Günter Herburger
Ziele. Gedichte [82]

James Baldwin
Teufelswerke
Betrachtungen zur Rolle der
Farbigen im Film [83]

Maria Erlenberger
Der Hunger nach Wahnsinn
Ein Bericht [84]